本书是国家社会科学基金项目"现代汉语贬抑性习语构式"（14CYY036）的研究成果，并获浙江省高校重点研究基地——浙江师范大学中国语言文学一级学科的资助

浙江师范大学语言学书系

现代汉语习语性贬抑义构式研究

XIANDAI HANYU XIYUXING BIANYI YIGOUSHI YANJIU

郑娟曼 著

中国社会科学出版社

图书在版编目（CIP）数据

现代汉语习语性贬抑义构式研究／郑娟曼著. —北京：
中国社会科学出版社，2015. 12
ISBN 978 - 7 - 5161 - 7435 - 7

Ⅰ.①现… Ⅱ.①郑… Ⅲ.①汉语—社会习惯语—研究
Ⅳ.①H136. 4

中国版本图书馆 CIP 数据核字（2015）第 309466 号

出 版 人	赵剑英
责任编辑	罗　莉
责任校对	李　林
责任印制	戴　宽

出　　版	中国社会科学出版社
社　　址	北京鼓楼西大街甲 158 号
邮　　编	100720
网　　址	http://www.csspw.cn
发 行 部	010 - 84083685
门 市 部	010 - 84029450
经　　销	新华书店及其他书店

印刷装订	三河市君旺印务有限公司
版　　次	2015 年 12 月第 1 版
印　　次	2015 年 12 月第 1 次印刷

开　　本	710×1000　1/16
印　　张	17. 25
插　　页	2
字　　数	278 千字
定　　价	66.00 元

凡购买中国社会科学出版社图书，如有质量问题请与本社营销中心联系调换
电话：010 - 84083683

序

　　我跟浙江师范大学的渊源关系还是挺深的。44 年前，那是 1970 年，我灰头灰脸地从中央文化部下放到了浙江省金华地区，那正是浙江师大的所在地，从而结识了好几位浙江师范大学中文系毕业的高才生，后来据说还有人想把我调到那里去任教；1981 年我作为新时期第一届毕业的研究生在杭州大学取得硕士学位，因为上海市人事局拒绝给我进上海的户口指标，一时还未能到华东师范大学去报到，浙江省人事厅"大发慈悲"居然就把我分配到了浙江师范大学，后来我虽然如愿回到上海，浙江师范大学也算是我没上过门的"婆家"了。呵呵，更没料到的是后来由于老朋友张先亮教授的热情相邀，我竟然真的被聘为浙江师范大学的兼职教授，这些年来几乎隔年就去那里讲一次学。看来还是应了一句老话：有缘千里来相会，你怎么躲都是躲不过去的。

　　除了这些，更为有意思的还在于我有缘先后招收了浙师大的三个毕业生，两个是我在华东师范大学工作的时候，一个读了我的硕士生，一个考取了我的博士生。这第三个就是郑娟曼了，她是我 2007 年在暨南大学招收的博士生。娟曼是典型的温州人，个子小巧玲珑，双眸晶亮剔透，善解人意，灵敏乖巧。一谈之下，就觉得她反应奇快，思路清晰，一定是块做研究的好料！果不其然，读博三年里，居然在核心期刊一连发表了 7 篇论文！对语言学博士生来说，可以说是破纪录的。众所周知，语言学杂志少，发表难度高，而且发表的周期特长，三年博士生期间想发表论文，那至少要在一二年级就把稿件寄出去。娟曼做到了，而且短短两年里就写了7篇！所以可以当之无愧称为"快手"！

娟曼做学问有她自己的独到见解，那几年海外的构式语法刚刚介绍进来，她凭着学术上可贵的敏感性，对构式理论下了一番功夫，而且形成了自己的看法。她不是泛泛而谈，不是跟着老外的调调哼哼，而是抓住一些汉语特殊的习语性构式入手，并且专门分析具有贬抑情感义的构式，进行了深入细致的比较研究，从而在有关研究方面走在前沿且独树一帜，所以可以称之为"高手"。

娟曼最后决定以"贬抑性习语构式研究"作为博士论文题目，因为前期准备比较充分，所以很快就拿出了初稿。习语性贬抑义的构式在汉语中是很具特色的，但却没有被特别关注。她在钻研大量语言事实的基础上，选取典型的有代表性的习语性构式，例如"还 NP 呢"、"都是 NP"、"你看你"、"好不好"、"真是的"、"又来了"等，对这些特殊的习语性构式做了详细的描写和分析，并就这些材料从理论的高度上对构式语法作进一步的充实。所谓构式大部分就是我经常说的"框式结构"，其实名称还是次要的，关键是这样的构式，很有用，能产性强，它所表示的语义具有不可推导性，不是简单的 A 加上 B，而是 C。在这一点，娟曼确实不负众望，是个研究的"好手"。

摆在我眼前的这本书稿是在原来博士论文的基础上，经过三年的精心修改而成。该文以构式语法理论与语义语法理论为背景，对现代汉语中的习语性贬抑义构式进行了比较系统、全面的考察和研究。我认为，其创新点主要表现为以下四点：

第一，第一次对具有习语性贬抑义的构式进行集中而系统的研究，具有独创性特点。

第二，有关研究以构式语法理论与语义语法理论结合为理论支撑，这也是一次新的尝试。

第三，对习语性贬抑义构式的构式义的形成机制做出统一解释，并找出其对应的规律。

第四，发现了习语性情感义构式内部的不平衡性，并给予可能性的解释。

书稿到底好不好，有没有启迪意义，读者阅后自有公论。我想特别指出的是，有关汉语的构式研究，刚刚起步，还属于拓荒阶段，这显然是大有可为的课题。

记得二十年前，1994 年吧，我为常玉钟先生主编的《汉语习用语功能词典》写了篇书评：《口语与语用研究的结晶》（《世界汉语教学》1994 年第 2 期），该文有三点意思，至今仍然感到还有点儿意思。

第一，"在口语交际中，常常会有这样一类语句，功能多样，使用广泛，它们的含义往往不能单凭构成成分和语法上的逻辑义推导出来，换句话说，它们在交际中所发挥的作用，实际上是隐藏在表层义后面的深层语用含义。"这一看法跟构式语法理论的核心思想是不谋而合的。

第二，指出该词典"解释语义的角度与众不同，独具慧眼，特别注重阐发词条字面意思之外的在一定语言条件中的特定的语用语义。说话人使用的不过是普普通通词条和句型，却常常表达出某种言外之意，还附带着某种感情色彩"。

第三，指出这些习用语既有口语的特点，也有语用的功能，而且认为"这两者结合起来进行研究，可以说是一种全新的思路，一个前途无量的系统工程，不仅有着深远的理论意义，而且有着巨大的应用价值"。

后来我在《"连 A 也/都 B"框式结构的争议及其框式化进程》（《语言科学》2006 年第 4 期）中总结了框式结构的特点，发现"典型的框式结构，指前后有两个不连贯的词语相互照应，相互依存，形成一个框架式结构，具有特殊的语法意义和特定的语用功能，如果去除其中一个（主要是后面一个），该结构便会散架；使用起来，只要往空缺处填装合适的词语就可以了，这比起临时组合的短语结构具有某些特殊的优势。就好比现代化的楼房建造，常常采用的框式结构一样，简便、经济、实用、安全"。

而后，在《汉语框式结构说略》（《中国语文》2011 年第 3 期）中进一步指出鉴别框式结构的形式、语义、语用三条标准。

第一，它们都由不变成分、可变成分两部分组成。不变成分构成"框架"，起到定位以及标记作用，识别率特别高；可变成分是可供选择、替换的"变项"，因此整个框式结构具有一定的生成能力。

第二，具有整体性的特殊语法意义。框式结构的结构意义，不是组合成分语义的简单相加，而往往产生出新的意义，这一新义是该框式结构整体拥有的，是在长期使用中形成的，换言之，不能直接从几个成分语义中推导出来。

第三，跟语境结合紧密，表示特定的语用功能。框式结构在语言交际使用方面具有特殊的功能，往往用来表示某种感情色彩或者特定语气，是普通短语无法承担的。多数带有强烈的口语色彩，为老百姓所喜闻乐见。

当前语法学界的热点之一，就是更加关注语义在句法结构以及语言交际中的作用，尤其重视主观性特别强的情感意义。汉语学界对于情感意义的相关研究以前主要集中在词汇学领域，现在语法学界也开始介入，并且取得了可喜的成果。可见，郑娟曼博士这一研究的意义，不仅是对这类汉语习语性贬抑义构式进行了开创性的挖掘，还在于旗帜鲜明地提出"以构式义为纲建立系统"，标志着这一研究的前途光明灿烂。我想借此机会大声疾呼，年轻的朋友们都来关注带有浓厚情感色彩的"构式"这一语法研究的新视角，不仅在理论上有极为重要的意义，而且对国际汉语教学也有非同小可的应用价值。

目前，有关汉语构式的研究成果丰富多彩，单篇论文层出不穷，但是专门的著作还不多见，我希望娟曼这部专著能够引起更多的关注，这样才能达到"一鸟引来百鸟鸣，百鸟争鸣春满城"的境界。

邵敬敏

2015 年 1 月 28 日于花城

目　录

第 一 章

绪　论

一　问题的提出

在现代汉语口语中，存在大量语用意义规约化之后而形成的、情感意义透明度很低的构式，但由于它们在结构形式和用字上都十分不起眼，致使我们习焉不察。如"A 是 A，B 是 B"、"X 比 Y 有 N"、"好你个 X"、"X 还 Y 呢"、"都是 NP"、"真是的"、"放 X 点儿"、"随 X 的便"、"V/A 个 P"等。耐人寻味的是，这些习语性构式中贬抑义构式占了绝大多数。如"真是的"，其组构成分与贬斥义不存在直接的联系，但整体意义中却包含了不满的贬斥义。这些具有习语性贬抑义的构式引起了我们足够的兴趣和重视，也引发我们许多的思考：这些习语性贬抑义构式内部是否存在一定的规律？在语用意义规约化后为何会出现习语性褒扬义与习语性贬抑义不平衡的现象？其构式形式的形成与贬抑义的产生是否有理据可循？等等。

以上这些问题同时也是对外汉语教学中亟待解决的问题。从历年汉语水平考试（HSK）试题和一些模拟试题中可以看出，涉及习语性情感义构式的考题占有相当大的比例，常活跃在听力与阅读理解的态度判断题中。另外各种口语教材所选用的语言材料中也包括大量的情感义构式，其中不乏习语性情感义构式。我们随机选取了北京大学出版社 1997 年版的《中级汉语口语（上）》与《高级汉语口语（上）》进行统计，前者包含的习语性情感义构式有 23 条，有的出现在对话与练习中，有的作了英汉注释。如"看把你急的"、"有两下

子"、"看你"、"你看我"等。而在《高级汉语教材（上）》中则有
37 条之多，像"去你的"、"真是的"、"我说你呀"、"瞧把他美的"、
"看你把他夸得"。由此可见，对这些习语性情感义构式的掌握已经
成为衡量留学生汉语水平的标准之一。然而这种极具民族特色和文化
内涵的习语性情感义构式常常令留学生望而生畏，使用时也是错误百
出。我们归纳了一下，大致存在以下几个问题。

一是望文生义，仅从这些习语性构式的字面上判断，没有认识
到一些习语性构式的感情色彩。如"这有你什么事！"根据字面上
的意义，留学生将其理解成"这事与你有关"，这显然是有悖于原
意的。句子要传递的意义恰恰与他们理解的相反，而且还包含了不
友好的情绪。在他们的习作中也常常会出现情感意义方面的偏误。
例如：

（1）＊萨利做事很没有主见，不管别人让她怎么做，她都
好说话。（留学生习作）

（2）＊老师一而再，再而三地叫我回答问题。（留学生习
作）

（3）＊我爷爷都七老八十了，还很健康。（留学生习作）

"好说话"是脾气好之义，应用作褒义。"一而再，再而三"不
能简单地理解为"反复"，它还多含有厌烦义。而"七老八十"的理
性意义是年纪很老，有褒义的用法，但现在多数情况下传递对长者不
尊重的态度。这样的例子举不胜举。

二是混淆了一些习语性构式的认知义与临时语用义。例如：

（4）清波，真有你的，亏了你们还是亲戚呢！（老舍《春华
秋实》）

（5）为小惠的成长倾注了大量心血的杨老师，开心而激动
地摸着小惠的头："你这丫头！还真是剪不掉的菠菜头哩！"（古
龙《圆月弯刀》）

"真有你的"是用来表达对某人能力方面的称赞的，但在例（4）
中却被用作反语，这很容易给留学生造成误解，以为它是带有贬抑义
的。例（5）中"你这 NP"虽然用于感情融洽的交际双方，但这一

习语的嗔怪义不变。

三是随意更替习语性构式的组成成分，从而改变了感情色彩。比如在"美得你"的影响下，留学生生造出"美得阿里"等用语。

由此可见，这些情感意义低透明度构式给留学生的汉语学习造成了极大的困扰。这跟一些词典与教材的注释不够精当不无关系。编写者只看到它们的理性意义，而忽视理性意义以外的搭配意义、色彩意义、文化意义等，对习语性构式的适用环境视而不见。而教师对这些习语性构式的解释说明也是含糊其词，对习语性情感义构式包含的褒贬义认识不够。例如：

一而再，再而三：表示反复的、一次又一次的做某事。（常玉钟《口语习用语功能词典》，北京语言学院出版社 1993 年版）

七老八十：七八十岁，年纪很老。别看他～的，身体硬朗着呢。（《现代汉语词典》第 6 版）

还不是和你一样：用于对话，表示和对方的情况相同。（路志英《发展汉语——中级汉语口语》，北京语言大学出版社 2005 年版）

整个一个：完全，彻底，百分百的。（同上）

动不动（就）：很容易的或经常发生的。（同上）

留学生按照这样的注释，在课堂上造出了不符合情境的偏误句：

（6）＊——大卫，告诉你一个好消息，我通过 HSK 五级了，你怎么样？

——还不是和你一样！

（7）＊我从不旷课，整个一个好学生。

（8）＊他动不动就来宿舍看我。

对外汉语教学中存在的这些问题，绝不是教学对策不当造成的，归根结底还是对习语性情感义构式本身的梳理与研究不够。

因此，无论是发掘语言本身的规律，还是语言教学的要求，我们都有必要对习语性贬抑义构式作一个全面系统的考察和研究。

二 汉语研究与构式语法理论

（一）汉语研究与构式理念

在"习语性贬抑义构式"这个概念中，对于"构式"这一语言学术语，也许我们不太熟悉或了解，但对本体研究或应用研究中的基本句式、句型或格式却并不陌生。事实上，前人对句式、句型和格式方面的诸多论著中均已体现了与"构式"相同的研究思路。可以说，从现代语言学意义上的汉语语法学诞生之时便有了"构式"的朴素理念。

马建忠（1983：339）："《易系辞》：'德言盛，礼言苦恭。'《本义》云：'言德欲其盛，礼欲其恭也。'以'言'训作'欲'字，未安，惟句法有'欲'字之义。"这一论述中，马氏认为"言"训作"欲"不妥当，"欲"字之义不是"言"所带来的，而是整个句式所赋予的。《马氏文通·虚字卷之九》："《庄子·大宗师》：'丘也请从而后也。'诸本名后，助以'也'字，与公名助'也'字者同义。名字助以'也'字，当重读，经生家即解以假设之辞。不知字经重读，则文势一停，即有含而未伸之意，其有假设之辞者，势也，非字也。"马氏认为句中的语气词"也"，不是"假设之辞"，假设之义是重读带来的。由此可见，这种将句义归因于句式本身而不是落实在组构成分之上的思想，在《马氏文通》里已经有了明确的表述。

陆俭明（2004）指出，王力先生在20世纪40年代就将"把"字句称为"处置式"，认为该句式"表示处置"。朱德熙（1981）先生认为"$NP_1 + V + 着 + NP$"是个歧义句式，可以分化为C_1和C_2两式，C_1式表示存在，表静态（如"墙上贴着标语"），C_2式表示活动，表动态（如"台上唱着戏"）。他将这种语法意义称为"高层次的语法意义"，将句子组成成分之间的语义关系分为"低层次的语义关系"。"所谓高层次的关系指的是与整个句子的语法意义直接关联，因此是比较重要的语义关系，所谓低层次的关系指的是与整个句子的语法意义不直接关联，因此是比较次要的语义关系"。这些论述都体现了构式的理念。

邵敬敏（1994）先生也指出："在口语交际中，常常有这样一类语句，功能多样，使用广泛，它们的含义往往不能单凭构成成分和语法上的逻辑义推导出来，换句话说，它们在交际中所发挥的作用，实际上是隐藏在表层义后面的深层语用含义。""说话人使用的不过是普普通通的词条和句型，却常常表达出某种言外之意，还附带着某种感情色彩。"遗憾的是，这些论点（恰当地说应是观察）只是散见于某些文字中，还未从理论抽象层面进行深入而系统的探讨。

从《马氏文通》开始至今，汉语界对句式、格式的研究从未间断过，而且占据了相当高的地位。在此过程中，理论的运用呈现出多元化的局面。早期句式研究主要受传统语法、描写语法理论的影响，20 世纪 80 年代以后，三个平面理论风靡一时，语义语法理论盛行不衰，格语法、功能语法的影响也日渐扩大。

（二）汉语研究与构式语法

20 世纪 80 年代后期，"构式语法"理论在国外诞生，并取得了深入的发展，成为现今颇具影响力的语言学理论。20 世纪末 21 世纪初，"构式语法"理论开始引起中国语言学界的高度重视，形成了汉语事实研究与国外语言理论探索的汇流。这主要体现在以下两个方面。

一是国内的学者尤其是外语界对构式语法理论的引介。如董燕萍和梁君英（2002）、纪云霞和林书武（2002）、马道山（2003）、陆俭明（2004）、李勇忠（2004）、牛保义（2006）、严辰松（2006）等。

二是在构式语法理论的激活下，我国汉语界运用其独特的理念来研究汉语事实也取得了一些新的成果。如果说早期甚至包括现时的一些研究是属于无意识的构式理念的话，那么构式语法理论诞生之后，汉语研究中便有了有意识的理论运用。这些成果主要体现在句式研究方面。张伯江（1999）的《现代汉语的双及物结构式》较早地运用构式语法理论来研究汉语现象，具有开创性的价值。文章专门讨论了双及物构式，认为这种句式的语义核心为"有意的给予性转移"。此后，他（2000）又对"把"字句的构式义进行了分析，认为构式本身是一个完整的图式，其间各个组成成分的次序、远近、多寡都是造成构式整体意义的重要因素。沈家煊（2000）则从跨语言的角度研究"偷"和"抢"的构式意义，证明形式和意义的关系往往既不是完全任意的，也不是完全可以预测的，而是一种"有理据的约定俗成"。刘丹青（2005）对非典型"连"字句进行了研究，认为其强调义来自整个构式的表义作用，更具有不可分解性，因而是更典型的构式句。

　　国内不少学者将构式语法理论运用于对外汉语教学中。任庆梅（2007）哲学式地探讨构式习得的心理机制等问题。陈满华（2009）主要讨论了构式语法理论的研究成果对二语教学的积极作用。比如构式语法理论对二语教学的启示。作者从构式语法理论主张出发，基于构式习得的实验，提出二语教学中要"有意识地树立构式观，注意词汇与语法的过渡环节，重视构式义的阐释，淡化语法规则的作用，强化结构的独立性"等主张。陆俭明（2009）在探讨当代语言理论与汉语教学关系时，强调构式语法理论对某些汉语句式（比如存现句）的对外汉语教学具有重要的指导意义。张怡春（2009）探讨了构式语法理论与对外汉语教学的关系，从构式语法理论的提出背景、基本主张出发，讨论在对外汉语教学中运用构式语法理论的可行性和必要性，以及如何将构式语法理论运用到汉语词汇和句式教学中。

　　这些研究为构式语法理论提供了汉语方面的可靠素材，但这还是远远不够的，需要多领域、多角度的结合研究，尤其是构式语法理论要与口语领域结合的系统性研究。

三　口语研究与构式语法理论

（一）口语研究的现状

　　口语是语言的基础和源泉。无论书面语产生之前，还是书面语产生之后，乃至文明高度发达的今天，口语一直是人类最基本的交际方式，其信息含量与重要程度都是书面语所无法企及的。而书面语只是口语的加工形式，是交际的辅助手段。然而，人类对于语言的研究并不始于口语的研究，研究最充分的也不是口语领域。传统语文学是文字或书面语的研究，历史比较语言学的研究目的与方法也决定了它的研究对象不是口语。索绪尔以一部《普通语言学教程》掀起了一次语言学革命,揭开了现代语言学的序幕。这非但没有改变这种研究局面,反而使口语研究更加边缘化。他把言语活动区分为语言与言语,摒弃了个别的、具体的口语研究,把语言学的研究对象锁定在了具有普遍意义的语言研究之上,这更加剧了口语研究的相对滞后。

口语研究被忽视了,究其原因是多方面的。

其一,口语是人们口头上应用的语言,在语料的采集上会受到时空的限制;而记录口语的历史文献数量太有限,这使得后来研究者开展口语研究缺乏必要的语料来源。近年来,一些大型口语语料库的建立为学者系统研究口语提供了一些便捷条件,然而,与书面语语料库研究相比,口语语料库的研究显然要滞后很多。

其二,口语是语言中最活跃、最富于变化的部分,这在一定程度上导致口语系统的不稳定性与不规整性。因此,有的语言学家把口语看成是"特殊的语言体系"。这种"特殊性"一方面掩盖了口语的系统性而被边缘化了,另一方面也令部分研究者望而生畏。

其三,书面语一直具有较高的威望。传统语言学家一直坚持重雅轻俗、重文轻语的传统,只研究经典作家的语言,论著的语料来源也需要做到有"书"可查,否则所得出的结论就被视为缺乏效力与说服力;相反,口语因为相对的随意性而长期被列为"粗俗、低级"的语言,难登大雅之堂。这一认识的不平衡性使得大部分学者对语言研究的天平发生了倾斜,不屑专事于口语方面的研究。活的口语被排斥在外,口语研究因此成为语言科学体系内的薄弱环节。语言研究越来越远离平民而被经院化,越来越"看不懂"了。

其四,现当代的语言学理论无论是国内的,还是国外的,绝大多数是以书面语为依据的,因此也主要被运用于书面语的研究,有的仅适用于书面语,这形成一个恶性循环。比如现今语言学理论对语言研究的最基本单位是小句或者句子,但这些单位主要适用于书面语。因为口语的基本单位应该是语调单位,这两者并非完全对应。

然而,"语法研究只有首先把观察活的语言作为基础,而书面或印刷文件的语言只能放在第二位,这样才能获得对语言本质的正确理解。"(叶斯柏森,1988:1)在汉语语法研究领域,《马氏文通》之后的半个多世纪都是从书面语取材的，直到 1968 年出版的赵元任的《汉语口语语法》才第一次宣布"主要研究对象是日常说话"，"用非正式发言的那种风格说出来的"。朱德熙在他的语法研究中比较重视北京口语和现代汉语语法的关系。他的《语法讲义》就是从北京口语入手的具体研究。陈建民曾经一度专攻汉语口语研究，他的《汉语口语》一书揭示了北京口语中的诸多语法现象。最近数十年来，社会语言学兴起，重视言语的变体，尤其是重视口语中的变异。如陈松岑的《北京城区两代人对上一辈非亲属使用亲属称谓的变化》（1984）和《北京话"你、您"使用规律初探》（1986），董树人的《北京方言中的语素"爷"——从方言透视地域文化》（1994），何景贤的《北京地区的女性称谓》（1996）等。应用语言学的侧重面也从书面读写转向口语的听说，修辞研究则开辟了口语表达的新领域，有了这些方面的变化，口语的研究才逐渐引起学者的注意。

口语的地位及其研究现状决定了口语研究具有重大的意义，然而该怎样深入研究便是摆在我们面前的一大难题。赵蓉晖（2003：13）在口语研究上提出了四个有待注意的问题：

第一，加强对话语的分析，对口语进行多方位、多角度研究，尤其是语用方面。

第二，对口语进行多学科、多视角的全方位研究。

第三，进一步揭示口语现象的语言学规律，探讨不同语种在口语方面的共性和规律。

第四，在研究方法方面，定性研究与定量研究还有待更进一步的结合。

总之，口语的研究有待于从更广阔的视角来开发，有待于同一些新兴的语言学理论相互渗透相互促进。构式语法理论的兴起在某种程度上为口语的深入研究提供了一个新的思路，为新兴理论与鲜活语言的结合研究增加了一种实现的可能性。

（二）口语研究与构式语法

口语与构式语法之间具有相当紧密的关系，这主要体现在以下几个方面。

第一，构式是构式系统的基本单位，而口语是构式的主要源泉。口语是语言的源泉，即是构式的源泉。相对于书面语来说，口语具有更强的构式能产性，这是由口语随意性与语境明确性的特点所决定的。口语的随意性和灵活性使得某些表达式容易突破句法常规，这为该表达式在构式化进程中提供了形式上的不可推导性，即习语性。如"随你的便"、"爱 A 不 A 的"等；在语境的协助与补充下，说话时总是使用短小精悍、结构简单，甚至是不完整、有脱节的表达式。这种精致自由的短句在形式上具备最大可能构式化的优势；除此之外，它们的使用对某些特定语境有很大的依赖性，这种频繁关联有助于一些简省式构式产生大于词汇意义或偏离词汇意义的整体意义，这为其构式化提供了意义上的不可推导性。于是大量口语习用语便产生了。如"看［A］［B］的/看把［A］［B］的"、"A 不 A 的（钱不钱的，没东西可买呀）"。

第二，语域（register）作为构式的一部分规约性知识被凸显出来。20 世纪 70 年代在美国兴起的功能主义语言学，着眼于语言的交际功能。语域也就成为功能研究必然要强调的方面。吕叔湘注意到语域研究的重要性，他（1992）认为："近年来英文的语言学著作里讨论这个问题，常用 register 这个字，我想可以译作'语域'。语域的研究属于社会语言学范围，也可以说是语法和修辞的边缘学科，是以往探索得很不够的一个领域。"胡明扬（1993）也认识到了这个问题，认为"给现代汉语语法研究带来最大困难的是口语和书面语之间的差异。现代汉语这两种不同语体之间的差异反映在各个方面，在个别问题上甚至很难'调和'，给语法学家带来几乎难以克服的重重困难。……不少人不加考虑地认为，在剔除了方言成分和文言成分以后，现代汉语书面语基本上还是一个均质的系统，口语和书面语尽管有些差异，不过在语法方面的差异是细微的，至少不会影响一般的结论。可是实际情况并非如此"。构式语法将形式与意义/语用功能统一起来研究。它并不严格区分语用和语义，构式意义既是语义信息，也包含语体、焦点、话题等规约化了的语用信息。因此，即便是可用语法规则推理得出的句式，如果其语用功能特殊，它也同样属于构式。其中的语域也无一例外地成了构式语法考虑必要因素。比如同样作为现代汉语被动标记的"被"和"叫",前者只用于书面语和正式场合,而后者则使用于口语中。它们与语域的对应关系是约定俗成的,并非通过会话推理所得,因此它们所代表的被动式至少是在语域上存有差异的两个构式。这足以说明语域在构式语法中的重要性。

构式语法理论是否是一种有效的语言学理论,需要在与口语的结合研究中进一步得到验证,也需要在这个研究过程中不断趋于完善。然而,口语研究在很长一段时间被忽视,发展相对滞后,它也亟须理论的创新与方法论上的突破。构式语法理论与口语研究相互促进,共同发展。

四　口语习用语与习语性构式

(一) 口语习用语与构式语法理论

口语研究不充分,而对于口语中习用语的研究更是一个薄弱环节。传统的语法体系对词和句法结构虽然作了比较清楚地区分,但其中的一些口语习用语的定位相当模糊,大学的现代汉语教材通常是将它们归于词汇部分的固定语之中,进行简单、笼统的讲述。甚至连现今两部炙手可热的现代汉语教材——邵敬敏主编的《现代汉语通论》与沈阳、郭锐主编的《现代汉语》都没有口语习用语的一席之地。这种介于词与句法结构之间的尴尬地位使得它们在很长一段时间内没有得到应有的重视。1989 年,常玉钟最早在《口语习用语略析》中提出了"口语习用语"的概念,将它归为熟语中的一个属类,并详细地分析了口语习用语的语法、语义、修辞特征,在文章最后辨明它与其他熟语的界限,认为提出"口语习用语"的概念可以解决不少熟语划界的问题。1993 年,常先生把自己多年来对"口语习用语"的研究成果凝结在《口语习用语功能词典》中。该词典按照严格的收词标准,对 500 来条口语习用语的含义及应用做出了明确、细致的说明。

《口语习用语功能词典》的出版,引起了众多语言学家的关注。邵敬敏(1994)先生在《世界汉语教学》上发表了《口语与语用研究的结晶——评〈口语习用语功能词典〉》一文,指出汉语研究的两个新动向是：一是转向对口语的研究；二是运用三个平面理论尤其注重语用含义的研究。从常玉钟先生概念的提出，到邵敬敏先生对口语习用语语用研究的肯定，让我们看到了"口语习用语"研究的发展前景。

但是，此后一段时间对习用语本体的系统性考察和研究成果可以说是寥寥无几，只看到零星的几篇对单个习用语的分析和研究。如杨伟萍（2003）的《说习用语"谁知道"》，李卫中（2002）的《析"非A不A"的固定格式》、李卫中（2003）《析"爱X不X"的固定格式》等都是对某一习用语进行简单的讲解。张风格（2005）进一步论述了口语习用语在固定语系统中的地位和它的结构类型，并从七个方面详细地论述了口语习用语与熟语的其他类别相比所独有的特点：（1）结构上的定型性与语境的依赖性；（2）音节的不规整性；（3）用字朴实，缺乏凸显性；（4）语法上的不可分析性；（5）语义的约定俗成性，且包含说话人的态度和评价；（6）用于非正式场合；（7）功能的多样性。可以说，张风格先生的研究让我们对口语习用语有了更加具体、更加透彻的认识。但是在汉语研究中，将口语习用语上升到了理论的高度进行深入系统的研究还没有得到应有的关注。构式语法理论的兴起迎来了口语习用语研究的春天。

首先，构式语法理论强调构式的"习语性"（idiomaticity）。在生成语法中，乔姆斯基对核心语法和边缘语法作了区分。无标记现象符合语言的普遍原则，标记现象则违反了相关的普遍原则，语言中的无标记现象揭示了普遍语法原则，语言中的标记现象则揭示了边缘语法原则。（马道山，2003）而生成语法的任务就是寻找并发现这些普遍语法原则。与生成语法不同，构式语法的目标是全方位地对语言事实进行研究，不能主观假设某些语言现象是边缘性的而将其排除在理论语言学关注的范围之外，并强调语法来自语言的实际使用。在这个基于使用的模式中，边缘语法原则与普遍语法原则构成一个连续的统一体，它们之间没有统一的界限，任何人为的切分都毫无意义。何况具有完全概括性的规则在语言中只是特殊现象，而不是典型现象。因此，构式语法将边缘现象作为自己的研究重点，突出表现在对习语和标记构式的深入研究上，认为对这些特异构式的研究有助于揭示一般的语言规则；而构式语法也恰恰在这两方面的研究上显示出尤其惊人的理论威力，这一点我们可以从该理论的实践上看出来。

其次，构式语法打破了词汇与句法的界限，摆脱了口语习用语在语言系统中尴尬地位。在构式语法看来，词汇、形态和句法不存在本质上的区别，它们都与一定的意义相联系，都是形式与意义的结合体。某一语言单位究竟归为词汇、形态或句法，与其具体性/图式性、固化程度和复杂性相关，但这些参数都是渐变的。一种语言就是由具体性不同、固化程度不一的构式构成的。语法体系就是以构式为基本单位形成的巨大网络。这一语法观避免了一些口语习用语介于词汇与句法之间的非典型地位，它们与词汇和句法结构一样都被一视同仁地认为是构式，都应该受到重视。

（二）构式语法视野下的"习语性构式"

构式语法强调构式的习语性，构式的研究始于对习语（idiom）的考察。一般认为，费尔默（Fillmore）等人（1988）对 let alone（更不用说）构式的研究是构式语法的奠基之作，而这篇论文就是以习语为起点和焦点的。到目前为止，虽然构式的范围大到从语素到复句，但是研究最集中、最充分的还是习语领域。然而，由于文化内涵与文化背景的差异，英语中的习语与汉语中的口语习用语的特点与外延并非完全等同。努恩伯格（Nunberg）和瓦沙（Wasow）（1994）为"习语"给出了一个原型性的定义，它包含以下几个典型特征：（1）约定俗成性（conventionality）。即习语的意义和用法不能通过独立的惯常用法的知识来预测，至少不能完全预测。（2）非灵活性（inflexiblity）。即句法上受限制，不能灵活自由的组合。（3）修辞性（figuration）。指习语通常会使用比喻、借代、夸张等修辞手法。（4）谚语性（proverbiality）。习语通常用比较具体的活动和关系来描述与之相关的社会性的活动和关系。例如 climb the wall（坐立不安），chew the fat（闲谈）等。（5）非正式性（informality）。习语通常跟非正式的谈话风格和口语语域相联系。（6）情感倾向性（affect）。指习语通常对所描写的事物或现象有一定的评价或情感立场。例如"不像话"这个习语，用感叹的语气表达了说话人责怪某人的某种语言或是行为不合情理，不应该这样。因此，"不像话"含有贬义色彩。又如"不就得了/行了"这一习语性构式，用反问的语气表示"就可以了、就行了"，表达了说话人的不满意和不耐烦的情绪。一种语言不可能使用习语来表达一些中立的事件，如买菜、看书等。

以上这六个特征并非同等重要。其中约定俗成性是强制性的特征，其余五个都不是必要特征。我们比照张风格（2005）概括的口语习用语的七个特征发现，两者并非完全等同。从第三个和第四个特征可以看出，英语中的习语还包括一些汉语中所谓的谚语、惯用语和英语中的成语，因此，idiom 也常被翻译成"熟语"。由于汉英文化和语言之间的差异，英语中的成语不像汉语成语那样在结构上具有凝固性与定型性，在语体上也不像汉语成语那样正式。因此 idiom 比汉语中的"口语习用语"范围要大得多。

但是努恩伯格等人对习语的界定跟构式语法理论视野下的"习语性构式"仍有出入。根据费尔默等人（1988）和戈德堡（Goldberg，1995；2003；2006）等对构式的描述，我们认为习语性构式应该具有以下几个特征：（1）不可推导性。习语性构式的句法形式或意义都具有不可推导性，我们无法运用常规的语法规则和意义组合规则来推演和解释。因此，习语性构式在意义上具有不透明性，在句法特征上具有不可分析性。（2）句法上的单层性（monostratal）。构式语法理论认为，词汇和句法结构之间是一个连续统，中间没有严格的界限。由构式建构起来的语法体系中，单音节词与多音节词也没有本质上的区别。因此，一些语义透明度较低的词汇甚至是单音节词也可以被认为是习语性构式。（3）高频性。如果一个格式作为整体出现有足够的频率，即使它们是完全可以推导的，也被认为是构式。（详见第二章）（4）独立性。因为习语性构式具有不可推导性，所以习语性构式的形式和意义必须经过专门的学习、记忆才能掌握。（5）定型性。习语性构式中的成分基本上是特定的，不可替换的，结构也是恒定不变的。陈满华（2011）认为，定型性是实体习语所特有的。在我们看来，只要是习语性构式，都具备"定型性"这一特点。实体构式与图式构式只是能产度和复杂程度的不同，没有本质上的区别。对于图式习语来说，填充部分也是不能随意替换的，结构基本上也是恒定的。如汉语中的图式习语"A 跟 B 过不去"，这是一个否定形式，我们不能类推出一个肯定的图式构式"A 跟 B 过得去"。(6) 习语性。任何构式在一定程度上都具有习语性（Fillmore et al.，1988：501)，在语义的可分析性和句法的灵活性上，构式的表现程度差异相当大，形成一个连续统（continum）。但是习语性构式是最具习语性的。汉语中的习语性构式不等同于词典里收录的口语习用语。惯用语、成语、网络用语、句式，甚至一些词、语素都具有很强的习语性，都可以被视为习语性构式。当然口语习用语是习语性构式中最重要的组成部分。构式的习语性可以体现在很多方面。如果一个语言单位的形式和意义所包含的所有项目中，包括句法、语义与语用，它们无法完全运用常规的语法规则和意义形成规则来解释，就被认为具有了不可推导性和习语性，就被认为是一个构式。如果这个构式的习语性程度较深，则被视为习语性构式。因此习语性构式与构式之间只是习语性程度的差异。

五　习语性构式的情感意义

（一）情感意义及其研究现状

汉语学界对于情感意义的相关研究主要集中在词汇学领域，这体现为词汇学中一个古老而又新颖的问题，即感情色彩的研究。说它"古老"是因为人们对于感情色彩的研究久已存在。汪见薰（1955）、袁晖（1960）、徐志民（1980）、崔永华（1982）、周荐（1985）、杨岚（1989）等对其中的感情色彩意义都阐述了自己的见解。所谓"新颖"是指很多关于情感色彩方面的研究还刚起步，较多问题尚无定论，分歧较大，而且也缺少突破性的成果。如，词的感情色彩究竟是什么？它与词义的关系如何？如何判别？等等。杨振兰（1996）的《现代汉语词彩学》是我国第一部较系统地论述词的色彩意义的著作，其中对词的感情色彩作了比较充分的探讨。该书对感情色彩在词语中的表现形式进行了考察，并区分了感情色彩意义与感情意义。他认为，人类交际活动所传达的信息基本上是两种：一种是认识的思想信息，另一种是情感的信息。在思想的信息中，有时伴有主观感情的评价或感受，即在表示理智认识的同时具有情感的因素，这就是具有感情色彩词。如"放肆"，其理性意义是指"言语轻率任意、毫无顾忌"，在此意义之中就同时伴有厌恶的感情色彩；而有部分词，作为一种符号，直接表达人的情感状态。如"悲哀"、"伤心"、"高兴"、"愤怒"、"忧愁"、"痛苦"等，该类词整个的意义都是表达某种感情，而且这种感情侧重在状态，而不是倾向，这样它就不是感情色彩的问题，这类词是感情词。这种区分为我们的进一步研究提供一定的指导作用，但还存在一些缺陷。

第一，以往的观察往往停留在静态的范围，包括词汇意义中的感情色彩、感叹句等，很少在动态的言语交际中去考察情感意义问题，如情感的程度、情感的表达方式、情感的指向等。离开了这些动态的角度，对构式情感意义的解释是不完备的。

第二，对情感意义与形式之间关系缺乏必要的关注，尤其是在句法学领域研究那些情感意义透明度较低的习语性构式。

（二）情感意义的依附性

情感意义基本上是依附性的。为了表达某些情感，它需要依附于其他意义范畴之上，如：理性意义（Conceptual meaning）、内涵意义（Connotative meaning）、社会意义（Social meaning）和搭配意义（Collocative meaning）。理性意义是语言交际的核心因素，是静态的，其作用在于把此事物与彼事物区别开来，为人们提供一种正确使用的标准。我们可以直接用理性意义来表达某种情感意义。如"你这个阴险的小人！"其中"阴险"与"小人"的理性意义中就包含了主体对客体厌恶、愤恨的情感。内涵意义是对理性意义的抽象与引申，它常带有较为鲜明的主观评判色彩，因而会不可避免地反映出使用者的个人感情。如对于"她很女人"这个表达式，不同的人会产生不同的联想，或者心思缜密，或者外形阴柔，从而实现不同的情感意义。社会意义是一语言片段所表示的关于使用该语言的社会环境意义，包括话语的言外之意。如"太阳从西边出来了！"其言外之意是讽刺对方有异于往常的良好举动，这也是情感意义的一种实现方式。搭配意义不仅体现在词汇层次上，也体现在句子和语篇层次上。在语言中存在一些意义中性的表达式，并不具有褒扬或贬抑的情感取向，其意义的产生完全依赖于其搭配结构与搭配语境。如"登天"的理性意义是上天，本没有什么情感性可言，但由于固定地出现在"一步登天"中，便慢慢产生了"不切实际"的色彩义。经邹韶华（2001）的研究，汉语中"有＋N"发生语义偏移是"语用频率效应"所致。郑娟曼、邵敬敏（2008）发现"都是＋NP"表示责怪的情感意义与该格式出现的语境也不无关系。甚至某些表达式在语境的影响下会产生与之截然相反的情感意义。如"你真讨厌！"在特定的语境之下可以表达亲昵的情感意义。

以上四种情感意义的实现途径中，理性意义是不受语境影响的意义，附带的情感意义透明度较高，识别性强。而其余三种都具有不稳定性，它们会随着语境的不同而发生变化。当临时的语用意义被人仿效，高频使用，久而久之，约定俗成，就会变成这些表达式规约化了的情感意义，成为构式认知意义中的一部分，但这些情感意义，也就是习语性的情感意义较之于原本依附在理性意义之上的情感意义透明度要低得多，识别度也差，读者也需要花更多的时间去解码。如"真是的"与"可恶"两个构式，前者的情感意义透明度较低，后者的情感意义透明度较高。

当一个构式的习语性体现在情感意义之上时，变成了习语性情感义构式。在习语性情感义构式系统中，相对于习语性褒扬义的构式而言，习语性贬抑义的构式在数量上具有绝对的优势。

六　对习语性贬抑义构式的思考

（一）相关研究的不足

学术界对习语性贬抑义构式的研究有了部分成果，对个别问题的探讨也比较深入，但是以往对相关论题的关注并不充分，不够全面，主要存在以下一些不足：

第一，从研究成果上看，对习语性贬抑义构式缺乏系统研究，对相关语言事实的挖掘不够深入全面，且有创新性的个案研究并不多。据我们掌握的文献资料，对习语性贬抑义构式进行个案研究的论文仅

21 篇，其中以"什么"类构式作为研究对象的占了 12 篇，涉及这些习语性构式情感意义的著作更是凤毛麟角。如李一平（1996）、王海峰（2003）、晏宗杰（2004）、刘睿研（2006）、李彦凤（2007）、丁雪欢（2007）等都从不同的角度对与"什么"相关的贬抑构式进行了考察。周小兵（1996）、邓英树和黄谷（2002）、甘莅豪（2008）分别从内部结构关系、否定的制约因素及构式化过程的角度对"不 A 不 B"构式进行研究。杜道流（2005）认为"V/A 个 P"与"Q 才 VP"都是表否定的感叹句，并对其组构部分的句法语义特点进行了详细的描写。刘承峰（2004）对"爱 V 不 V"进行了语义分析，认为其本质属性是对一个动作的发生与否与关联动作直接的相关性否定。另外，黄佩文（1994，2003，2004）作了习语性贬抑义构式的发现工作，如"为 X 而 X"、"哪里是 A，简直是 B"、"V 也得 V，不 V 也得 V"。系统的研究必须建立在对具体语言事实研究的基础之上，因此前期的个案研究也为本书的研究打下了坚实的基础。

第二，缺乏比较成熟的理论框架。以往的研究主要是在静态的层面上对具体构式的句法、语义及其使用特点进行详尽的描写，重视构式用法的下位分类，但对其动态的形成过程缺乏必要的解释。比如，这些构式为什么大多产生贬斥义，而不是褒扬义？如"真是的"为何只能表示埋怨？这些不可推导的意义是如何产生的？为何习语性贬抑义构式与习语性褒扬构式在数量上的不平衡性？贬抑义与构形之间有无潜在的对应关系？这些问题都没有引起足够的重视，并进行自觉的理论思考。需要我们进一步研究。邵敬敏（2003）先生指出：当前汉语语法学界呈现出研究理论多元化的态势。任何一种理论都无法解释语言中所有的问题。这需要我们采用开放的态度，借鉴和吸收当代语言学的理论和方法，不管是形式主义语言学也好，认知语言学、系统功能语言学也罢，凡是能说明问题的，有利于解释的，我们都采取"拿来主义"的态度。对于习语性贬抑义构式的研究，仅吸收描写语法理论是远远不够的，构式语法理论、语法化理论、话语分析理论、关联理论、言语行为理论等都为我们的深入研究提供了理论指导。

第三，在研究方法上，主要采用自下而上的研究路子。以往对习语性贬抑义构式的个案研究，较多的是对其组构成分进行句法与语义特征的描写，从而实现把握构式整体特点的目的，即自下而上的研究路子。这项工作固然重要，但是整体意义会制约着组构成分的意义，整体意义的贬抑性会限制未经填充部分的语义特点。这需要我们从构式的整体出发，观察相关成分的性质。这是自上而下的研究路子。沈家煊（2000）认为，自下而上的研究应该跟自上而下的研究结合起来才能对句子的合法性做出充分的解释。

因此，对于习语性贬抑义构式的研究，首要的是进行理论的创新与方法论的突破。

（二）本书研究的目的与意义

现今，虽然越来越多的人开始关注习语性构式这一语言现象，但更多的是仅停留在表层的形式和意义的一般描述和解释上，并未真正由外至内、由表及里地揭示其规律性。在此背景下，本书的研究目标是：从"习语性的贬抑义"出发，寻求与这些低透明度相对应的构式形式，发掘形式与意义之间的对应规律，并寻求理论上的解释，建立以"习语性贬抑义"为纲的构式系统。因此，本论题的研究，有着重要的理论意义与实践意义。

第一，本书的研究是对汉语口语研究的充实。口语是语言的基础和源泉，然而口语的研究相对滞后。本课题以语言中最真切、最自然的习语性构式作为研究对象，以大量的口语语料为基础，突破了以往只用句法组合的形式规则来解释语言的局限，使我们更接近于语言自身的发展规律。

第二，本书的研究既是汉语基本语言事实的挖掘，同时也是在该事实的基础上对现有构式语法理论和研究模式的验证、充实和完善。习语性的贬抑构式在汉语中是很具特色的构式，但却没有被广泛关注。本人在发现大量语言事实的基础上，对这些特殊构式做了详细的描写和分析，并就这些材料从理论的高度对构式语法作进一步的充实，体现在：（1）如何构建简便易操作的符合汉语特点构式系统？从构式义出发，寻求与之相匹配的构式未尝不是一个尝试。（2）如何在尽可能不放弃基于使用模式的前提下实现构式的简约性储存？

（3）构式义从何而来？这些问题单凭构式语法理论解决恐怕不是一件容易的事情，需要其他语法理论做补充。对习语性贬抑义构式形成理据的探讨，不仅为语言共时理论提供强有力的证据，同时也是对现有构式语法理论和研究模式的验证、充实和完善。

第三，本书的研究为相关的类型学研究提供汉语素材。习语性贬抑义构式是一种跨语言的普遍现象。比如它在英语中也大量存在。如：on earth/in the world（究竟）、out of one's sight（滚开）、go to the dogs（破产、失败）、lose one's heart to sb（钟情于……）、all - round（全能的、多才多艺的）。在研究的过程中，我们试图探讨形成这些特殊形义结合体的原因和机制。这为以后跨语言的比较研究奠定了基础。

第四，本书将具有习语性的贬抑构式作为一个类聚进行研究并寻求形义之间的对应规律将有助于对外汉语教学。语言的习语性是地道语言选择的表达方式，是作为确保语篇自然流畅的参数之一。汉语中的一些习语性构式，其语义或功用相对复杂且在口语中使用频率很高，是对外汉语教学中的难点和重点。许多留学生在理解和使用这些构式时存在较多滥用、误用的现象，甚至采取"回避"的学习策略。现行的对外汉语教材中，对构式的解说大多只停留在形式或者组成成分的词汇意义上，这不能给学生的理解和运用带来实质性的帮助。构式语法认为，构式具有独立于组成成分的意义。因此，对于习语性贬抑义构式的学习，不能光看其中的词汇意义，而主要是理解其整体意义。在言语交际中，弄清语词的褒贬性对于思想情感与观点立场的正确传达十分重要，对这些情感义透明度低的习语性构式的用法进行归纳总结，能加深学习者对汉语习语性构式的理解，掌握其使用条件和规律，提高学习的效率和运用能力。

（三）语料来源

本书的研究在充分占有自然语料的基础上进行。由于条件所限，本书并未进行大规模的口语语料的收集，也未能占有较多的日常会话录音材料，所以文中举例所用的语料主要来源于书面材料。书面材料并不等于书面语，其中有些是书面的口头材料。因此我们的语料大多就是这些书面的口头材料。另外，由于互联网的普及及便捷，我们充分利用了北京大学汉语语言学研究中心的语料库（CCL），并利用了人民网的搜索频道（PSN）及其一些常用搜索工具，如 google、百度等。此外，我们还适当运用自省语料（下文将不作标示），这主要基于以下几个原因：

第一，语料库没有的并不等于不合法的。语料库是对现实语料的采集与记录，而在采集与记录的过程，可能会受到外界因素与认知的影响，因此语料库也并不是人们所想象的能够如实地反映人的认知能力。没人说过的语句并不等于不能说，句法上认可的句子未必有人说。这是研究者的共识。自省语料与被记录的或交际中的语料并不存在本质的区别。

第二，语料库没有不可接受的句子。在语言研究中，我们不仅需要了解合法的句子具有什么样的规律，也需要了解哪些句子是不能说的。后者也只能通过自省获得。构式语法学者也常常通过内省得来的语料来补充语料库。

第三，口语语料的采集上存在现实困难。口语是一种活的语言，无论是现代文献还是古代文献记录的口语都相当有限。这就为我们的研究带来一定的困难。因此，我们有必要调动自省语料。但自省语料大多是简单的，易接受的。

第 二 章

理论框架:构式语法理论

一 引言

绪论部分从汉语的事实出发,让我们对构式有了一些粗浅的了解。但仅限于此是远远不够的,我们还需更加全面、准确地认识构式语法理论的语言观。

在认知语言学研究的大背景下,构式语法研究得到了长足发展,在国内也已经成了热点的话题,但国内对构式语法的认识却是见仁见智。究其原因主要有以下四方面:一是构式语法理论内部的不同框架间尚存在一些重要的分歧。如费尔默、兰盖克(Langacker)和戈德堡等构式语法的不同框架之间,对于构式的认识、具体处理事实的模式都有差异。二是构式语法理论毕竟还年轻,还存在一些不完善、不成熟甚至是自相矛盾的地方,分支学派对自身认识观的阐释有待于进一步明确。如构式的范围究竟有多大?如何明确构式的"意义"?如何处理"不可推导性"与基于使用模式之间的关系?三是在这20年来,构式语法理论处于不断地修正中,甚至包括处于理论核心地位的"构式"的概念。四是在以上三种情形的影响下,国内学者对构式语法理论的解读难免有张冠李戴、拼接错位的现象,当然也不排除自身对理论理解偏误的可能性,于是一百个读者就有了一百个构式语法。这些认识上的分歧不利于理论的进一步发展与运用,比如在二语教学中运用构式语法理论时,有的对构式本身尚缺乏必要的界定。澄清"构式"的范围,是运用构式语法理论进行二语教学的前提。有的对各种构式眉毛胡子一把抓，没有系统地、分门别类地考察汉语所有构式。这样，针对部分甚至个别构式提出的教学法当然不具有普遍的实用价值；有的则过分夸大了构式语法理论的效率，对构式语法理论在二语教学中应用条件的探讨几乎是空白。这就会导致语法教学中出现矫枉过正的错误。因此，我们需要厘清构式语法理论内部主要的分支学派的观点，协调各种浮于表面的矛盾，对构式语法理论做出一个更为客观的识解。这是建立本书理论框架的前提。

二　关于构式的分歧

在对生成语法理论批判的基础上，以构式语法为基础的语法学派应运而生，并已形成多种框架和研究范式。克罗夫特（Croft）和克鲁斯（Cruse）（2004：266）认为在认知语言学中对语法理论的研究可包括以下四种构式语法理论：

第一，费尔默等人的构式语法；

第二，莱考夫（Lakoff）以及戈德堡的构式语法；

第三，兰盖克的认知语法；

第四，克罗夫特的激进构式语法。

费尔默等人的构式语法详细论述了句法关系和句法的承继性；莱考夫以及戈德堡的构式语法着重论述构式之间的范畴化关系；兰盖克的认知语法强调语义范畴及相互关系；克罗夫特的激进构式语法则强调句法范畴和类型学的普遍性。（Croft & Cruse，2004）这些不同的理论有着许多共同的理论基础：语言研究的首要对象是构式，而不是规则；词汇和句法构成了构式的连续统；构式是象征性的构造，是形式与意义的配对体；信息结构是意义的一个方面；一个合乎语法的表达应该能同时满足构式的限制条件等。其中戈德堡的构式语法理论在国内的影响是最大的，但它与其他理论框架之间既有渊源关系，也存在一定的分歧，甚至包括"构式"这一概念。以下我们先来介绍一下这四家对构式的认识，以加深对构式语法的理解，并厘清彼此之间的分歧与联系。

（一） 费尔默的构式

费尔默是最早阐述构式语法理论框架的语言学家之一。虽然他将自己的研究方法置于生成语法的背景之下。但是，他的一些观点与生成语法的某些主要假设是背道而驰的。生成语法认为，语法结构包括两个层面：一个是原则和参数，另一个是词库，构式并非语言的必要构件，而是一种"边缘现象"。这导致一些重要的语言现象无法得到解释。它们不能简单处理成"边缘现象"或者将其排除出语法研究的范围之外。"当结构被理解为一般规则的产物时，语法将无法解释那些具有不可推导性的、同时又跟诸如'the X－er the Y－er'、'let alone'之类形式约定俗成地联系在一起的意义和用法。"（Fillmore et al.，1988：507）由此看来，费尔默将传统结构的概念放到了中心位置。其目的是为了解释语言中的一些习惯表达式。这些表达的意义与用法无法从其组成成分的相关信息中推导出来。如果这些结构是以实体的形式出现，那么我们可以将其处理成复合词加入词库中。但是这些特殊的现象并不局限于这种实体形式，还包括大于词项的图式性的结构。"语言中也存在这样的一些结构，它们是不可以运用一般语法规则来解释的。该结构清单不仅仅是对词项的补充，它包括了诸如'特殊的句子类型'或'特殊结构'等那些完全能产的语法模式。"（Fillmore et al.，1988：504）这部分图式性的结构恐怕无法被归入词库中，而只能仍然作为语法构式存在。费尔默等人认为，一种语言的语法大部分是语法构式的清单。而语法构式的形式、意义和用法都无法通过一般结构组合规则和词的知识所推知。费尔默将它表述为："所谓语法构式，我们指的是：语言中所有被赋予一种或多种规约功能的句式，外加对于包含这些语法格式结构的语义或用法起作用的各种语言规约化的表现形式。"（Fillmore，1988：36）

不难发现，这个定义已较少涉及不可推导性的问题，而较多地强调构式是一种含有特定意义或用法的形式。这个特征成为构式主义者共同持有的语言观，即构式是象征单位，是形式和意义的配对体。这一性质适用于那些完全可以从结构和词汇知识推导出来的语言模式。费尔默将构式看成了语法的基本单位，这一语法观淡化了生成主义者关于核心成员和边缘成员的区分。这样，在费尔默的理解中，"语法是构式的清单，再加上一组支配构式相互之间交错和叠加的原则。"（Fillmore，1988：37）而整个系统基本上是由联接（unification）和承继关系支配的，词汇则是构式中某个特定位置上被认可的填充项。由此看来，费尔默的构式概念实质上是不包括完全填充的具体表达式的。类似的结论，也可以从他对习语表达式的相关概念的讨论中获得。（Fillmore et al.，1988：504－510）在对习语的分类中，他区分了实体习语和图式习语，前者是完全由固定成分填充的习语，如 let alone（更不用说）、by and large（总的来说），等等；而后者则是半填充的具有一定抽象度的图式性习语，如"what X doing Y"（怎么回事）。关于这一点，他认为，只有后者才被吸收进语法构式的范畴，完全填充的习语应归为词汇，它们像词汇一样被学习和使用。

（二）兰盖克的构式

兰盖克（1987：494）从以使用为基础的视角考察语言模式的发展。他的"认知语法"理论，基本观点之一是语法是跟语义相连的，所有语法形式都具有某种概念意义。也就是说，兰盖克不仅把构成语言的词汇视为象征性的，而且把形态、句法结构也视为象征性的。在他看来，词汇、形态和句法不存在本质上的区别，它们都与一定的意义相联系，都是形式与意义的结合体。从这个意义上来说，他比费尔默更进了一步。费尔默区分了语法和词汇，认为构式是语法格式和这些格式中填充的词项。在兰盖克的模式中，某一象征单位究竟归为词汇、形态或句法，与其具体性/图式性、固化程度和复杂性相关，但这些参数都是渐变的。一种语言就是由具体性不同、固化程度不一的象征单位构成的。词项在语音、语义上都相当具体，固化程度高，但内部复杂程度不一样，它包括固定词组、惯用语、习语等；而语法结构体在形式和意义上图式性强，但固化程度相对低一些，且一般具有高度复杂性。基于语法结构体，我们来看看在认知语法中被称为构式的语法单位。

构式在认知语法中具有重要的地位。兰盖克认为："语法存在于由简单象征单位构成的复杂的象征单位中，任何这样的组合体都是构

式，它是由两个或多个成分单位整合成的一个复合单位。"（Langacker, 1991：5）

因此，在兰盖克的理解中，任何复杂的象征单位都是构式，它包括复杂词项和句法结构。基于这样的理解，兰盖克突破了费尔默的限定，认为构式不一定得具有不可推导性，即构式不可通过语言结构和词汇的知识推导出来。

兰盖克还使用了不同的术语，对构式图式（constructional schema）与具体用例（usage event）作了区分。构式图式是对具体用例的抽象化与范畴化，承担着认可具体用例的任务。具体用例如果被认可为图式的实例，则是合法的用例。构式图式和具体用例都是语言中的构式，构成了彼此连结的连续统。二者并无本质区别，其差异只是体现在抽象化程度的不同而已。句法构式既描述了复杂象征单位的图式，又可以在任何抽象概括程度上得以呈现。如既包括英语中双及物式"V + NP + NP"这类高度抽象的图式，也包括更具体化的图式，如"give/send + NP NP"，还包括像"send me a postcard"这类完全具体化的表达式。所有这些相互关联的形式构成语法模式这个复杂的范畴。其中构式图式在认知语法中地位较为突出。"这些构式图式既是图式，又是复杂的象征单位。……其组合规则体现为构式图式的形式，即描述构成成分之间的一般关系和从一系列具体表达式中抽象出来的组合结构。"（Langacker, 1991：3，6）

如果将构式理解为由简单的象征单位构成的组合结构，那么这些组合是如何操作的？特别是语义的整合。是不是组合结构完全由其成分推导出来的？是否都遵守组合原则？兰盖克认为，构式部分是组合的，因为构成成分对于理解整个复杂表达式的意义提供了线索。"复杂表达式的意义或者比完全派生出构成成分的意义更具体，或者与之存在某些矛盾的方面，即相对于预期的构成成分的合成意义，复杂表达式的意义或者更详细，或者有所扩充。……成分结构只是对应于整体结构的某些方面，只是为整体结构表达的概念提供一定程度的理据。"（Langacker, 1999：15）因此，那些形式没有对意义提供直接线索的结构，也是象征性组合结构。也就是说，所有类型的表达式，无论图式和实体习语、派生词和复合词都是构式, 它们的整体意义与其构成成分的合成意义之间的关系都是间接的。如 clean－all、lack－brain、stretch－neck 等构式都是很好的证明。

(三) 戈德堡的构式

戈德堡的构式语法对其他构式语法的理论框架既有继承也有发展。国内学者对此也予以最多的关注。戈德堡 (1995：4) 对构式下了个定义：假如说, C 是一个独立的构式, 当且仅当 C 是一个形式 (Fi) 和意义 (Si) 的对应体, 而无论是形式或意义的某些特征, 都不能完全从 C 这个构式的组成成分或其他业已存在的构式完全推导出来。在此基础上, 她还进一步解释说, 语素也是构式的实例, 因为语素也是形式与意义的配对。戈德堡 (2003：219－220) 又进行了详细阐释, 认为构式是形式—意义/语用功能的对子, 包括语素、词、短语以及部分填充或完全没有填充词汇的短语类型。示例如下：

语素：anti－, pre－, －ing

词：avocado, anaconda, and

合成词：daredevil, shoo－in

习语 (全固定式)：going great guns

习语 (半固定式)：jog someone's memory

共变条件构式形式：the Xer the Yer 如：The more you think
about it, the less you understand.

双及物构式 (双宾语构式) 形式：Subj [V obj1 obj2]；意义：
(有目的的或实际的) 转移。
如：He baked her a muffin.

被动式形式：Subj auxVPpp 话语功能：使遭受者成为话题和/或
使施动者非话题化。如：The armadillo was hit by
a car. (Goldberg, 2003：220)

可见, 戈德堡的概念包括从语素开始的各级语法单位。

(四) 克罗夫特的构式

克罗夫特对构式概念本身没有作过多的阐述, 他主要参考了费尔默、兰盖克甚至包括莱考夫与戈德堡的相关研究。他的主要贡献在于他将构式语法理念贯穿到了语言类型学的研究之上。语法范畴和句法关系在跨语言间普适性的缺陷为克罗夫特语言类型学上的研究带来了烦恼。于是，他将构式的作用发挥到了极致。克罗夫特（2001：4）认为："语法格式才是句法表征的基本单位，而范畴则是从其所出现的那些构式中派生出来的。"这便是激进构式语法"激进"之所在。克罗夫特也强调，句法结构与词项之间的相似性，它们都可以视为象征单位，集合了形式、语义和语用信息各个方面。但两者之间在抽象性与复杂性上也有差异（Croft，2001：16）。因此，在这一点上，克罗夫特与兰盖克和戈德堡一样，都认为词汇与句法是一个连续统。他关于构式的清单中也包括从最简单的词汇到完全图式化的语法构式。"构式语法使得构式的概念很普遍，从而其可以被使用到任何的语法结构上，包括其形式和意义"（Croft，2001：17）。

三 本书的构式语法

本书主要以戈德堡的构式语法理论为背景。在此基础上，我们根据汉语的事实作一些修正和更具体的阐释。以下尝试从几个与本书关系密切的方面进行介绍与分析，试图明确本书构式的内涵与系统的理论基础。

构式语法理论在国内发展到今天，不少构式语法理论的追随者还常常面临这样的问题：这些语言单位到底是不是构式？是不是属于构式的范畴？如，"既……又"、连动式、兼语式、"不A不B"、"有你的"、"再见"、"人"、"民"，等等。戈德堡（1995：4）似乎已经给构式下了一个明确的定义。该定义包括一个前提与一个识别标准：构式是形式与意义的配对①；

---

① 从戈德堡（Goldberg，1995；2003；2006）的论述来看，创建者对于构式的定义经历了"形式与意义的配对"——"形式与功能的配对"——"形式与意义/话语功能的配对"不断的变化甚至交叉使用的过程。与其说这是创建者的"摇摆不定"，还不如说这些表述本质上具有一致性。鉴于构式语法不同框架之间的统一性与指称方便，我们采用"形式与意义的配对"这一说法。

构式具有不可推导性（unpredictability）①。因此，对不可推导性的把握是理解构式的重点，也是难点。在实际运用中，由于这个定义的影响，构式语法追随者常常拔高了不可推导性在构式判定中的作用，认为只有那些整体意义的透明度较低的结构才是构式。如，具有处置义的"把"字句、具有转移义的双宾句，还有一些口语习用语等。这一解读大大缩小了构式的范围，也不符合构式语法理论的语法观。这一方面的原因在于创建者初期的表述不够精当、详备；另一方面也是因为读者在理解上存在偏差。

（一）何谓不可推导性

构式的不可推导性指的是，形式与意义所包含的项目中，包括句法、语义与语用，它们无法完全用常规的语法规则和意义形成规则来解释。也就是说，任何一个表达式，只要它的形式、语义或功能的某个方面是不可推导的，那么就可以称为构式。我们将现代汉语中常规的"被"字句粗略地记为"O 被 SV"的话，那么其中的 O 是受动者，S 是施动者，而 V 是一个及物动词。构式的作用是将受事提升为主语，将施事置于状语位置，传达被动义，如"他被张三打了"、"李四被开除了"等。但也存在一些特异现象。例如：

(1) a. 可是还被他<u>跑</u>了。（CCL）

　　　b. 高洋追打许逊，反被许逊一路各种勾拳、摆拳<u>打过来</u>。（《王朔文集》）

　　　c. 你只不过是被人<u>盗用</u>了名字。（同上）

　　　d. 他总是特惭愧特窝囊，打了一回仗连一个死的活的俘虏的敌兵都没见着，就像被人<u>开</u>了场玩笑。（同上）

例（1）都是"被"字句的具体用例，但都不具有典型性。其中 a、b 的 V "跑"、"打过来"分别是不及物动词和用于不及物动词；c、d

---

① "预测"表达的是对未知信息的推测，而"推导"体现的是目标表达式与业已存在构式之间的关系。因此，将"unpredictability"表述为"不可推导性"似乎更能传达这一概念的本意。

中的 V "盗用"、"开" 却另带了宾语。因此，这些特殊的被字句在句法特征上并不符合常规，从这个意义上它们具有形式上的不可推导性。由这些实例根据不同的形式特点而抽象成的语法形式便是一个独立的构式。当前 "被幸福"、"被自杀"、"被和平"、"被不明真相" 等 "被 X" 蹿红网络，这类 "被" 字句除了在形式上具有不可推导性之外，在意义上也具有特异性，它传达一种 "强加" 义，带有戏谑和讽刺的意味。由此 "被 X" 也可因为这种形式与意义上的不可推导性成为一个有别于常规被字句的构式。另外，话语功能上同样存在不可推导性。我们以汉语中时新的构式 "好不好" 为例。"好不好" 常见的用法是征求意见，表示询问。但在年轻人的群体中却产生了一个特殊的用法，即 "好不好" 是一个标示 "否定" 的话语标记，置于一个判断的末尾。该用法无法从其已有的结构义中推导出来。例如：

> （2）a. ——都是你 "死缠烂打" 惹的祸！
> 　　　——这叫 "执着、专一" 好不好！
> 　　b. ——你今年 23 岁了吧？
> 　　　——我才 20 岁好不好。

在戈德堡（1995）看来，只有那些不能完全从其他业已被认可的构式中所推导的形义结合体，才是构式。比如作为词的 "人" 是一个由语音形式［ren］与其代表的概念 "人" 相结合的象征单位。在汉语中，其形式与意义都无法从别的象征单位中推导出来。因此，它是一个构式。而一些具体表达式，如 "房间里有个人" 就不被视为构式，因为它的属性是派生于抽象化了的 "存在" 句构式和构成该表达式的象征单位的。像例（1）中所举的具体实例也都并非构式本身。只有由此抽象而成的语法形式才是构式。基于这一标准，构式的数量在一定程度上得到了控制。那些不可推导性强、概括性或范畴化了的实体和图式等格式得到了选择性、简约性地储存，而那些不必要的、冗余的部分被过滤出去。但美好的理想背后却埋藏着一些无法协调的矛盾。

（二）不可推导性的模糊性

通过前面的分析，构式的不可推导性本质上体现的是已知构式与目标构式之间的偏离关系。假设 A 是一个已知构式 a_1、a_2、a_3……的集合，b 是一个未知的目标构式，它是一个形式与意义的结合体。b 能否判定为一个独立的构式，取决于它与已知构式的关系。即 b 在形式与意义上是否存在偏离 A 的特性。这也就是刘丹青（2010）所谓的"一个构式"的解读，即认定它为一个构式是因为它不是别的已确定的构式。但是这里却存在很大的模糊性：一是这种偏离如何体现？二是具有何种偏离程度才被认为具有了不可推导性？即不可推导性的度如何把握？在这些问题上，构式语法理论内部的不同框架之间存在一定的分歧。兰盖克（1999：114）将不可推导性扩展到了所有的象征性组合体之间。他认为："任何一个表达式的意义基本上都比它的合成意义更具体，否则就与合成意义相冲突。总之，一个表达式的语境理解（contextual understanding）总会或多或少地偏离它所推导的合成值（predicted value），即使将这一表达式接合成为某一个固定词项，这种差异仍旧存在。在这种非建构性的框架中，我们决不能专注于是否确实找到了零差异的局限性例证之上。"比如，一个表达式的字面意义总会与说话者所要表达的意图是不一致的。

(3) 好热啊！

我们在说出例（3）这样的表达式时，并不仅仅停留在对天气的评论之上，其言外之意或者是提醒对方开窗户，或者开空调，等等。而这些祈使义都是不能从其编码形式上得以分析的。再如：

(4) 书在桌子上。

这个表达式的意义既简单又直接，也不考虑其中的言外之意。但是也存在不可推导性的成分，也就是说，说话者的表达意图并没有完全具体地编码出来，即书在桌子的上面还是在桌子的上方，等等。显然，在兰盖克看来，整体意义总是不能从它的组成成分上完全可以分析的。所有的象征性组合体都是构式，包括具体用例。这与戈德堡的认识是不一致的。

另外，就是不可推导性在度上的把握问题。它存在较大的弹性空间。我们以汉语中的存在句构式为例。"房间里有个人"由于可以从存在句构式"Loc＋V＋O"和其构成成分推知而被排除在了构式的范围之外。但在"Loc＋V＋O"与"房间里有个人"之间存在众多不同抽象度与能产度的格式，它们形成一个连续体。如：Loc＋V＋O→Loc＋有＋O→Loc＋有＋一个人→房间里有一个人。① 从左到右格式的抽象程度和能产性递减，具体程度递增。右边的格式都可以看成是左边更抽象格式的一个实例。那么，"Loc＋有＋O"是否具有可推导性？"Loc＋有＋一个人"呢？是否可以认为它们都是从已经被认可的存在句构式"Loc＋V＋O"中推得的？但是"Loc＋V＋O"本身也不是最抽象的构式，它是否也可以从"S＋V＋O"中推得呢？这些问题戈德堡没有直接回答。在构式语法看来，一个具体的表达式是许多不同构式的合成。下面，我们看一个来自戈德堡（2006：21）对具体实例的构式分析，或许可以得到一些间接的答案。其中例（5）为具体表达式，例（6）是例（5）所包含的11个构式。

(5) A dozen roses, Nine sent her mother!

(6) a. 双及物构式

　　b. 话题化构式

　　c. VP 构式

　　d. NP 构式

　　e. 不定指构式

　　f. 复数构式

　　g. dozen, rose, nine, send, mother

戈德堡对该实例的构式解构可谓漏洞百出。首先，a 与 her 未被列入词构式的序列中；其次，既然"roses"包含复数构式，那么"sent"也应该包括过去时态构式，但却没有被列出；最后，就是涉及我们正在讨论的关于构式在节点上的确定问题。拿其中的双及物构式为例，

---

① 存在句构式是一个复杂的图式构式，这里为了说明问题只显示部分节点。

处在双及物构式与例（5）之间那些抽象程度不等的双及物格式，如
"S + send + O_1 + O_2"未被列入构式的清单中。由此推断，"Loc +
有 + O"在戈德堡看来是不具有构式资格的。其中的原因可能有以下
两点：

Ⅰ. 部分填充（partially – filled）的格式不被认为是构式；

Ⅱ. 这些处在具体用例与"较抽象"图式构式之间的格式被认为
与具体用例一样具有可推导性而不具备构式资格。

但是这两种解读都难以自圆其说。Ⅰ的解读与戈德堡（2003：
219）表中的示例相矛盾，在构式示例的清单中包括了"the Xer the
Yer"部分填充构式。况且部分填充的格式与完全未填充的格式不存
在本质上的区别，在能产性上与固化程度上也分不出绝对的强弱。因
为语言中存在大量的完全未填充的格式在能产性上是受到很大限制
的；如果作Ⅱ的解读，那么哪个抽象程度的格式才具备不可推导性？
哪个具体程度的格式才具有可推导性？而那些可推导的格式在基于构
式的语法模式下扮演的又是何种角色？

但是，在创建者构建的具有承继关系的构式网络中，又包括了这
种示例关系。如"Loc + 有 + O"与"桌子底下有个球"就是一种示
例关系。这是不是又在表明较抽象构式与其具体用例之间的关系是构
式与构式之间的关系呢？理论内部出现了很大的矛盾。

这些问题的产生与不可推导性不无关系。该特性作为构式的判断
标准出现与构式语法理论成就于习语的研究不无关系。费尔默等
（Fillmore et al.）（1988：501）认为，构式在某种程度上是习语性
的，一个复杂构式的语义或者语用属性不能从它所联系的较小的构式
中推演出来。不可推导性对于习语性的构式来说无疑是具有一定概括
性的。而当构式从习语扩展到抽象的、能产性的格式时，情况就变得
复杂了。"形义结合体"的特征可以有所扩展，不可推导性则不可
以。因为这不只是某些特定抽象构式的参与，而是要面临如何界定构
式的抽象程度问题。而这又岂是用不可推导性就能解决的？

不可推导性受到了应有的挑战，无法被严格贯彻到底，它作为构
式判别标准的地位发生了动摇。在这种情况下，戈德堡（1995）定
义已经不能揭示构式的外延与内涵。我们该如何更加合理地界定构式

呢？以下我们分三个方面来说明。

（三）构式的界定

首先，单一成分的语法单位是否具有构式资格？石毓智（2007）认为，戈德堡的定义在结构的复杂性问题与认知语言学的有关定义不相符，兰盖克的构式是"至少有两个要素组成的单位"。这一认识遭到了陈满华（2008）的反驳，他认为两者的定义并不矛盾，戈德堡确定的构式实际上也至少具有二分性。其理由在于该体系中的最小构式——语素也可分解成更小的两个音素。如示例中的"pre"是由字母 p、r、e 组成的。我们认为这一理解不符合创建者的本意。音素是无意义的，没有资格担当被推导的角色。如果这样，那么对于汉语中一些语素"子"、"们"、"儿"该作何分解呢？另外，这种解读方式将单一成分的语素和词（a、-s）排除出去，也与构式语法强调的"全面研究语言的客观存在"这一目标不相符。"构成成分"必须也是形义结合体，它适用于复杂构式。语素本身不存在与之性质相同的组成成分，因此它只能与其他已知构式之间产生联系。总体上，该定义表现的目标构式与已知构式之间的不可推导关系，并非在于形式与意义之间。

在传统语法中，构式是指结构至少由两个成分构成的句法单位。如动补结构，它由动词与补语两部分组成；存在句可分 A、B、C 三段。相比之下，构式语法中构式的概念无疑得到了扩展。它不再局限于那些复杂性的句法结构，而是包括了从语素到句型的各级语法单位，也就是说构式存在于语言的各个层面，它们都是特定的形式与意义结合体。然而，戈德堡并没有对此进行充分的论证，国内语言学界传来不少批评的声音。石毓智（2007）认为，将单一成分的语素或词归入构式没有带来任何实际研究效用，而只是徒增概念混乱，而迄今为止，尚未见到任何该理论关于单一元素的语素或者词的合理分析。邓云华和石毓智（2007）、陆俭明（2008）、赵彦春和王娟（2008）、王望妮和孙志农（2008）都有类似的看法。词项与句法之间有所区分，但又不能否认两者不存在严格的分界线。戈德堡（1995）也表明："词汇构式与句法构式之间的内部复杂性不同，在语音形式上的表述也有所不同，然而词汇构式与句法构式实质上是同一类明确表达的数据结构：两者都是形式与意义的配对。"两者的分合取决于不同语言学家的语言观，视不同理论体系的需要而定。构式语法自身的理论体系决定了彰显共性、模糊个性的必要性。虽然到目前为止该理论对于语素层面的分析尚未体现出它的优越性，但在我们看来，构式语法不仅是一种为分析语言事实提供全新视角的方法论，更重要的是它是一种"以构式表征一切语法知识"的语言观。将一种语言中的抽象程度不一、复杂程度不等的构式看成是平等的，而不去建立不同的语法成分，旨在对语言现象作出统一的解释，这无疑是具有远见卓识的，也符合规则的经济性原则。乔姆斯基（1965）指出：一个有效的语言学理论必须做到描述的充分性与解释的充分性。描述的充分性是指该语言理论必须能够全面地、准确地描述一个语言的整体面貌。构式的覆盖面足以说明了这一点。陈满华（2008）也有类似的看法，认为评价一种新的理论方法及其概念术语，关键不在于是否符合传统，而在于它内部是否能够自足。构式语法起于构式，而又止于构式，这是一种得到反复强调的自足的设计，并且这一设计与认知语言学本质上又是一脉相承的。

其次，构式的意义是否包括临时的语用意义？以戈德堡为代表的构式语法与以兰盖克为代表的认知语法对此有不同的解答。戈德堡（2004：428）区分了非规约语用学（non – conventional pragmatics）和规约语用学（conventional pragmatics）。非规约语用学涉及语言使用者在具体语境中理解和说出句子产生的效果。规约语用学则是把语言的某些形式特征与某些对语用语境的限制规约性地联系起来，某些语言形式带有相对稳定的语用信息。戈德堡（1995）认为，语用信息一旦规约性地与语言形式相连，就成了构式的一部分，不可能仅靠会话原则推导其存在。可见戈德堡所指的这部分意义具有规约性。而兰盖克的"意义"却包含了规约的和非规约的。这一点通过上一节的分析便可得到答案。但是非规约的语用意义涉及主体对意义的理解。如例（3）的言外之意，可以是表达减衣服、要求开空调、洗个澡、开窗户等相关的要求。这是不是意味着不同的语用意义就代表不同的构式呢？例（4）也是如此，都会因为情景的改变而出现不同的理解。这种处理方式显然是不符合符号的简约性的，也不利于语言的研究与学习。其中的语用意义只能是规约化了的部分。但由此带来的问题是：规约化的语用意义实际上就是句子的认知意义，而不是严格意义上的语用意义了。既然如此，那么"构式是语法、语义与语用的一体"中的"语用"又从何谈起呢？（董燕萍、梁君英，2002）然而，构式语法中的"语用信息"除了包括这部分规约化的语用意义之外，还包括规约化了的情景和话语功能等其他与语用相关的信息，这部分恐怕是认知意义无法囊括的。

因此，不可推导性具体表现在以下几个方面：形式上包括句法、形态和韵律；意义上包括语义、规约化的语用意义、话语功能。如果我们将"语义"与"规约化的语用意义"合并成一项的话，那应该就是戈德堡（2006）关于"构式是形式与意义/话语功能的配对"中的"意义"吧。用图表表示如下：

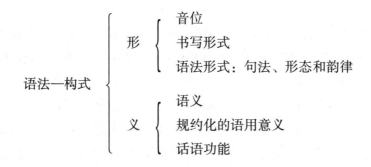

再次，构式的本质是什么？构式在本质上应该是独立的形义结合的储存单位。也就是说，一个象征单位，如果它能够在大脑中单独存储，那么它就是构式。因此，构式清单中必然包括高频使用的成员。"只要有足够的出现频率，即使是完全可以推导的，那么也是构式"（戈德堡，2003：220－221；2006：5）。类似的论述也有来自克罗夫特（2004：292）和肖恩费尔德（Schonefeld）（2006：16）。从这一论述我们可以得知，如"你好"、"我爱你"等高频使用的表达式也可以视为构式。构式语法作为基于使用的语法模式（the usage － based model）被凸显出来。

　　生成语法认为，语法的基本原则是天生的，而这些原则的数量应该是有限的。语法应该被看成是一系列用来说明语言表达式规则的清单，这些规则能够输出所有合乎语法的表达式。鉴于经济性的考虑，如果某一语法规则已经全面而详细地描写某一语言表达式，则该表达式本身将不在语法中列出。

　　这些观点遭到了基于使用模式的挑战。该模式强调，语法来自语言的实际运用，语言表达式的使用对语言知识的表征产生直接的影响。语法应该包括所有约定俗成的语言知识，无论是"核心"的，还是"边缘"的。语言研究的最终目标是对构成人们语言能力的心理结构进行描写。因此，不能因为追求简洁而把许多具有心理真实性的语言结构排除在外。比如"很漂亮"、"很热"、"很高兴"、"很痛苦"等这些具体表达式可以通过程度副词与形容词的组合规则推演出来，但由于使用频率非常高，很可能已经被人们熟知和掌握。我们没有理由认为，当人们掌握某一概括性规则后，先前习得的已在大脑中固化了的语言表达式，还需要重新通过计算得出。

　　使用频率在建立语言知识系统中起关键的作用。在语言的使用中，出现频率较高的具体表达式和语法格式在心理语法中的固化程度高于出现频率较低的语言表达式与语法格式（Diessel，2004）。这里的频率既指用例频率（token frequency），也指类型频率（type frequency）。前者指的是具体用例的高频率使用，决定某一独立词形或表达式的固化程度。如："愿景"因为高频激活已被普通话所接受，并载入现代汉语词典。习语性的"美得你"从众多表达式中独立出来，成为一个固化的储存单位也得益于它的相对高频使用。类型频率是指图式构式中实例的出现频率，即一个特定图式具体用例的数目。比如，在"范跑跑"这一新奇用法出现时，我们可以从中提取出一个抽象图式：姓＋VV。这一图式构式在产生之初并不具备很高的固化程度。但当诸如此类的用法在话语中反复出现，如"赵光光"、"麦流流"、"郭跳跳"、"姚抄抄"、"杨溜溜"、"郭舔舔"等，"姓＋VV"的类型频率不断上升，图式的固化程度得到加强。并在此基础上产生类推效应，产生一些超越"姓＋VV"的用法，如"酒逃逃"（酒井法子）、"楼脆脆"、"楼断断"、"地塌塌"、"墙脆脆"等。图式构式在固化的同时也得到了扩展。

自下而上（Bottom – up）的特点也是基于使用模式的一个重要体现。语法研究是自下而上概括出来的，语法研究不能只是对一般规则的关注，同样要重视各种约定俗成的示例。此外，语法格式是从实例中抽象出来的，这些规则的抽象程度与概括程度有待于进一步考察和研究。其中低层图式在计算新的表达式过程中发挥了更大的作用，应该是我们研究的重点。高层的图式即使被抽象出来，其功能在于组织这些象征单位，而并非计算。

兰盖克的认知语法彻底地采用基于使用的模式。在他看来，图式构式和具体用例都是语言中的构式，构成了彼此连结的一个连续统。二者并无本质区别，只是抽象化程度的不同而已。并将构式表述为任何象征性组合体，不管是否是储存单位，是否能被业已存在的复合结构范畴化的刚产生的、未固化的表达式（Langacker，1987：71 – 73；1999：110 – 113）。因此，在认知语法体系中，语法成了一套由约定俗成的语言单位构成的巨大的、高度冗余的清单。这与不可推导性约束之下的构式语法并不一致。戈德堡也采用基于使用的模式，重视使用频率对构式的作用，但她强调构式是一个储存单位。

人的记忆力总是有限的，人们不可能储存每一表达式，而是主要基于反复听到或高频使用的话语之上形成一个概括性的图式，并加以储存。但储存又是有选择性的，人们不可能将一些语法组合体进行重复储存。只有那些与大脑中业已存在的构式在形式或意义上相比存在一些区别性特征的音义结合体才被作为新的成员加以储存。海曼（Haiman，1985）也注意到，出于语言简约性的需要，自然语言允许偏离现象的存在，不同构式的数量应尽可能最小化。从某种程度上说，使用频率、不可推导性的程度与存储的可能性是成正比的。格式的使用频率越高，则固化程度越高，存储的可能性越大；不可推导性的程度越高，也越有可能成为一个新的存储单位。由此看来，构式作为一个存储单位是一个连续体。构式语法是建立在使用的基础之上的，这一思路使语言系统具有动态性。这也可看作是认知合理性要求的结果，因为储存在大脑里的各种知识本来没有绝对清晰的界限（Elman，1996；张韧，2006）。

不可推导性在构式语法理论中还是不能放弃的。但它的作用并不在于对构式资格的判别上，客观上也无法做到明确的判别，而在于它与存储单位即构式的倚变关系上。因此，除了所有的语素和词以外，构式系统还包括三类成员。

一是较抽象的图式性构式，如存在构式"Loc + V + O"、双宾构式"S + V + O_1 + O_2"，甚至包括抽象度更高的"S + V + O"。它们是对一些具备相同特征的具体用例的范畴化。在具有承继关系的纵向构式链上，能产性近于零或者使用频率比较低的具体表达式或低层节点上的构式，由于使用频率相对较低，固化程度较低，很难形成一个独立的储存单位，甚至可以不认为它们是一个储存单位。如"墙上挂着一幅画"、"我给他一本书"等这些具体表达式就不是一个构式。这或许正是戈德堡即使采取基于使用的模式也将这些具体表达式排除出构式范围的原因。

二是高频使用的具体形式。这类构式具有较强的可推导性，在形式上是图式性构式的具体用例，具有可分析性，但却已固化。如一些招呼语、礼貌用语等。如果说图式性构式成为储存单位是类频率（type frequency）作用的结果，那么这些高频使用的表达式的固化则是例频率（token frequency）作用的结果。如"哥抽的不是烟，而是寂寞"这个表达式因为高频使用而已从"不是……而是"这一抽象的图式性构式中独立出来储存，成为一个新的构式。

三是习语性构式。习语性构式是不可推导性很强的构式。其形式的可分析性较弱，意义的透明性较低，使用频率也很高。它可以是图式性构式，如"整个一个 X"、"爱 X 不 X"等，也可以是实体构式，如"不像话"、"去你的"等。当一个全新的不规则的表达式闯入大脑，我们不可避免地会用已有的内在语言知识加以理解和分析。然而，这种常规的理解方式必然受到阻碍，表达式难以被现存格式范畴化。这使我们或做一些曲解，或更新原型范畴以进行范畴化，或以自身为原型建立新范畴。这一曲折的思考过程给使用者带来了新鲜而刺激的审美感受。对此，人们总会多一些关注，在大脑中的固化程度也会更高，也就更有利于该特征单位的储存。

总起来说，构式可以包括语素、词、较抽象的图式性构式、高频使用的具体表达式、习语性构式。（暂且不论大于句子的语言单位）这五大成员之间并非是非此即彼的，尤其是习语性构式与语素、词、图式性构式之间的交叉。其中习语性构式是被汉语界普遍接受的，因为它们明显地体现出了"整体意义大于部分意义之和"，最直观地体现对"构式"的定义。其余四类构式是被忽视的，语素和高频的具体表达式甚至被排除出构式的范围。对一个舶来新概念的评判，我们不能凭主观经验认为它必须是由两个或两个以上单位构成，或者仅凭戈德堡（1995）所下的构式的定义断章取义地认为构式只能是那些习语性构式，抑或用费尔默的构式语法观来批判戈德堡的语法观。我们需要将"构式"置于它所在的构式语法理论体系中进行认知，用发展的眼光看到创建者对理论本身的不断修正和完善，也不能忽视构式语法理论不同分支之间的分歧。

（四）构式系统的构建

构建一个完整的、自足的语法体系是一种语法理论的主要任务。我们不能因为构式语法理论成功地"解释"了汉语中的部分特殊语言现象而对它赞不绝口。首先，构式语法不具有解释力，它不能用来说明这句话为什么能说或不能说，而是给我们提供了一个观察问题的视角；其次，最重要的是要看构式语法理论是如何认识语法，并构建整个语法系统的。构式本质上是储存单位，它并不是杂乱无章的。在构式语法看来它是一个有着高度组织的相互联系的信息梯次层级网络。戈德堡（2003：220）声称："我们的全部语言知识是通过构式网络获取的。"

语言是由构式构成的，每个构式与其他构式之间存在紧密的联系，这些联结关系可分为三大类：层级关系、例示关系和子部分关系。这些联接关系都是承继性连接（Inheritance Link）。

构式所表达的意义也具有上下位层级关系，那么下位构式将承继上位构式的共性特征。按石毓智（2007）对双宾结构（$S + V + O_1 + O_2$）的分析，认为它的上位语法意义为：O_2 所指的事物通过行为 V 在 S 和 O_1 之间传递。它可以分为两个下位意义：（1）O_2 所指的对象通过行为 V 向 S 传递。如：他送了我一本书；（2）O_2 所指的有关对象通过行为 V 从 O_1 向 S 传递。如：他拿了我一本书。显然，两个下位构式在句法结构和"转移义"上实现了对上位构式的共性承继。

当一个具体构式是另一个构式的具体实例时，该联接就形成例示联接。也就是说，当且仅当一个构式是另一个构式更具体的表述时，那么该构式存在一个实例联接。（Goldberg，1995：74）其中较抽象的图式构式的特征通过承继关系传递给更具体的实例构式。比如，在动补结构中，"V + 个 + VP"可视为动结结构的一个部分填充了的实例，而"个"是该动结结构中的特定词项。在动结结构的统制之下，"个"具有限定或赋予其后成分表示主观大量的功能。如"吵个不停"、"打个半死"、"吃个遍"，等等。

一个构式可以由多个子构式组成，它们之间的联接我们称为子部分联接。例如"别 + VP"构式可以与祈使构式、否定构式、VP 构式、"别"词汇构式等构成子部分联接。但在统制方向上与例示关系相反，四个子构式受"别 + VP"的统制。根据例示联接与子部分联接的定义，我们试着作进一步分析：如果构式 C_1 是构式 C_2 的一个实例，那么 C_2 通过例示联接统制 C_1。而 C_2 同时又是 C_1 的子构式，C_1 通过子部分联接统制 C_2。C_1 与 C_2 相互统制。因此，就"别 + VP"而言，它也是祈使构式和否定构式的一个实例，受这两个构式的统制。但却不受 VP 与"别"词汇构式的统制，因为彼此不构成例示关系。

由此可见，构式语法也关注不同性质的分层关系，只是生成语法关注的是句子内部的层级关系，而构式语法关注构式之间的关系。

构式语法作为一种基于使用的动态模式决定了它对构式范畴的认识的动态性。以原型为参考的范畴化关系是构式网络的基本关系。构式的各个层级上都存在两个基本特征：多义性与原型 – 扩展（proto-type – extension）（Croft & Cruse，2004：273）。一个图式构式可能存在很多具体的实例，其中有些实例是原型。当新出现的实例完全符合原型构式的特点，则该实例就被范畴化成为该图式的典型实例，构成例示关系。而当新生实例不完全符合范畴化标准的特征时，语言使用者不把该实例看成该图式构式的例示，而是看成扩展，这种扩展通过隐喻与转喻机制来实现。扩展的一个直接结果便是构式的整体意义可能被细化甚至改变，这势必带来构式的多义性。在汉语中，双宾结构的原型意义表"给予"义，如"张三送我一支笔"。然而在这一构式之下出现了大量的表示"取得"义的实例，如"张三拿了我一支笔"，成为双宾构式约定俗成的用法。因此双宾结构具有多义性，包括"给予"义与"取得"义。具有不同意义的这两个构式之间，也存在承继关系。无论引申义偏离原型义有多远，我们都可以寻觅到它对原型义的承继关系。

无可否认，承继关系网络建立了构式与构式之间的联系，形成了一个庞大的网络。然而，这个基于共性的承继网络只是个局域网。它在应对图式程度较高、能产性较强的抽象构式显示较大的优越性。抽象构式具有更强的动态性与扩展空间，可与实例、子部分、下位图式及其引申出来的多义图式形成纵横交错的网络。然而，对于那些不可推导性强的习语构式，却很难纳入到这个网络之中。这是因为习语性构式与其他构式的联系较弱。

在层级关系上，无论是实体习语还是图式习语，它们相对于其他构式来说，意义具有单一性和稳定性，较少进行进一步的隐喻扩展。在子部分关系上，习语性构式与其组成成分之间关系最松散，有些习语的整体意义与其组成成分的意义没有关系甚至有可能是相反的。比如汉语中"真是的"是一个具有贬抑义的习语，它的意义单一，也很难通过原型——扩展途径产生多义构式，同时说它与动词性结构存在子部分关系也较勉强。即使是图式性的习语性构式也难以形成一个复杂的网络。再如"都是 + NP"表示责怪义，该构式义并没有与其子部分存在密切的联系。（参看郑娟曼、邵敬敏，2008）在例示关系上，习语性构式大体上以实体习语为主，即使是图式构式，未填充部分大多并不复杂。况且，使用频率低的具体表达式我们并不认同它是构式。

导致这种不可协调性的原因在于，创建者在构式定义中强调的不可推导性是基于构式与构式之间的区别性的，而承继关系网络的构建则是基于构式与构式之间的关联性。两者只能是顾此失彼。

因此，所谓"每一个构式都在构式网络中得以解决"这似乎成了一项无法实现的任务，构式研究在网络构建时又不得不回到生成语法所强调的对于"规则"的研究之上。然而构式语法理论的一个基本信念是整体的意义大于部分之和，最能体现这一理念且在构式语法理论框架下表现得最成功的习语性构式却无法与其构建的网络系统相融合。对于生成语法只关注核心成分进行反思与补充而提出的要求全面研究语言的口号遭到质疑。

通过构式间的共性承继关系建立网络系统存在一定的局限性，因为这一关系并非公平地存在于每一个构式之上，尤其是那些不可推导性强的习语性构式。按克罗夫特和克鲁斯（2004：303），构式之间联系的强度可通过形式与意义的相似性来判断，而且意义的相似性在这一判断过程中起到了更重要的作用。这可以帮助我们从另一角度来思考构式网络的构建问题。构式是形式与意义的结合体，每个构式都有其自身的意义。知识在大脑中的储存更多是基于意义的，而不是基于形式。因此对于那些承继关系不够凸显的不可推导性强的构式家族，可根据形式与意义之间的相似性特别是意义之间的相似性来建构系统。

四　结语

戈德堡（1995）认为构式具有不可推导性，这使得构式的数量在一定程度上得到了控制。那些不可推导性强、概括性或范畴化了的实体和"图式"等格式得到了选择性、简约性地储存，而那些不必要的、冗余的部分被过滤出去。但是这一性质存在很大的模糊性，使得构式语法理论的不同框架之间存在分歧，同时理论体系本身也无法自足。

第一，构式如何界定？单一成分的语言单位同样具有构式资格；构式的意义是否包括临时的语用意义？语用意义有规约化与非规约化之分。后者具有很大的不确定性，如此一来一个表达式便会包含无数个构式。这在一定程度上背离了创建者"简约化储存表征性信息"。因此语用意义只能是规约化了的那部分；构式本质上应该是形义结合的储存单位。不可推导性的程度越高，越有可能成为一个新的存储单位；格式的使用频率越高，则固化程度越高，存储的可能性越大。因此，除了语素和词外，构式主要包括三部分：较抽象的图式构式、使用频率较高的具体表达式、习用语。

第二，以意义为纲建立构式系统。创建者在构式定义中强调的不可推导性是基于构式与构式之间的区别性的，而承继关系网络的构建则是基于构式与构式之间的关联性。两者只能是顾此失彼。那些不可推导性强、意义单一而稳定、形式上完全填充或部分填充的习语，很难建构起一个承继关系复杂的构式网络。因此，具有承继关系的构式网络成了一个局域网。构式是形式与意义的结合体，每个构式都有其自身的意义，通过构式义之间的相似性来建立网络可能是一种尝试。

第三，构式理论提出了一套比较系统的语言处理模式，提供了一种分析问题的新视角。但它毕竟存在不够完善之处，有些重要问题还没被涉及，或者语焉不详。比如，到目前为止构式语法理论对构式的意义形成，也没有详细的讨论。因此，构式语法需要其他语法理论的补充。对任何语言现象的研究无非是想找到形式与意义的对应关系。但是，是从形式出发关注意义，还是从意义出发关注形式，针对不同的语言现象的侧重点是不同的。大量的实践和理论研究证明：从意义出发寻求形式上的对应关系会是汉语研究的新思路（邵敬敏，2004；邵敬敏、吴立红，2005）。本书试图从习语性的贬抑义出发，对具有较强区别性特征，也最能体现构式语法理论威力的习语性构式进行系统的描写和考察，从意义角度对该构式家族的内部联系作一个比较合理地说明。

第 三 章

构式的情感类型及其实现形式

一　构式的情感类型

在日常生活中，我们说的大多数话都不是在描写客观事物或陈述客观事实，人的言语活动总会反映说话人的个人情感，包括对听者和他所谈事物或事件的态度与立场。这种个人情感表现为各种相互对立的内心体验，如爱憎、好恶、喜怒、哀乐、支持与反对、拒绝与接受等，从而在话语中留下自我的印记，即语言的"主观性"（subjectivity）。主观性在语言中无处不在。本芬尼斯特（Benveniste，1971：225）甚至认为："语言带有的主观性印记是如此之深刻，以至于人们可以发问，如果语言不是这样构造的话，还能不能名副其实地叫作语言。"爱德华·范甘（Edward Finegan，1995：4）认为主观性研究主要集中在以下三个方面：

第一，影响表达式形式的说话者的视角（perspective）。

第二，说话者对话语中命题的情态（modality）或认识状态（epistemic status）的表达。

第三，说话者对话语中命题的情感（affect）的表达。

其中，"视角"是观察、认识事物的角度。视角不同，事物在大脑中的成像也就不同。比如"铁路伸向远方"，说话者通过"伸向"将静态的铁路动态化；"情态"主要跟情态动词和情态副词有关，比如"他可能走了"，"可能"表明了言者的认识状态，即对"他走了"这一命题的主观揣测；而"情感"的研究是广义上的，包括感情、情绪、意向、态度等。语言中表达感情的对象是多方面的，可以是一个指称对象，一个命题甚至一系列的命题。（沈家煊，2001）如"你昨天才来的北京啊"，说话者通过"才"表达出对"昨天来北京"这一客观事件的主观态度。

　　人是有情感的动物，人的内心深处对于人、事物以及自身都有不同的情感需求，这些需求表现为人对外界刺激作出各种不同的心理反应。从认知的角度来看，人的这些情感之间是一个连续的统一体，不存在清晰的界限。偏离某种主观预设的原型情感越近，则相同点越多，相异点越少；反之，与之距离越远，则相异点越多，相同点越少，甚至分属于不同的情感范畴。比如，我们很难清楚地区分"满意"与"顺心"、"厌恶"与"讨嫌"。但却不会将"满意"与"厌恶"两种情感相混淆，原因在于它们的相异点多于相同点，可以被认为分属于两种对立的情感范畴，即褒扬性情感与贬抑性情感。在褒扬性情感与贬抑性情感之间可能存在一种中性情感，但情感本来就是一个复杂的渐进的连续统，即使人为将它们分为上千种类型，恐怕也是不能穷尽的。因此我们粗略作二元对立处理。产生这两种不同的情感跟主体的主观期望值有关。人们的认知不仅受客观物质的影响，而且还受自身所创造的社会现象的影响。（石毓智，2000：173）对量的计算，也并非是从零开始的，而是根据自身不同的认知情况而主观设定的。拥有一套100平方米的住房并非对任何人都意味着满足。对农民工而言那是奢侈的，而对于亿万富翁来说，那是远远不够的，期望值就是一个因人而异、因事而异的主观量。褒扬性情感是符合或高于主体主观期望值的情感。这种情感也是主体满意的或渴望表现的情感。典型的褒扬性情感有敬佩、赞美、欣赏、满意、愉悦、表扬、喜欢、关心、赞成，等等。与这些相似性较强的情感都可以成为褒扬性情感范畴中的典型成员，较远的可以成为其非典型成员。情感是相互的。褒扬性情感是美好感情的传递，这些情感信息能够感染人，引起别人的共鸣。如果存在这种美好情感的接受者，那么对于他来说，也是一件愉悦和期待的事。所谓贬抑性情感，是未达到主观期望值的情感。这种情感也是主体不满意的或不情愿表现的情感。典型的贬抑性情感有厌恶、痛恨、不满、讨厌、郁闷、反对等。与这些相似性较强的情感都可以成为贬抑性情感范畴中的典型或非典型成员。贬抑性情感是一种消极情感的传递，它总会给人带来不满或不如意的心理感受。正常情况下，谁都不期望充当某种贬抑性情感的接受者。

人的情感总是依附于话语，产生于话语中。在话语中，情感的呈现手段是多种多样的。它可以通过语调、语气或面部表情等肢体语言来传达。人的脸部表情就是一张情感的晴雨表。比如，频频点头表示赞许，眉头紧蹙传达不满，笑容满面是心情愉悦，痛哭流涕是极度伤心等。当然情感最主要是通过语言表达出来。不同的情感构式可用来表达特定的人类情感。而表达褒扬义的语言手段，便是褒扬构式或表达式。例如：

（1）甲：你的工作完成得非常出色。

乙：过奖过奖。

（2）甲：欢迎光临！

乙：谢谢！

（3）甲：小心杯子烫手！

乙：谢谢提醒。

（4）甲：我喜欢你！

乙：我也是。

例（1）甲通过"非常出色"来表达对乙在工作上的满意情感，至于乙的工作完成得有多出色，那至少是符合甲的心理期望值的。例（2）表达甲对乙的到来呈现出一种欢迎的态度，而乙在接受了这种态度时，自然也是回馈以一种感激的褒扬性情感。例（3）中甲表达的对乙的关心之情同样也是渴望表现的情感，而受人关心也是人人都期待获得的情感体验。例（4）也是如此。从这个意义上说，甲所表达的语言手段都是褒扬构式或表达式。

情感义构式一旦形成，进入到人们的言语活动中，就发挥着积极或消极的作用。褒扬构式常常与积极评价性言语行为、支持性的言语行为等融为一体。因为褒扬情感一般都是在情感发出者与接受者确立不同程度的"一致"关系时才能表现出来，如称赞、夸奖、接受、支持、认同等。我们较少通过讽刺的言语手段表达喜爱的情感。

例如：

　　（5）我曾看过他年轻时的一张穿着军装的照片，真是帅呆了。（CCL）

　　（6）"你能帮我拿下药吗？就在包里面，白色药片……"严蓓将许先生头部轻轻放在椅背上，赶紧从行李找到了药品。（PNS）

　　（7）"我想清楚了，我是农村长大的，对农村很有感情，而且我觉得从基层做起，前景会更广阔些。"彭万贵显然已深思熟虑了。"既然这样，我支持你。"（PNS）

　　（8）清洁工们皆笑说，早给了钱不就没这些事了？自找罪受。职工们亦说：可不是，厂里也是小气得要死。（方方《白雾》）

例（5）是一种称赞言语行为；例（6）是请求——接受言语行为；例（7）是行动——支持言语行为；例（8）是观点——赞成言语行为。它们都属于一致性言语行为，表达褒扬性的情感。

　　反之，表达贬抑性情感义的语言手段，是贬抑构式或表达式。例如：

　　（9）"呸，你这个懒虫！"曹冷元陡然站起来，脸色发青，胡须抖嗦，手指任保，怒斥道，"你这没良心的东西，算得什么无产阶级！你？你？"（CCL）

　　（10）"你给我滚出去！"妈妈大声地尖叫着，把爸爸从房间里推了出来。（PNS）

　　（11）快看书去，不然揍你！

　　（12）是谁把我房间搞得乱七八糟的！

例（9）曹冷元对江任保表达了极度不满的情绪，这种情绪是他不情愿表现的，而对情感的接受者江任保而言，同样是不愉快的，不愿意接受的。例（10）通过"你给我 X"构式传递妈妈对爸爸强烈的排斥态度与愤怒的情感，这并非接受者所期待的，属于贬抑构式。例（11）说话者通过威胁的手段令听话者施行某一行为，令听话者胆战心惊。例（12）亦然。

　　贬抑构式往往与消极评价性言语行为、对抗性的言语行为等融为一体。因为这两种性质的言语行为并非确立说话者与情感接受者之间的"一致"关系。相反地，它们是不同程度的"面子威胁行为"（FTAS）。如果主体的言语违反了情感接受者的期望，那么对自身形象也会带来一定的损害。如埋怨、辱骂、责备、批评、讽刺、拒绝、反对，等等。这不是人们所期望的。因此，主体是否要将自己的贬抑性情感通过某种"面子威胁行为"表现出来，需要进行一番受益考虑（payoff considerations）。例如：

　　（13）就你这水平还免费送人呢？骗鬼呢。放你妈的屁去吧。你他妈的就是既想当婊子又想立牌坊！以后再干这种缺德事必遭报应。（PNS）

　　（14）你再不还钱，我可要通过别的途径来解决了。

　　（15）我：老公，是不是我想要什么你都给我呀？他：你想得美！（PNS）

　　（16）于力凡说，怎好再说，都说定了的。妻子说，房钱还要交，定什么定？你定了，我还没定呢？（张春平《老师本是老实人》）

例（13）是辱骂言语行为。例（14）是威胁言语行为。例（15）是拒绝言语行为。例（16）是反驳言语行为。这些都是有损言语接受者面子的行为，其中都传达了贬抑性的情感。

　　由此看来，褒扬构式与贬抑构式的判定是由情感发出者与接受者的心理感受所决定的，其中有几点需要明确：一是构式表达某种情感类型的功能同构式本身含有的情感类型是不同的。如"批评"、"鄙视"、"愤恨"这些词本身没有贬抑性情感倾向，因为用这些构式来描述某个对象并不产生消极情感。如"我批评他"，其中"批评"用来描述"我"的行为，而并非"他"。因此对其情感类型的判断应该根据"我"的心理反应来定。显然，对于"我"来说，"批评"并不会带来贬抑性的情感。因此这个词本身没有我们所讨论的贬抑义；而用来表达批评言语行为的构式则具有了贬抑性的情感义。如"像什么话！"，它是用来表达批评责怪义的，该构式的表达者与接受者在情感上都是消极的，因此我们可以说"像什么话"构式本身具有贬抑性的情感义。另外，如"被"字句，绝大多数的用例有"遭受"义，这也不表示构式本身具有贬抑。二是并非所有的构式都可以找到自己感情类型的归属，也就是说并非所有的构式都是情感义构式。在整个构式系统中，很多的构式是无法归到褒扬构式与贬抑构式中去的。这我们从第一点的分析中便可以得到解释。因此所谓的情感义构式在功能上是具有评判性的，能给评判主体与评判客体带来积极或消极情感刺激的。因此，情感义构式在构式系统中是开放的却是有限的。单纯从这个意义上说，我们所谓的褒扬义与贬抑义比词汇学上所谓的色彩义的范围要小一些。当然传统对褒贬义的认识还需要进一步推敲。

二　情感意义的实现形式

情感意义的实现形式是多种多样的。仅就语言手段而言，它可以存在于从语素到句式的不同层级的构式之上。

（一）语素构式

语素是最小的音义结合体，其中的意义就包括语素的情感意义。在语素构式中，不是每一个成员都具有情感意义。其中最主要是词根语素。贬抑性的如"虐"、"狞"、"煽"、"讽"、"恶"、"蛮"、"妄"等。褒扬性的"勇"、"护"、"崇"、"芳"、"尊"、"范"等。这些具有情感意义的语素构式有的是单义的，有的是多义的，而情感意义只跟随特定的义项。少数词缀语素也承载不同程度的情感意义。但跟词根语素不同的是，这些词缀没有词汇意义，其情感意义只能通过词根语素的意义才能显现出来。它们可以是前缀，也可以是后缀。既有单音节的，也有多音节的。如单音节前缀中的"老"、"阿"，由这两个前缀构成的"老张"、"老李"、"老爸"、"阿哥"、"阿姐"、"阿宝"等称呼语往往带有亲切或喜爱之感。单音节的后缀语素"儿"、"鬼"等也可以构成带有情感意义的词语。比如以"儿"为后缀的词语"脸蛋儿"、"鱼儿"、"瓶儿"、"大伙儿"、"小不点儿"等带有亲切、喜爱的感情色彩。而以"鬼"为后缀构成的词语"烟鬼"、"酒鬼"、"赌鬼"、"老鬼"、"吝啬鬼"、"色鬼"等则多具有厌恶的色彩。双音节后缀多为叠音式，它们跟单音节词根语素一起构成 ABB形式。如"喜滋滋"、"热腾腾"、"圆乎乎"、"滑溜溜"、"红通通"、"喜洋洋"、"甜蜜蜜"、"金灿灿"、"黄澄澄"、"笑盈盈"等，这些由叠音词缀构成的词语大多也带有喜爱的色彩。但这些单音节词缀或者双音节词缀都不是专门用来表达情感意义的，它们负载着多种功能，如双音化、形象化等。所表达的情感意义也不是整齐单纯的，有的甚至没有情感意义。而两个多音节词缀"不拉叽"、"不溜秋"则具有明显的贬抑性。以这两个语素构式为后缀的词语也都带有厌恶的色彩。如"土不拉叽"、"傻不拉叽"、"歪不拉叽"、"俗不拉叽"、"瘦不拉叽"、"黑不溜秋"、"酸不溜秋"、"灰不溜秋"、"脏不溜秋"、"滑不溜秋"，等等。无论是单音节的词缀语素还是多音节的词缀语素，它们的情感意义具有很强的潜在性，无法通过已知语素构式的意义进行推导。在话语中，它们主要用于非正式场合，具有一定习语性。

　　按照杨振兰（1996）的研究，现代汉语中的部分构形形态也会赋予词语一定的情感色彩。这体现为两种情况。一是词的原型没有情感意义，而其构形形态则具有某种情感倾向。如"白"、"圆"、"瘦"、"胖"没有情感倾向性，而"白白的皮肤"、"圆圆的脸蛋"、"瘦瘦的女子"、"胖胖的小手"则有喜爱褒扬的色彩。二是原形本身就有某种情感色彩，而构形形态增加了这种情感的浓度。如"啰嗦"、"吵闹"、"迷糊"、"拖拉"等词本身就有贬抑倾向。但是"啰啰嗦嗦"、"吵吵闹闹"、"迷迷糊糊"、"拖拖拉拉"中的厌恶色彩更重。当然这种贬抑程度的加深是随着词义程度的变化而变化的。

（二）词构式

　　词构式由语素构式构成，在词与语素的情感意义之间有着千丝万缕的关系。我们归纳了一下，大致有以下几种情况：

　　第一，构词语素均附带情感意义。例如：

　　　优雅　英俊　贤惠　开朗　清爽　美丽　温暖

懦弱　恶霸　丑陋　狠毒　愚蠢　坑蒙　残害

这类词在构词方式上以联合式为主。偏正式等其他构词方式仅占小部分。

第二，构词语素有的带有情感意义，有的不带情感意义。例如：

烈<u>士</u>　美<u>貌</u>　<u>热心</u>可爱　<u>乐观</u>　<u>团结</u>　<u>成果</u>
骂街　内奸　懦夫<u>滥</u>用　自私　<u>鄙</u>视　讥笑

这类词在构词方式上以偏正式为多数，且以修饰语素带情感色彩的居多，联合式次之，其他构词方式较少。根据刘缙（1993）对双音节词的研究，以上两种情况以前者居多。即构成词的两个语素均含情感意义的占60%，而其中一个语素带有情感意义，另一个不具有情感意义的双音节词占40%。

第三，构词语素都不具有情感色彩，而词义则带有情感意义。例如：

能干　独立　出众　动人　标致　生动　标兵
马虎　收买　草包　老巢　帮派　势力　标榜

这些词的情感义大多是通过比喻义体现出来的，是比喻义带有褒贬色彩。如"草包"是草编织的包，无感情色彩。而借"草包"比喻那些徒有其表、外强中干却非要装作自己有多大能耐的虚伪人士，"草包"就有了贬抑性。

第四，构词语素都不具有情感色彩，但词的搭配意义具有情感意义。如贬抑性动词"窥伺"，语素"窥"和"伺"两个语素义不带感情色彩，但"窥伺"常用于表示暗中窥测的不正当行为，施事者应是坏人。因此"窥伺"也被赋予贬抑义。再如"扩张"、"处境"、"导致"等的搭配意义都具有明显的贬抑性。

以上所列的词构式都是实词，主要是动词、形容词和名词。这些词的情感意义或者附加在理性意义之上，或者附加在比喻意义上，或者附加在搭配意义之上。后两种情况情感意义的透明度相对较低。这些词的情感意义有的是在造词之初就存在的，是跟词一同产生的。有的是晚于词产生的，随着词义的发展演变，在语言的发展过程中形成的。有的是在长期使用的过程中由于语言习惯形成的。

量词在给人或物计量的同时也会附带上人们对事物的主观态度和评价。例如：

一捧乡土　一流技术　一番研究　一员大将　一尊观音像
一派新气象

一位教师　一席交谈　一条汉子　一帮土匪　一小撮敌人
一摊子事儿

一路货色　一窝强盗　大闹一通　一派胡言　一伙流氓　卖
弄一气儿

这些量词情感意义具有很强的不可推导性，它们不可能在造词之初就存在，这些情感意义的产生呈现出不同的路径与情形：

一是受搭配对象的情感意义的影响。例如：

（1）但是，蚍蜉撼大树，一小撮敌对势力却一直在蠢蠢欲动。（CCL）

（2）两位青年工人协助民警抓住了一伙歹徒。（CCL）

因为"撮"、"伙"常跟具有明显贬抑色彩的名词性结构搭配，久而久之也染上贬抑的色彩，而不能与褒扬性的名词搭配。如我们不能说"一小撮爱国青年"；

二是量词意义在语义演变过程中产生了情感意义。例如：

（3）史家坡村一个砖场的工人在土崖上用推土机取土时，挖出了一尊石佛。（CCL）

（4）他还大发雷霆，说宣阳坊里住了一窝骗子。（CCL）

"尊"的本义有礼器或者敬重之义，因此衍生出来的量词"尊"难免带有褒扬义。而"窝"的本义是动物的巢穴，后借名词为量词给动物计量，如"一窝小鸡"、"一窝蚂蚁"等。用于计量动物的量词被用于计量人时，就有了贬抑的色彩。

三是源词本身带有一定的情感色彩。部分量词来源于名词、动词或形容词。如动量词"气"借自动词"气"，动词"气"有"怒气"、"生气"之义，被借用为量词后，仍暗含这些情绪因素，如

"乱撒一气"、"瞎闹一气"等。再如量词"捧"做动词时是"两手承托物件在齐眉处"之义，表示敬重、喜爱，因此"捧"借用为量词后也暗含珍爱的感情色彩，比如"一捧乡土"。意义相近的还有"掬"，如"一掬清水"。有些量词表达情感意义的理据隐藏得很深，我们很难通过量词的搭配意义或在其语义的演变过程中找到合理的解释。总之，这些情感意义的产生既是约定俗成的，同时又是受历史发展因素制约的。

叹词也是饱含情感意义的一类词，具有鲜明的情感倾向性。但是叹词的意义跟语音因素紧密地联系在一起，其意义包括感情意义是会随着语音的不同而发生变化的。同时又和叹词所出现的语境相关，在两种因素的制约下确定其情感倾向。例如：

（5）啊！多么清纯美好的少年情谊。（CCL）

（6）以后咱们可不能不知法不学法了。啊？这也怪我！（CCL）

例（5）词汇意义是表达赞叹的感情，情感意义也表现为一种赞叹的色彩。例（6）的"啊"（á）则表示意外、不认可，带有惊疑的色彩。当然，在叹词系统中，也有部分叹词是具有比较稳定的情感倾向性的。如"呸"（pēi）、"哼"（hng）、"嘁"（qi）等就具有明显的贬抑性。例如：

（7）呸，混帐，赶紧把这个孽障给我抓回来！（CCL）

（8）"有喝了开水生病的么？""哼，还有喝了开水喝死的呢。"齐怀远冷笑。（CCL）

（9）他笑着说："我觉得我用得挺是地方，就该用在这儿。""嘁——"马林生嗤之以鼻。（CCL）

例（7）"呸"表示斥责和唾弃。例（8）"哼"表示不满意和不认可。例（9）"嘁"表示轻蔑。

（三）熟语构式

熟语是人们长期习用、有一定历史渊源的、经过人们在语言活动中反复加工锤炼而成，主要包括成语、惯用语、口语习用语、歇后语等。大部分熟语的意义都具有隐蔽性，即其表层意义与深层意义不同，如成语"胸有成竹"，所要传递的不是"心中装有整个的竹子"的表面意义，而是隐含"做事前已有成熟的规划"的深层含义。惯用语"八字没一撇"也不是"八"字少了一撇，而是比喻事情还没有眉目。再如"叶公好龙"、"吸血鬼"、"矮子面前不说短话"、"鼻孔里灌米汤——够呛"等熟语都是词约义丰，除字面意义外，还具有非常浓厚感情色彩的比喻义或引申义，都有着丰富的文化内涵与文化背景。

汉语中的成语以四字格为基本形式，且内部构成成分主要以单音为主。其表意的内容或者是对客观事物进行具体、生动的比喻和描述，或者是进行高度的概括。成语主要有四个来源：一是古代寓言，如"愚公移山"、"守株待兔"等；二是历史故事，如"退避三舍"、"破釜沉舟"等；三是古典文学作品，如"一刻千金"、"集思广益"等；四是民间口语，如"虎头蛇尾"、"阳奉阴违"等。在这些成语中带有褒扬义的成语构式如：

> 光明正大　大公无私　待人以诚　兢兢业业　助人为乐　从善如流
>
> 雨后春笋　高瞻远瞩　忍辱负重　盖世无双　日理万机　明察秋毫

具有贬抑义的成语构式如：

> 自以为是　处心积虑　口是心非　阴险狡诈　鼠目寸光　贼眉鼠眼
>
> 恶贯满盈　钩心斗角　爱慕虚荣　财迷心窍　好吃懒做　离经叛道

从形式上，我们很难发现这些成语在情感意义方面的规律性特征，但也不排除某一些格式在情感意义上存在倾向性。例如"A 而不 B"格式，当 A、B 为形容词性的词或语素时倾向于褒扬的色彩，有"恰到好处、适可而止"的意义。如"浅而不陋"、"柔而不软"、"刚而不僵"、"浓而不烈"、"甜而不腻"、"辣而不烈"、"嫩而不生"、"清而不淡"、"滑而不泻"等；当 A、B 为名词性或动词性的词或语素时，

"A 而不 B"倾向于贬抑的色彩。如"视而不见"、"统而不治"、"苗而不秀"、"华而不实"、"死而不僵"等。而"有 A 无 B"成语图式构式则以贬抑义的为主。例如：

> 有勇无谋　有己无人　有眼无珠　有头无脑　有头无尾　有文无行
>
> 有恃无恐　有声无实　有借无还　有进无退　有始无终　有目无睹

这类成语的构式义因 A 词性和 A、B 之间关系的变化而不同。"A 三 B 四"格式也倾向于表达说话者对某件事情的一种不满、厌恶。例如：

> 丢三落四　勾三搭四　说三道四　横三竖四　连三并四　拿三搬四
>
> 差三错四　朝三暮四　欺三瞒四　推三阻四　招三惹四　不三不四

至于这一构式产生贬抑义的理据需要我们进一步去研究。还有"A 里 BC"或"A 里 AB"构式，如"稀里糊涂"、"傻里巴叽"、"慌里慌张"、"古里古怪"、"俗里俗气"、"邋里邋遢"、"马里马虎"等。诸如此类具有明显的褒贬倾向的成语图式构式有待进一步挖掘，以提高学习的效率和语言交际能力。

　　惯用语多是词组形式，其音节搭配富于变换，没有一定之规。在意义上具有整体性，并不是构成成分意义的简单相加，而所含有的深层意义一般是通过比喻引申等修辞手段获得。惯用语源于现实，大多是揭露、批判社会丑恶的、消极的东西，讽刺意味比较浓，因此，贬抑性的惯用语居多。与成语相比，惯用语具有明显的口语色彩。如"半瓶子醋"、"背黑锅"、"穿小鞋"、"唱高调"、"不要在一棵树上吊死"、"干打雷不下雨"、"好了伤疤忘了疼"、"恨铁不成钢"、"捡了芝麻丢了西瓜"等。我们通过对《现代汉语惯用语规范词典》的调查发现，该词典中具有贬抑倾向的惯用语达到62%。

　　惯用语在语义上具有非合成性，还体现在构成成分之间的搭配往往超常规的。如"喝西北风"，"喝"一般与液体类的宾语搭配，"西北风"与"喝"的搭配显然是不合逻辑的。再如"嚼舌头"、"垫舌根"、"狗扯皮"、"肚子里有尺寸"、"心凉半截"、"棉花耳朵"、"露水夫妻"等。这种超常规的、戏谑性的语义组合给构式带来了丰富的内涵和感情色彩。

歇后语是汉语特有的表达形式。一般由两个部分组成，"前部分用事或物构成一个形象的设喻，后部分用判断、评议、推理等对前部分加以解释、说明，指出含义，是歇后语的本义所在"。（王勤，1980：145）它具有诙谐幽默的特点，是民众用来评价的一种语言手段，通常会带有一定的形象色彩和感情色彩，能鲜明地表达他们的爱憎喜厌的思想感情。有表现美好生活热爱和赞美的，例如：

> 芝麻开花——节节高
> 福字儿倒贴——福（倒）到
> 小巷里扛木头——直来直去

有表现对社会现象进行批评和讽刺的。例如：

> 耗子给猫当三陪——赚钱不要命
> 脸盆里扎猛子——不知深浅
> 赶着王母娘娘叫大姑——妄想高攀
> 鲤鱼的本领——专往软处钻
> 鲤鱼护窝——不会走多远
> 瞎子拾柴火——不离这块地

这种通俗、朴实、间接的语言风格跟具有贬抑色彩的负面评价亲和力更强。

口语习用语也被认为是与成语、惯用语、歇后语等平行的熟语家族中的一员。常常表达某种态度、评价，包括埋怨、不满、告诫、警告、讥讽、赞同、夸奖，等等。例如：

（10）"看你说的，咱们是邻居，互相帮忙不是应该的吗？"（CCL）

（11）"亏你还上过四年大学，连封求职信都写不好！"（CCL）

（12）"不就是得了个第一吗？看把他美得！"（CCL）

（13）"你要是把车弄坏了，<u>看你拿什么赔</u>！"（CCL）

例（10）"看你说的"表示埋怨。例（11）"亏你……"表示讽刺。例（12）"不就是……"表示不赞同。例（13）"看你……"表示告诫。口语习用语用字普通平实，形式上不具有成语、歇后语那样的凸显性，在意义上也没有惯用语那样特殊的意义呈现方式，很难让人发现其特殊之处，往往被人忽略。在情感意义丰富的口语习用语家族中，习语性的贬抑义构式数量更庞大，更能显示出形式上的特征，值得做深入细致的系统研究。

（四）句法结构或句式构式

一些句法结构也具有贬抑性的情感意义，这跟语素、词和熟语的情感意义相比要复杂得多。我们根据贬抑构式语义透明度的强弱，将句法结构分为"高透明度构式"与"低透明度构式"。高透明度构式的情感意义，可以在字面意义中显现出来，它存在于组成成分的合成意义中。比如，我们可以通过对褒扬性词语的否定来进行消极评价，通过对贬抑性词语的否定来进行积极评价，通过否定词"不＋VP"形式表达拒绝或反对，等等。这些贬抑情感义我们都可以根据词典释义和语义组合规则对字面意义进行简单合成便可学习得到。也就是说高透明度构式的情感意义可以通过词汇层面上对情感意义的研究基本上得以解决。例如：

（14）越来越多的父母抱怨自己的孩子不听话、不争气，而孩子们则指责父母们太专制、太守旧。（CCL）

（15）他的话一下就变得十分严厉，也很难听："有本事，你们只管狠狠地闹，我就是不给你们处理！"（CCL）

这些贬抑义是显而易见的，是能够快速作出判断的。例（14）通过对"听话"、"争气"这些褒扬义词语的否定，实现贬抑性情感的表达。这一意义都是通过字面意义可以获得的，通过掌握规则就能理解。例（15）的"不给你们处理"可以通过对词汇意义的掌握与一些普遍的关系意义的学习分析出句法结构的情感义。

句法结构大部分还是符合常规的，可以通过单词及其常规合成规则的学习而掌握。因此这些意义合成的句法结构没有必要将其作为一个新的储存单位。比如我们学习"很"与"高"的词汇意义及其组合规则之后，以这两者为组构材料的"很高"大体上等同于两者的合成意义。由此，我们便推演出"很大"、"够干净"、"太鲜艳"等结构的意义。因此，在这一点上，我们不赞成兰盖克（1999）将合成意义与整体意义的偏离性无限地放大，以致构式的数量无限膨胀，这是不符合习得规律的。

然而，对于那些语义透明度比较低的句法结构则需要作不同的处理。这些构式的不可推导性较强，情感意义是语用意义规约化的结果。这些低透明度的句法结构或句式大部分被归到口语习用语中。它们包括实体性的构式。如"没谱"、"不怎么样"、"是块材料"、"没放在眼里"、"不像话"、"有看法"，等等。例如：

（16）余德利、戈玲，还有东宝他们尽爱干这种<u>没谱儿</u>的事儿啊。（CCL）

（17）钱正英副主席的家我实在不敢恭维，便直率地说：<u>不怎么样</u>，实在不怎么样！"（CCL）

（18）这小子<u>是块材料</u>，那天他一刀斩下双燕的手，功力贯透，运用自如，已经有我壮年时的火候了。（CCL）

（19）这几句话说得轻描淡写，不徐不疾，竟是将对方半点<u>没放在眼里</u>。（CCL）

（20）事后，工作人员抱怨说："这实在危险，<u>太不像话</u>！"（CCL）

（21）现在中国的文学拿不上诺贝尔文学奖，一些作家很<u>有看法</u>，有的认为是翻译水平的问题。（CCL）

例（16）"没谱"一种负面评价，表示没有计划，随意更改。例（17）"不怎么样"表示不是很好，是对钱正英家一定程度的否定，跟上文的"不敢恭维"呼应。例（18）通过上下文可以判断，"是块材料"表示夸赞，具体指丁鹏在习武方面很有发展前途。例（19）"没放在眼里"表示对客体地位、价值的否定和轻视。例（20）"太不像话"是一句呵斥和表达不满的话，工作人员认为某事不合常理，叫人无法容忍。例（21）"有看法"特指对某事持有批评性的意见。程度副词"很"加深了这种贬抑情感的程度。

有些是尚未完全填充的构式。这些格式在变项未填充的情况下也能比较固定地表达贬抑义或褒扬义，至少具有比较明显的情感倾向性。如"就 + NP"、"我叫（让）你 X"、"NP + 一个"、"S + 不过是……"、"对……不客气"、"你才……呢"，等等。例如：

（22）现在返回还不晚，前面都是这样的路，就你们几个女的，到时候哭都来不及了。（CCL）

（23）"我让你叫！"一口气给了他十几棍子。（CCL）

（24）你就是科技白痴一个！（百度搜索）

（25）虽然从历史上说，他当初不过是普通教师，但是后来有些时代认为他是至圣先师，也许是不无道理的。（CCL）

（26）对方见只有他一个人，便气势汹汹地说："许老头，别多管闲事，否则对你不客气。"（CCL）

（27）皇帝说："他哪老糊涂，你才是糊涂蛋呢！吕端这个宰相小事糊涂，大事清楚。"（CCL）

例（22）"就你们几个女的"传递了说话者对"几个女的"的轻视和不以为然。例（23）"我让你叫"是一个附带武力的威胁性言语行为。而例（24）"科技白痴一个"是一个负面评价。例（25）"不过是普通老师"表现了说话者对"普通教师"的主观态度。例（26）"对你不客气"也属于威胁性的言语行为。例（27）"你才糊涂蛋"是对听话者的否定和驳斥，带有不满的语气。这些情感意义都来自于这些构式的浮现意义。

（五）句类

情感意义跟语气的关系非常密切，它会随着语气的变化而变化。因此情感意义还跟某些特定的句类发生关系。传统的句类分为四种，即陈述句、疑问句、祈使句和感叹句。陈述句陈述一个事实或者说话人的看法。情感色彩可以附加在说话人的看法中，这种带有情感色彩的看法可以存在于上文提及的语素、词、俗语、句法结构或句式上，其感情意义会因为这些构式情感意义的不同而不同。因此陈述句在情感意义上没有明显的褒贬倾向性。陈述句也可以没有感情色彩，它只限于对客观事实的陈述。如"今天星期一"、"我明天去上海"，等等。较能体现情感意义的句类是后三种形式，即疑问句、祈使句与感叹句。很多带有疑问语气和祈使语气的句式都具有明显贬抑倾向性。疑问句都是某事或某人的质疑，但这种疑问的语气达到很高的程度，就接近于否定义，即反问的形式，因此，在反问句中贬抑性的居多。带有疑问形式的构式有"算什么"、"说你什么好"、"管他呢"、"这是从哪儿说起啊"、"还说呢"等。例如：

（28）海老微微一笑，说："这出舞<u>算什么</u>！年轻的时候，在上海，在巴黎，在柏林……跳个通宵也是常事。"（CCL）

（29）你这么大的人了！小孩子也干不出这种事来！哎哟哎哟，<u>你叫我说你什么好</u>噢！我都替你寒碜。（CCL）

（30）再不然给你们的亲朋好友打个招呼，别上当，其他人，老百姓，<u>你管他呢</u>！

（31）甲：听说昨天你被警察叫去了。

　　　乙：<u>这是从哪儿说起</u>的呀！昨天我哪儿都没去，在家里看了一天的书。

（32）小得说："好你个小冯，<u>还说呢</u>，你这一当兵，家里什么活儿都落到我身上，我不骂你骂谁？"（CCL）

例（28）"算什么"表达了海老的否定态度，认为"这出舞"还没有达到理想中的标准。例（29）"你叫我说你什么好"表示无可奈何，带有埋怨的语气。例（30）"管他呢"带有对"其他人"、"老百姓"不在乎的态度。例（31）"从哪儿说起"表示甲的话没有根据，有不满的情绪。例（32）"还说呢"意思是"别说了"，有嗔怪的语气。以上这些构式中或者带有疑问代词，或者是一个反问形式，都传递了说话者不满的情绪。

祈使句的主要功能在于提出要求或发出命令。袁毓林（1993）进行了比较深入细致的描写。当祈使语气比较强硬时，说话者往往要传递不友好的情绪。如喝止、威胁、警告、使令等。因此带祈使语气的句式往往带有贬抑性的情感义。相关的构式有"少（别）来这一套"、"放……点儿"、"给我 V"、"你们听着"、"住口"等。例如：

（33）她眼一瞪，大声喝斥道："龚绍熊，<u>你少来这一套</u>，休想腐蚀拉拢我！"（CCL）

（34）见张巡捕仍在磕头求饶，红娘子又喝道："<u>放老实点儿</u>，不然我就要割掉你的脑袋！"（CCL）

（35）老赵便指着他鼻子说："你知道是谁培养你入党的吗？你不要吃了木耳，忘了树根。<u>给我滚</u>！"（CCL）

（36）梁大牙不笑了，沉下脸，咬牙切齿地说："<u>你们听着</u>，没有杨司令的命令，我一兵一卒你们都休想拉出去。"（CCL）

（37）双料春爷怒喝："<u>住口</u>！对你这般的泼皮刁民，用不着千条万条法则，一条就能定你死罪。"（CCL）

例（33）说话者认为龚绍熊使用的方法和手段在她那里行不通，"少来这套"有警告的语气。例（34）"放老实点儿"表示要求对方老实一点儿，避免造成不良后果，明显带有警告语气。例（35）"给我滚"喝斥别人离开，用于骂人。例（36）"你们听着"带有强烈的命令语气。例（37）"住口"喝令他人不许再往下说，是一种面子威胁言语行为。有些疑问句和祈使句带有非常强烈的感情，这些祈使句同时也是感叹句。

感叹句一般是说话人表达自己对某一现象的主观评价，语义内容或语言气势常常带有夸张色彩。例如：

（38）吃得痛快！<u>今儿又没白活</u>！（CCL）

（39）我他妈的我！好你个贵武，<u>你吃人饭不拉人屎</u>！（CCL）

（40）你少在这儿充好人！我都看透了，<u>人情薄如纸</u>！（CCL）

（41）<u>白家没一个好东西</u>！（CCL）

上面这些例子的划线部分都是表达说话人自己的主观感受，言语十分夸张。因为感叹句是以抒发情感为主要目的，说话人比较关注的是表达情感的方式，而不十分在意语言符号本身所具有的内容。（杜道流，2005）这带来感叹句的另一个特点，即不可推导性，部分信息在符号之外。例如：

（42）吴迪歇斯底里地喊："我宰了他，我宰了他这个狗娘养的，<u>我非宰了他</u>！"（CCL）

（43）一股东："<u>这叫什么年头儿</u>！……牝鸡司晨，栽到……一个老娘儿们手里！"（CCL）

例（42）说话人吴迪表达的真实意图并非真要去"宰了他"，而是借此发泄内心的愤怒。例（43）说话人也不是向别人询问"什么年头儿"，而是表达自己的非常不满的情绪。有一些带有感叹语气的句式或结构可以表达某种特定的情感意义。如"太（过于）+形容词"、"好一个……"、"真有你的"等。例如：

（44）好多熟人都埋怨我<u>太老实</u>，言外之意就是很窝囊。（CCL）

（45）"<u>好一个初生牛犊</u>！哦，不。<u>好一个阿虎门下之虎女</u>！"此句一出，父女两个都笑了。（CCL）

（46）谢逊走到后梢，说道："张兄弟，<u>真有你的</u>，让我掌舵罢。你两个到舱里歇歇去。"（CCL）

例（44）"太老实"表示超出一个合适的标准了，是一种负面评价。例（45）"好一个……"是对人的赞扬。但常被用作反语表示讽刺。例（46）"真有你的"是对"张兄弟"在掌舵能力方面的称赞，有时也被用作反语。

　　上面我们从语素构式、词构式、熟语构式到句法结构、句式和句类构式，对情感意义在不同层级构式上的实现形式进行梳理。构式语法理论认为，语素、词、句法结构等都是复杂程度不同的构式，都是形式与意义的结合体，它们之间没有清晰的界限。上面的分级，只是论述层次的需要。每一个层级上，都存在一些情感意义透明度很低的构式，它们无法从其组成成分或业已存在的构式中推导出来，只能单个学习。在这五个层级中，熟语构式中的低情感意义透明度构式最集中，习语性也最强。但它与其他范畴之间存在交叉，即有一些构式既是熟语构式的成员，也是词构式的成员，甚至还是句类构式中的成员。比如"滚！"在这些情感意义低透明度构式中，贬抑性的构式数量相对比较大。

第 四 章

习语性贬抑义构式的范畴系统

一　什么是习语性贬抑义构式

本书的第一章对汉语中的"口语习用语"、idiom 和构式语法理论视野下的"习语性构式"分别进行了讨论，第二章对构式语法理论中的核心概念——构式的本质进行识解。这些研究为我们进一步深入理解"习语性贬抑义构式"奠定了基础。基于前文的研究，我们认为习语性贬抑义构式至少应该具有贬抑性和习语性两个特征。

（一）贬抑性

我们从两个方面去理解"贬抑性"这一特征。

一是贬抑性是构式规约化了的语用意义。也就是说在贬抑性与构形之间已经形成比较固定的联系。在言语交际中，隐藏这些习语性构式字面意义背后的情感意义对于同一语言内部的人来说是不需要解释就能明白的。例如：

（1）"我觉得你心眼好，以后对我父母一定不错。"这算什么话，是他找媳妇还是他父母找呀！（CCL）

（2）胡卡里氏生气地说道："你也太不像话！俺在这里洗澡，你躲在那林子里作甚？"

例（1）"算什么话"这个习语性构式可以马上激活听话者对它的理解，它是表达对言语方态度的强烈不赞成。这个构式与贬抑义之间是规约化了的，听话者不会作疑问句解读。例（2）"不像话"与"训斥"义之间也形成了形义结合体。贬抑义不能是构式临时的语用意义，像正话反说的情况不能归为贬抑义。例如：

（3）老官用他那洪亮的声音，讽刺地说："谢谢你，我的好心的沈老太爷。我们很知你的恩，很感你的德。而且对你的这份'恩德'，我们是定要报的，你放心就是了。"（峻青《海啸》）

（4）好一个王明南，不务正业干副业。当了20年矿工，还脱不去农民意识，还挖煤不挖？（CCL）

例（3）这里的"谢谢你"相当于"哼"，"好心"相当于"狠心"、"黑心"，"恩"、"德"、"恩德"相当于"仇"、"恨"、"仇恨"。"报"不是指报恩，而是指报仇。但这些都是一种修辞手法，是在特定语境下临时的语用意义，还没有成为认知意义的一部分。"好一个……"表示对人言行的赞扬，但是例（4）通过上下文得知"好一个王明南"被用作了反语表示讽刺，有贬抑色彩，在语言交际中，"好一个……"构式也常被用作反语，但这是一种临时的修辞用法，我们还不能说这个构式是贬抑性的构式，除非这个构式绝大部分情况下被用作讽刺，也就是具有贬抑性。这一点我们在"构式的界定"这一部分已有所阐明。

二是贬抑性不等同于贬抑义。习语性贬抑义构式的情感义具有约定俗成性，它并非完全来源于构式组构成分的合成意义，而是语用意义规约化的结果。既然是规约化，则必然存在一个规约程度的差异，即完全规约化，或未完全规约化。其中贬抑义完全规约化了的构式称为绝对贬抑义构式。即构式的贬抑性不会因为语境或变项的不同而发生变化，可以说，贬抑义已经成为这些构式认知意义的一部分。一般来说，实体习语性构式都会实现完全规约化。如"你看你"（参看郑娟曼、张先亮，2009）、"真是的"（参看郑娟曼，2012）、"你等着瞧"、"好不好"（参看郑娟曼、邵敬敏，2008）、"一边去"、"美得你"、"算了吧/得了吧"，等等，它们在表达贬抑义上都具有很强的稳定性。此外，部分图式性构式也可以实现完全规约化。无论变项是何种情感色彩的词项，其表达式的情感意义始终是贬抑性的。如

"好你个 X"、"我 + 把 + 你 + 这 NP"、"什么 X 不 X 的"、"都是 NP"
(参看郑娟曼、邵敬敏，2008)、"A 不 A，B 不 B 的"、"还 NP 呢"
(参看郑娟曼，2009)、"有你这么 VP 的吗"，等等。情感意义未完全
规约化的构式称为相对贬抑化构式。这类构式只能是图式构式。它可
能会因为变项的不同或语境的差异而出现褒扬或中性的用法，但这种
情况数量很有限，使用频率也不高，对语境的依赖性也较强。因此贬
抑性情感义还是具有绝对的优势，仍是构式的缺省值。这一点我们从
中性语词填充的最终结果便可得知。如"NP + 一个"、"这 + NP"
等。例如：

　　　　(5) a. 她女人一个。

　　　　　　 b. 她美女一个。

　　　　(6) 这孩子！

以上例 (5) a 中的"女人"是个中性词，有积极属性也有消极属性。
因此当它用来评价时，激活何种属性的机会在理论上应该是均等的，
而主要由语境来决定。但事实并非如此。"女人"一旦进入"NP + 一
个"构式中，只能表达贬抑义。这是构式义与词汇义冲突或不一致
时，前者压制后者的结果。该构式义一旦被一定程度地规约化，它将
允准跟构式义具有一致性的词汇进入，同时也会选择适当的话语语义
框架。因此在构式义的制约下，在 NP 的聚合中，绝大多数是贬抑性
的，少数是中性的。当然在未被完全规约化前，还有极少的用例是褒
扬性的，整体意义也是褒扬性的，如例 (5) b。例 (6) 要表现的
"这 + NP"的贬抑义同样未被完全规约化。但造成两者例外情况的原
因不同，前者是因为变项实现为褒扬性的名词性结构，而后者却是因
为语境的影响。"孩子"是一个中性词，如果始发话轮表达的是褒扬
义，则"这孩子"同样表达称赞义；如果始发话轮表达贬抑义，则
"这孩子"同样表达责备义。例如：

　　　　(7) a. A：她刻苦好学，在家还做饭洗衣，照顾多病的
妈妈。

　　　　　　 B：这孩子！

　　　　　　 b. A：她娇生惯养、好吃懒做，还跟父母顶嘴。

　　　　B：这孩子！

　　但两者的机会也不均等。"这＋NP"表达贬抑义的频率更高，更容易激活其责备义。比如，例（7）中，我们分别插入情感意义不同的评价性谓词，其接受度出现明显的差异。例如：

　　　？a′. A：她刻苦好学，在家还做饭洗衣，照顾多病的妈妈。
　　　　　　B：这懂事的孩子！
　　　　b′. A：她娇生惯养、好吃懒做，还跟父母顶嘴。
　　　　　　B：这淘气的孩子！

经过扩展后的 a′ 接受度很低，而 b′ 的接受度却很高。这说明"这＋NP"与贬抑义词项的兼容性更高，一致性也更强。其贬抑义已经具有了一定程度的规约性，虽然还没有最终实现规约化，但已经具有明显的贬抑性。下文为了称说方便，不区分贬抑义与贬抑性。

（二）习语性

　　如果一种语言形式总是跟某一种非常规的意义或者超形式的意义联系在一起，并且成了它意义的一个部分；或者有两个或两个以上的词语总是组合在一起作为一个整体使用，并且有了整体的意义，那么它们就具有了习语性。由此可以看出"习语性"包括四个方面的内容。

　　一是高频性。形式与意义之间结合的次数越多，则这种意义越固化，越具有约定俗成性。比如"处境"，意思是指所处的境地。从字面上分析不出贬抑义，但"处境"这个词常跟贬抑性的词语搭配。像"处境困难"、"处境堪忧"、"处境尴尬"、"处境不妙"、"处境危险"等。"处境"的贬抑义频繁浮现，导致形义之间达到一定程度的规约化。现在我们基本上不说"处境安全"、"处境优越"、"处境甚佳"、"处境很满意"等。这是"处境"习语化了的表现。形式上两个语言单位组合使用的频率越高，其凝固性也就越强。高频率地组合使用导致组成成分对彼此的，不可进行同义替换，也不能进行同类替换。也就是说，构式具有了结构的定型性。例如组合单位"如履薄冰"，由于长期按照特定次序作为一个整体使用，导致了组合成分之间存在很大的依附关系依赖，词与词的结合失去了选择的自由。也就是说，对于词的组合，使用者原本可以根据自己的意思随意地选择恰当的句法关系和语义关系的词语伴侣。然后对于具有习语性的组合单位，使用者是不能随意更换其中的成分的，即使在语义搭配与句法关系都允许的情况下。因而，"如履薄冰"，不能说成"像履薄冰"，也不能说成"如履厚冰"或者"如履薄纱"，它的每一个成分都不可随意更改。使用者或者整体使用，或者弃之不用。即使有些习语性构式组成成分可以做局部的变换、省略或扩展，也不会影响其语用功能。如"你瞧你"跟"你看你"、"（瞧）你那 X 样"等。

二是意义的不可分析性。一般的语言理解模式认为，理解一个句子或词组的过程至少蕴含了识别句子和词组中的单个词，并同时从心理词库（mental lexicon）中检索出原已储存好的这些词的语义，然后再根据一定的句法关系把这些词的语义组合起来。但是这一观点无法解释习语性构式的加工。在完形（gestalt）心理学家看来，知觉到的东西要大于眼睛见到的东西。也就是不能用句法结构和语义组合规则来解释习语性构式的意义，整体意义不等于组成成分意义与句法关系义之和，即具备了意义的整体性。例如"不三不四"的意思不是"三个半"，而是指"不正派"的人，于是"不规矩"这个意义就在"不三不四"这个习语性构式中浮现出来。这个词一旦离开习语性，就失去了"不规矩"的意义。在很多情况下，"不 A 不 B"具有贬抑倾向性，这种情感义就是超越字面意义的整体意义。例如：

（8）那二三男女演员<u>不尴不尬</u>地开口了："哎，你怎么动手打人呀？"（CCL）

（9）司机依然<u>不冷不热</u>地说："我看就不必了吧？"（CCL）

例（8）的"不尴不尬"并非表示"不尴尬"，相反地，它是"尴尬"的意思；例（9）"不冷不热"并不是对"冷"、"热"等的共同否定，其意义倾向于"冷"。再如"我叫（让）你 X"。

（10）父亲，<u>我让你受累了</u>，我辜负你的希望了，我成了废人了！（CCL）

（11）"<u>我让你叫</u>！"一口气给了他十几棍子。（CCL）

在例（10）中表示一种使动行为，我们可以从字面上分析出来，它不包含贬抑性情感色彩；而例（11）表示一种威胁行为，具有很强的习语性，是一个习语性构式。因而，浮现义是依赖于构式的习语性的。

三是语法上的特异性。也就是说很多具有习语性的构式，无法用常规的语法规则做句法分析和解释。它们整体性很强，很难进行层次切分。如"不怎么样"、"不是东西"、"去你的"、"不要脸"，这些习语性构式看起来都是常规的组合，但是我们若强行进行切分，那么分析出来的关系义跟它们的认知义是不相符的。它们就是一个整体，像一个个词一样。还有一些习语性构式怪异得无法分析。它们是使用者按照不熟悉的句法方式组合起来的，光从形式上看是不合法的。因此即使是在表层形式上，我们也无法对它们进行范畴化。如"好你个 X"、"爱理不理"、"随你的便"等该作何种结构关系去理解和分析？应该都不属于典型的状中结构、并列结构或动宾结构的范畴。

四是具有比较模糊的共性承继性。不熟悉的意义与不熟悉的句法关系使得习语性构式具有相对的独立性和区别性，其构成构式的数量也很有限。比如"你看你"具有责怪义，但是同样结构类型的"你看他"或"我看你"就没有这样的表达功能。因此我们不好说它的特点是通过承继"P + V + P"或"P + 看 + P"而得到的。此外，与其组构成分之间也不构成直接的、非常明显的关系，或者是说"你看你"本身就是一个不可分割的整体。因此习语性构式具有比较模糊的共性承继性。我们无法通过习语性构式与其他构式之间的承继关系建立一个诸如戈德堡（1995）这样的双及物构式系统。可以通过承继关系建立的构式更适应于常规的构式，因为它们有不同的复杂程度和与之意义相关的构成成分。因而，习语性构式作为独立的单位来储存和研究。

以上习语性四个方面的内容是相辅相成的。高频性是习语性构式产生的前提和基础。离开高频使用，超越字面意义的语用意义无法得以规约化，最终无法约定俗成。离开高频性，特异的句法组合方式也不能为大家所熟知，无法实现结构的定型化。离开高频性，就不能允许习语性构式以独立的形式和意义存在。意义的不可分析性是习语性的一个必要内容。句法上的特异性虽然不是习语性所必需的，但它与意义的不可分析性往往是同时存在的，两者关系密切。句法的特异性总会带来意义上的特异性。无论是高频性、意义的不可分析性还是句法的特异性都存在程度上的差异。因此，构成的习语性程度差异也相当大，它们形成一个连续统。那么，一个构式既具有了贬抑性，也具有了习语性，它是否就是习语性贬抑义构式？不是。习语性贬抑义构式必须是贬抑义的习语性。

二 贬抑义的习语性

贬抑义的习语性，即构式贬抑义的不可推导性与约定俗成性。构式是形式和意义的结合体，此处的"意义"包括语义、规约化了的语用意义和话语功能，而且这三个意义的内涵也是相当复杂。（详见第二章）一个象征单位只要在形式和意义的任何一个方面表现出较强的不可分析性，且能高频使用，那么它就具备了习语性。然而习语性贬抑义构式并非是构式贬抑性和习语性的简单相加。也就是说一个构式既具有贬抑性，又具有很强的习语性，它未必就是我们所要重点关注的习语性贬抑义构式。比如"为非作歹"、"口是心非"、"丑恶"、"轻视"这些构式都具有组合使用的高频性和整体语义的非合成性，如"丑恶"的理性意义不是既丑又恶，"轻视"也是不"轻轻地看"。但是仅就这些词的情感意义来说，其贬抑义具有很强的透明性，也易于我们识别和掌握。因此这些词语的贬抑义不具备很强的习语性，它并不是习语性贬抑义构式。在习语性贬抑义构式中，贬抑义的习语性主要表现在以下几个方面：

第一，构式的字面意义没有附带贬抑义，而整体意义具有了贬抑义。如"不是东西"、"都是你"、"你看你"、"不像话"、"走着瞧"、"有完没完"、"来这一套"、"你呀你"、"活该""什么呀"、"美得你"、"真是的"，等等。这些构式的构式义都具有比较鲜明的贬抑性。但其组成成分并没有贬抑义，甚至都不带任何感情色彩。因此，这些贬抑义是具有很强的习语性的。这类习语性贬抑义都是完全填充了的实体性构式。

第二，未填充的图式性构式无论变项的感情意义如何变化，最终还是比较固定的表达贬抑义，至少具有很强的贬抑倾向性。如"整（个）一个 X"、"X 个 P"、"A 什么 B"、"好你个 X"、"你个 X"、"半 A 不 B"，等等。例如：

（1）a. ——听说他病了。

　　　　——病什么病！我刚刚还看到他好好的呢。

　　　b. ——她挺白的。

　　　　——白什么白！

（2）a. 潘大庆顿时来了火，好你个阿娇，怪不得你不开门，原来是背着我偷养小白脸。（CCL）

　　　b. 他狠歹歹地说："好你个黄毛丫头，王八吃秤砣，你真铁了心啦！"（CCL）

（3）a. 他的讲话，不像是活人在传达自己的思想、见解，倒像收音机在放送一种半文不白的缺乏文采的文章。（CCL）

　　　b. 河面漂浮着原油和枯死发黑的水草，岸边树木权熏得半死不活。（CCL）

以上所举的 a、b 例子中，图式性构式的具体用例都具有贬抑义，其情感意义不因变项情感意义的变化而转移，其贬抑义也是约定俗成的，具有习语性。

第三，一些图式性构式，其变项受到了整个构式的压制，它们绝大多数是具有贬抑义的语词。从而使得整个构式带有很强的贬抑性。比如"Q 才 VP"。

（4）a. 李母：一定是你惹岳姑娘生气了！

　　　李卫：鬼才惹她生气了呢！（CCL）

　　　b. 客人："她想找个什么样儿的？"

　　　白文氏："老天爷才知道呢！这都成了老姑娘了，我也懒得管她了。"（CCL）

这个图式性构式中 Q 大多是"鬼"、"王八蛋"、"老天爷"等感情色彩比较浓重的词语。构式对变项情感意义的强制性也是约定俗成，构式义包含的情感意义也具有很强的习语性。以上这三种情况中，前两种占了绝大多数，表现出来的情感意义也最具有鲜明的习语性。

三 习语性贬抑义构式的功能类型

情感通过评判性言语行为传达出来，而评判性言语具有很强的主观性，蕴含褒扬、贬斥或支持、反对的情感或态度，能够影响我们的情绪。这些习语性贬抑义构式也无一例外地与评判意义存在紧密的联系，并且依附在具有贬抑性评判义的构式之上，它们在本质上是同向的。根据其具体表达功能的不同，我们可以将习语性贬抑义构式分为差评义构式、责怪义构式和驳斥义构式。

（一）差评义构式

1. 何谓差评义构式

差评义构式是指说话人对话语中陈述出来的事件、人物及其特征品质作出负面价值判断的构式。它还可以用来表达说话人对自己言语行为的消极评价。这可以简单地理解为人们对某一客观实体或事件按照某一个期望值所体现的"不好"的态度。汤姆逊和亨斯顿（Thompson & Hunston，2000：4）将针对命题的情态也归为评价的次范畴。例如：

（1）的确，他是书呆子一个！

在这个表达式中，存在两层评价：一是"书呆子一个"对实体"他"的评价；二是"的确"对"他是书呆子一个"命题本身的情态评价。显然，因为情感意义的制约，我们讨论的是不包括情态评价的狭义的差评义构式。

差评义构式中包含四个评价因子，即评价主体、评价客体、评价标准和差评义子。评价主体是进行言语评价的人，在交际中常常表现为说话者，因此在语境中常被省略。评价客体就是评价对象，它可以是人、物或事件，那些内部差异性较大而又能引发争议的实体或事件最能刺激人们的评论，如人的静态属性、行为方式，事物的特点、热点事件等。评价客体在借助语境的前提下是需要高度明确的，在语言编码中它通过名词性结构或小句来体现，其中评价标准是评价主体对评价客体一个潜在的期望值。同一个评价主体对不同的评价客体由于不同的期望而具有不同的评价标准，不同的评价主体对同一个评价客体也会产生不同的评价标准，因此评价标准对评价内容起到了主观导向的作用，它常常不在语言编码中体现，更不在构式中表现出来。而差评义子是评价的具体内容，是主体主观评价的具体结果，是四个评价因子中的核心部分。例如：

（2）马谡在历史上算不上是大人物，可是知名度却很高，一部《三国演义》的小说……植根在人们的心目中，<u>整个儿一眼高手低、夸夸其谈的滑稽角色</u>。（百度搜索）

（3）学生之间原来存在比阔气的现象，学校董事长用的是一辆<u>半新不旧</u>的"奔驰"。（CCL）

（4）我说："明明，就你，<u>还学习星呢</u>！每次写作业都不专心不自觉。"（CCL）

（5）"你要是害怕，就是<u>大傻瓜一个</u>，"杜洛埃说，"来吧，振作起来。我就在这里看着你。"（CCL）

（6）谢嘉华不同意："<u>就你</u>？你自己还是个孩子呢！"（CCL）

（7）特级厨师<u>也不过就是个炒菜的</u>，很多人可能看不上眼，但同样的材料谁也炒不出他的味道。（CCL）

例（2）中评价主体是叙述者，评价客体是马谡，评价内容是"眼高手低、夸夸其谈的滑稽角色"，而评价标准是潜在的。例（3）评价主体是说话者，客体是"奔驰"，评价内容为"半新不旧"，标准同样是潜在的。余类推。

通过我们对《口语习用语功能词典》、《汉语口语常用句式例解》与《现代汉语常用格式例释》的考察，加之对鲜活语言的关注与收集，较为重要的、典型的差评义构式如"述人 NP＋一个"、"还 NP呢"、"整（个）一个 X"、双项否定构式（"没 A 没 B"、"半 A 不B"、"不 A 不 B"、"A 不 A，B 不 B"、"半 A 半 B"）、"为 A 而 A"、"NP 不过（就）是 X（而已）"、"就＋述人 N"、"七老八十"、"太

（有点）那个"、"不是 A 的材料（料）"、"不是东西"、"不是地方"等。

2. 差评义的实现方式

通过对这些不可推导性较强的构式的分析，我们发现评价主体对某一个评价客体进行某一负面评价时主要采用以下几种手段：

第一，主观描述。无论是常规构式还是反常规构式，对评价客体进行主观描述是差评义子实现的最重要手段。这种评价手段的特点在于差评义子直观、清楚，而且一针见血。在语言表达中，差评义子典型的编码形式应该是谓词性结构，尤其是形容词性的。如："不 A 不 B"、"A 不 A，B 不 B 的"、"半 A 不 B"、"为 A 而 A"等。

（8）"那小孩子没轻没重的便说不好了，石师爷的老太太上了吊了。"（CCL）

（9）心想他再不阴不阳地说话，我也来几句不阴不阳地顶一顶，别搞错了，今年已不是当年了。（阎真《沧浪之水》）

（10）她不冷不热地说：看吧，杨小群现在就是这个样子，人不人，鬼不鬼的。（CCL）

（11）金一趟只顾自己唠唠叨叨，哪里想得到杨妈，还整个儿一个糊里糊涂，不明就里。（CCL）

（12）这些人仅仅是在为研究而研究，为追求真理而追求，与其说他们是物理学家，还不如说他们是宇宙论者。（CCL）

（13）如崔健、汪峰、高旗等人始终在保持创作，但中国摇滚却常年处于"半红不黑"的尴尬境地。（CCL）

这些描述性的构式一般在定语、状语或谓语的位置上出现，直接表达评价。有时候也通过呈现事件的方式，这些事件本身就包含着评价主体对评价客体的贬抑性评价。如"范跑跑"类构式就是采用这种手法来表明自己态度的。而当"范跑跑"被用来指代某一类人时，便又属于归类的评价手段。相比之下，归类要含蓄、模糊得多。

第二，归类。当某一对象属于某一范畴时，这意味着该对象具备这一范畴典型成员的特征或属性；相反，当某一对象不被认为是某一范畴的成员时，意味着该对象不具备该范畴典型成员的特征与属性。

因此，我们可以通过归类的方式对某一客体进行评价。假设存在一个类别 C，具有一些典型的属性 a_1、a_2、a_3……若我们主观地将一评价目标 T（target）归在类别 A 中，那便完成了一个评价，即在评价主体看来，T 具备 a_1、a_2、a_3……中的部分属性。如果 T 客观上就是 C 中的一个成员，而我们主观地将其排离出去，那也是完成了一个评价，即在评价主体看来，T 不具备部分的应有属性。因此，差评义子在语言编码中也可以通过名词性结构来体现。例如：

> （14）张艺谋自爆与巩俐恋爱，被骂陈世美一个。（PNS）

> （15）回了家，又满嘴仁义道德，整个一个封建家长。（CCL）

> （16）素质这么差，还大学生呢！

> （17）什么国家测试员啊，平翘舌音都不分！

例（14）中的"陈世美"代表以陈世美为典型的类别，具有见异思迁的性格特点。因此，张艺谋被归为"陈世美"的类别中，也具有了见异思迁的特点。例（15）评价主体被视为"封建家长"，便具有封建家长的属性，即"满嘴仁义道德"。例（16）评价对象的大学生身份是一个客观事实，而且在说话者的预先期望中，大学生应该具有高素质的属性。但评价者通过否定其这一客观身份，来实现对评价对象"素质差"的差评义子。例（17）也是否定其"国家测试员"的身份来实现"普通话说不标准"的评价。

归类是反常规的差评义构式经常采用的手段。一个范畴的属性总是多值的，其中有积极的属性，也有消极的属性。部分构式采用归类的方式进行评价时，其反常规性就体现在它倾向于激活其消极属性。例如：

> （18）他真是农民一个！

农民代表一种中性的身份，他拥有很多典型的特征：有勤劳、纯朴等积极特征；也有落后、文化水平较低等消极特征。例（18）采用归类法将"他"归为农民一类。这并不意味评价主体眼中的客体具有农民的各方面特征，而主要是农民的一些消极特征。

采用归类的手段进行评价时，需要注意以下两点：一是该类别应该是评价行为参与者所共知的信息，否则评价信息传递会中断；二是该类别具有某一些典型的属性。如例（15）这一评价成功的前提是评价双方都知道"封建家长"这一范畴，并且了解封建家长所具有的一些特征。让听者接受"封建家长"这一评价时，便能激活其特征，从而获得其差评义子。因此，并非所有的名词都能通过归类的途径用来表达评价义。通过对具体的构式考察，我们发现，很多句法上被构式认可的名词无法在语义上得以接受。因此构式对这些名词是有选择性的。我们将含有评价性义素的名词称为评价义名词；反之，将不含评价性义素名词称为非评价义名词。

　　然而当评价主体要凸显类别中的某一个属性时，或者当差评义子并非人所共知的属性时，则需要通过描述与归类相结合的方式。

　　第三，直接描述＋归类。有的情况下，差评义子是通过描述与归类同时实现的。描述起到对类别补充和强调类别某个属性的作用。例如：

　　　　（19）所谓"中东民主例外论"和美国现在要放弃"中东民主例外论"，<u>不过是迷惑人的烟幕</u>，起着误导的作用。（CCL）

　　　　（20）说他是艺人，那都是抬举，<u>整个儿一不务正业的混混儿</u>。（PNS）

例（19）"迷惑人"是"烟幕"的一个特征，但不是唯一特征。因此描述＋归类的评价起到明确的作用。例（20）"不务正业"是"混混儿"一典型属性，描述部分起到强调的作用。

　　以上三种实现手段中，归类手段是最模糊的，具有不确定性。习语性强、规约化程度高的构式才用这种手段，否则在语境不明确的情况下，容易造成歧解。从另一个角度来说，一些不可推导性强的评价性习语性构式往往用的就是这种归类的手段。而另外两种，相对来说通过描述性语词的协助，构式在情感意义上会比较明朗。包含直接描述的构式，同样可以体现出不可推导性，这一特性就体现在构式在对未填充项的单向选择上，也就说构式整体意义的贬抑性决定了它对贬抑性词项的包容性。

（二）责怪义构式

1. 何谓责怪义构式

责怪义构式在语言交际中体现为责备语与威胁语，是由于过去或正在进行的言语行为活动给说话者或周遭产生不利的影响，说话者以表达不满、愤怒、责难以致恐吓等作为对该活动的回应。一般来说，责怪义构式的产生需要满足以下三个条件：

第一，说话者期待一个有利于自己或周遭的事情发生，认为受话者能够做好某件事。期望落空是产生责怨语的一个前提条件。

第二，说话者认为已发生的行为对自己或对他人不利。

第三，说话者经过一番受益考虑后决定采用言语的方式表达自己的不满。

通过对责怪语出现条件的分析，我们可以归纳出与责怪义构式相关的四个因素：责怪主体、责怪客体、致责因子与责怪义子。责怪主体是发出责怪言语行为的人，一般来说他是说话者。责怪客体是被责怪的对象。客体相对于主体来说一般是低势位的或相同势位的。致责因子是导致说话者产生不满情绪的原因，回答的是"为什么责怪"的问题。因此它往往是一个反期望的事件或后果。情感产生与形成是一种刺激——反应模式，责怪义构式并非无缘无故地在言语中出现，必然有相应的刺激因素。这些刺激因素可以是单源的，也可以是多源的。致责因子通常不在构式中出现。责怪义子是责怪的内容，回答的是"如何责怪"的问题。

2. 责备义构式与威胁义构式

责怪义构式根据具体语力的不同，可以将其分为责备义构式与威胁义构式。它们既有区别又有联系。它们都是在客体挑战了主体期望值的情况下而做出的不满情绪反应。其目的都在于宣泄这种情绪。责备义构式与威胁义构式在责怪义子上有所不同。对于威胁义构式来说，威胁义子中并不隐含贬斥性的语词，而责备义构式总会有。例如：

（21）"你别走，你等着瞧！有本事的，你别走，你等着瞧！你等着瞧！……"（CCL）

（22）"我让你叫！"一口气给了他十几棍子。（CCL）

（23）香菱听了，红了脸，忙要起身拧他，笑骂道："我把你这个烂了嘴的小蹄子！满嘴里汗的胡说了。"（CCL）

（24）哇 p！楼上的，你是一个计价器耶！哪来那么多的废话。瞧你那傻样！还"对于爱情，我也有自己的憧憬"呢！（CCL）

例（21）"你等着瞧"，不带有贬抑性的词语，而只是一种恐吓的言语。例（22）的"我让你叫"也是如此，只是一种喝止的言语行为。其中不包含恶语。而例（23）与例（24）则很明显。"我把你这个烂了嘴的小蹄子"、"瞧你那傻样"表达式中包含着贬斥语词。但有些情况，责备主体会出于礼貌原则而将责备义子隐去不说，形成一些截省式的责备构式。这些截省式构式因为高频与责备语共现。在责备语省隐的情况下，也能毫不逊色地表达责备义。例如：

（25）甲：他成天吃喝嫖赌，哪把心思放在事业上啊！

乙：这男人！

（26）"你瞧你那样儿。"我站住，回头看着他，"头发跟面条似的还披着，嘴唇涂得跟牙出血似的，还美呢。"（CCL）

例（25）"这男人"这一中性词的组合转向了恶化语（Dysphemism），其中包含着许许多多的指责。例（26）也是如此。"你瞧你那样儿"虽然没有指明是何种模样，但其责备义已暴露无遗。

责备义构式与威胁义构式语力不同。责备是因为事情不如意而对自己认为原因所在的人或事物表达不满，并通过一些损害对方的恶化语直接进行攻击。责备义构式内部也存在不同程度的贬抑义。如嗔怪、指责、辱骂等。例如：

（27）晁思才说："我把这不识抬举不上芦苇的忘八羔子……你那老子挺了脚，你妈跟的人走了，我倒看拉不上，将了你来养活。"（CCL）

（28）总工被激怒了，拂袖离席而去，临出门时丢下一句话："王永民算老几？给我当学徒还得再学三年！"（CCL）

（29）他这回理更亏，便压低了嗓门求饶："你看你，越说

越没影了。这般喊叫，传出去对亚若——"（CCL）

（30）有几个臭钱看把你给烧的，也不怕外人听了笑话。（CCL）

例（27）包含有侮辱性的言语，属于辱骂言语行为，贬抑性情感程度最高。例（28）我们可以把它视为一种指责。相对于辱骂来说，贬抑性情感程度次之。例（29）与例（30）则属于一般责备或嗔怪。而威胁主体除了表达不满之外，还要以武力或言语阻止对方做一些不符合自己期望的事情。因此，其面子威胁程度较高。在这个意义上说，威胁的语力比责备要丰富一些。

3. 责怪义构式与差评义构式

责怪义构式与差评义构式之间存在一定的区别。

第一，表达的重心不同。责怪义构式与差评义构式在使用时都透露出说话者对客体的不满，体现了贬斥的态度。但两者表达的重心不同，前者的重心在于宣泄自己的不满，因此感性的因素较多。而后者的重心在于主体对客体或相关事物、现象表明自己贬抑的态度或情感。换句话说差评义构式主要是表达一些非期望的观点或看法的。例如：

（31）高瑞继续嘀咕道："真舒服啊，这一会儿我都觉得自个儿不是伙计，有点儿掌柜和东家的意思了！""美得你啊！"长栓忍不住冲了他一句，众人都笑起来。（CCL）

（32）粗野的话叫新娘子脸一红，她恼怒地说："这是个公共场所，说话嘴里放干净点儿！"（CCL）

（33）秘书长一劲儿谦虚，纯粹为谦虚而谦虚，不愿挑头儿继续作战，也不便主张散局，而只说自己打得不好。（老舍《新时代的旧悲剧》）

（34）海尔茂这一反一复的变化，使娜拉认清了他冷酷、自私、伪善的面目同时也意识到自己不过是男人手中的玩偶，决然离家出走。（CCL）

例（31）"美得你"用来对高瑞过高理想的责怪，从而表达不满的情绪。例（32）"放干净点儿"的目的不在表达说话者对听说者嘴巴不干净的看法，主要也是为了宣泄情绪。因此无论贬抑情感程度高低，都在于表达自己的不满，而并非展现自己的观点。而后两例则不同。前者中"为谦虚而谦虚"是作者对秘书长的描述，呈现出作者对秘书长的看法。目的并非为了宣泄不满意的情绪。后一例"不过是男人手中的玩偶"是娜拉对自己的主观评价，也不是宣泄情绪。

差评义构式与责怪义构式都是具有贬抑性的情感义，但由于两者表达重心的差异。后者可用来表示嗔怪，用在关系密切的双方，通过责怪的方式来表达褒扬性的情感，对责怪客体的面子威胁程度较弱；而前者则不可，它不会因为言谈双方社会距离的不同而改变。例如：

（35）大毛小毛已忙得你够呛，你又喜欢什么都自己动手干，你看你瘦了许多。（CCL）

（36）傻瓜一个！区区一个校长竟然以卵击石，竟敢碰"县长大老爷"。（百度搜索）

例（35）的"你看你"是责怪义构式，可用来表示嗔怪，在通过表达不满情绪的方式呈现关心之情。例（36）"NP＋一个"是一个差评义构式，不能用来表达褒扬性的情感。

第二，责怪义构式与差评义构式产生的条件不同。通过上面对责怪义构式产生的前提的分析，该类构式的产生是由于过去或正在进行的言语行为活动对说话者或周遭造成不利的影响，也就是说责怪客体实施了一些不被期望的行为。因此，责怪义构式的产生都有其直接的、主要的诱因，即致责因子。这些致责因子对于责怪主体来说可以是即时的，可以是非即时的。前者的情况产生面责行为，后者产生背责行为，背责行为也是需要通过激活致责因子才产生的。当然差评义构式也不是凭空产生的，也是基于一定的反期望言语行为的。但这种影响却不像责怪义构式那么直接。我们有时很难通过语境找出作出某种评价的原因，有时一种评价的出现完全是基于某种经验判断。因此，责怪义构式的产生是客观已然条件促使的结果，而差评义构式的产生则是基于现实对预先设定的期望值的偏离。例如：

（37）杨清民笑道：我真是挺忙的啊。贺玉茹有点生气，说：你爱来不来吧。就把电话挂了。（CCL）

（38）李沛瑶当着许多同事的面，板着脸孔批评说："<u>怎么搞的</u>？做事哪能这样马虎！"杨志锋从此工作更为小心谨慎。（CCL）

（39）苏权是金陵有名的权贵，就连县令大人都要给几分薄面，而这个苏三——<u>败家子一个</u>。（百度搜索）

（40）在巴黎可以美美地吃一顿高级饭，但是他们这次吃的很不好，鸭子是<u>半热不热</u>的。（CCL）

例（37）通过上文得知，贺玉茹责怪的直接原因是杨清民拒绝了她的邀请。例（38）李沛瑶产生不满情绪的原因是杨志锋在轮胎安装时计算出现了误差，这些都是责怪义构式产生的客观条件。例（39）说话者在对苏三进行评价时没有直接诱因，"败家子一个"可能是平时印象日积月累的结果。例（40）"半热不热"是一种主观性的认识，是偏离期望值所作出的评价。

第三，责怪义构式具有过程性，差评义构式具有结论性。责怪义构式与差评义构式相比较而言，前者是一些没有达到期望值的言语或事件的直接的感性反应，具有动态的过程性。而评价则是在一些言语事件的基础上，或已有经验积累的前提下，对一些人、事物或事件相对理性的总结。例如：

（41）"就没有！"非子的气又堵上了，<u>真是的</u>。这个笨人。（CCL）

（42）"<u>你看你</u>，一提起共产党、八路军就变得象要吃人似的，你好凶啊！"（CCL）

例（41）"真是的"是非子男人对她不理解的一种责备。而"这个笨人"是非子基于这种不理解的事件的一种评价。前者具有动态性，后者是对人的一个认知结果。例（42）是听话者在听到共产党、八路军时的神情反应让说话者产生不满。而评价则是在这些事件的基础上，对听话者的性格特征作进一步概括。因此责怪是接近于本能的情绪反应，而评价则是一种认知的结果。

因此，对于差评义构式可以用"N＋（是）＋差评义构式"判断式来表达，有的判断词已经隐含在构式中。而责怪义构式因为具有过程性，所以不能用判断式来表达。例如：

> ＊你是真是的。
>
> ＊他是你看你。
>
> ＊你是又来了。
>
> 你是傻瓜一个。
>
> 他还教授呢。
>
> 你是范跑跑。

　　第四，使用的语言环境不同。基于以上几个方面的差异，责怪义构式与差评义构式在其使用的语言环境上有所不同。差评义构式可以出现在作者视角下的比较客观的静态的叙述中。而责怪义构式表达一种情绪反应，而这种情绪直接通过话语去表达。因此责怪义构式一般出现在话语中。例如：

　　（43）王进军嘴里不干不净骂了一句，操起桑树棍劈头盖脸就抡过来。（CCL）

　　（44）妻子为老公选一件衣服，平时看来挺有主见的男人，在市场内整个一个手足无措，没了主意，只好听任夫人摆布。（CCL）

　　（45）大概过了一个时辰，我的身后响起了沉重的脚步声，接着便是连长那吓人的嗓门："好你个王八蛋，竟不知死活跑到这儿撒野！"（CCL）

　　（46）"喏，"螺蛳太太不免有怨言，"都是我们那位刘三叔！"（《红顶商人胡雪岩》）

例（43）与例（44）的差评义构式都出现在作者叙述的语言中。而例（45）责怪义构式体现的是直接的施为行为，责怪主体即时接触到了致责因子。例（46）体现的是间接的施为行为。责怪主体没有即时接触到致责因子，而是致责因子在大脑中被言谈所激活。两者都具有很强的话语性。正因为这个特征，责怪义构式中常常包含第二人称代词"你"。如"你看你"、"美得你"、"我把你这……"等。差评义构式也可以体现直接施为行为，但都可以转化为以作者的视角进行客观叙述的形式。

　　以上所体现的都是典型的差评义构式与典型的责怪义之间的差异。事实上，在实际的语言当中，两者之间的关系是非离散性的。它们不是非此即彼、相互排斥的，而是存在一定程度的交叉。做出一个消极评价时，难免隐含着不同程度的责怪情感。而当发生一个责备行为时，也总会隐含着一个消极评价。例如：

　　（47）你废物一个。

　　（48）你个废物！

例（47）的表达重心上以发表自己对对方的认识为主，具有结论性。因此被认为是一个差评义构式。但这个认知结果中也透着轻微的责怪语气。例（48）的表达重心不在评价上，而是通过这一辱骂宣泄不满情绪，具有动态性。因此我们认为这是一个责怪义构式，但也不排除它隐含着一定的评价功能，如"不学无术"，等等。但这个评价是没有依据的，完全是环境刺激的结果。

　　当责怪义构式中的责备义构式在宣泄情绪上趋于缓和或理性一些，那么离差评义构式也就近一些。或者当进行消极评价时，表达不满情绪的成分多一些，则离责怪义构式也会近一些。因此，责怪义构式的宣泄情绪与差评义构式的表达看法之间，体现的是功能的不平衡性，而并非功能的唯一性。差评义构式有时也包含一定程度的责怪义。而在责怪义构式中也不可避免地表现出一定的评价功能。它们在本质上都具有评价性，因此差评义构式与责怪义构式可以认为都是评价性构式。

　　在现代汉语中，较为典型和重要的责怪义构式如"真是（的）"、代名式（"好你个 + NP"、"你个 + NP"、"我把你这 + NP"）、"爱VV/爱 V 不 V"、反复义构式（如"一而再，再而三"、"又来了"、"动不动"、"一个劲儿"、"有完没完"）、威胁义构式（如"走着瞧"、"看着办"、"你等着瞧"、"我叫让你 VP"）、"美得你"、"你看你"、"都是 + NP"、"亏你说得出口（想得出来）"。

　　4. 责怪义的实现方式

　　通过对这些反常规责怪义构式的分析，我们发现责怪主体对责怪客体进行责怪时主要采用以下几种手段：

　　第一，主观归因。存在一个非期望的事件或结果，如果责怪主体将导致该事件或结果的原因主观地完全归罪于某人，则即使在没有贬抑性语词参与的情况下，也意味着一个责怪言语行为的实现。"都是＋NP""叫你X"是归因这一实现方式的典型代表。该构式通过总括副词"都"表达了强烈的主观情绪，并非属于客观的归因，例如：

　　（49）刘太太会过意来，禁不住长叹了一声。瞪着刘思谦，她忽然懊恼的说："都是你！都是你！""怎么怪我？"刘思谦愕然的说。（琼瑶《月朦胧鸟朦胧》）

　　（50）叫你不早点订票，要睡大街了吧！（自省语料）

例（49）中刘太太将女儿灵珊执意要嫁给韦鹏飞之事归因于丈夫刘思谦，并将这些内容通过语言形式"都是你"表达出来。其中只呈现责怪主体认定的肇事者，并无对肇事者进行指责。例（50）也是如此。说话者将找不到住处的原因归结于听话者没能早点订票，整个构式透露着不满的情绪。

　　有时在引出事件的肇事者时还夹带着责骂。这些詈语与责怪客体构成修饰与被修饰关系或同位关系。例如：

　　（51）叫你这小兔崽子吃那么多，撑着了吧！（百度搜索）

　　（52）亲家奶奶，万分抱歉，说来说去，都是我这个老糊涂，不会说话，开罪了你家小姐。（岑凯伦《合家欢》）

这些用例都是归因的构式中带着责骂，当然，责怪义构式也存在直接责骂的形式。

　　第二，直接责骂。直接责骂是责怪义子比较常见的实现方式。根据构式中是否含有贬抑性语词，我们可以将其分为显性责怪与隐性责怪。前者如"我把你这NP"，还有其他代名式的部分用法。例如：

　　（53）张士贵听言，心中大怒说："我把你这该死的狗头，重处才是。我大老爷逐日差中军去传火头军。"（CCL）

　　（54）刚要说话，只见贾琏冷笑道："好大胆，我把你这个混帐东西！这里是什么地方儿，你敢来掉鬼！"（CCL）

　　（55）伯母为此经常气得大声责骂堂兄："灌了二两黄汤啥

都说能干成，酒醒后屁事也干不了。四十好几的人连个婆娘也讨不回，<u>好你个酒囊饭袋</u>。"（CCL）

（56）老婆莫名其妙地喊："<u>你个傻帽儿</u>，不赶紧下楼找，打脑袋干啥呀？"（CCL）

（57）陆水元一愣，隐隐约约的把握到了什么，心中只觉豁然开朗，摇着头道："<u>这臭小子</u>，这么严密的防御壁垒，竟然硬是让他找了条缝出来！"（CCL）

这种实现手段是习语性贬抑义构式中表达得最直接的，威胁程度相对来说是最高的。因此，这对于非同一文化背景之下的言谈双方来说都能比较正确地、快速地对构式作出情感性质的判断。因此对于这类构式其特异性或不可分析主要体现在填充部分的词项的特定搭配功能上。比如"我把你这 NP"，从理论上说 NP 的情感性质是多样化的，可以是褒扬性的，也可以是贬抑性的。但在运用中，却只有贬抑性的语词才能进入该构式。这便是该构式的区别性所在。而存在另一些特异性构式，它可以填充不同情感性质的词项。当填充具有贬抑情感的词项时，其不可分析性减弱。而当填充褒扬性情感的词项时，其贬斥义不变。这时它就体现为隐性责怪，不可分析性加强。

隐性责怪的典型构式如"真是的"、"算老几"等，还有代名式的部分用法。例如：

（58）伯超也气急败坏的对映雪直嚷："<u>真是的</u>，还分什么你家我家，说什么愧对不愧对？……"（CCL）

（59）王喜冷笑说："你他妈<u>算老几</u>？你认识陈玉英，还是我介绍的呢！让开，我要去看金枝！"（CCL）

（60）刘家善有点感到意外，但马上又得意了：<u>好你个彭科长</u>，原来还有这个爱好啊！（CCL）

（61）甲：人才那么点儿大，满口假话、谎话！

　　　乙：<u>这孩子</u>！（自省语料）

以上所举构式的用法中，字面意义虽不带贬抑性，但整体上贬抑性都很鲜明，已经成为责怪义规约化很高的构式，威胁程度从总体上来说也比较高。

　　需要说明的是，部分构式中填充的语词在字面上不具有贬抑义，但却有了规约化的联想意义。而该联想意义附带着贬抑性的情感义。我们将这种情感归为显性责备。例如：

　　　　（62）街口卖菜大妈再没文化，也能张嘴就来："好你个陈世美！"此人已经成了背弃感情的代名词了，给个最烂情人的中心嘉宾位置绝不为过。（CCL）

正像例（62）中所说的，"此人（陈世美）已成了背弃感情的代名词"，就连没文化的卖菜大妈也能张嘴就来。因此"陈世美"虽然是一个专名，但已经具有明显的贬抑性的联想意义。

　　第三，婉转批评。当责备主体通过言语要求责备客体审视、观察或注意自己的言行情态，而且当前的该言行情态又不被期望时，责怪主体便完成了一个婉转责怪的言语行为。这个提请注意的过程就是责怪的过程。因此该类构式只出现在言谈现场，构式中常带有第二人称代词"你"。如"你看你"、"看把你 X 的"、"美得你"，等等。

　　　　（63）他看来又有些心不在焉，刚夹起个肉丸，就掉在桌上。林仙儿白了他一眼，道：你看你，吃饭就像个孩子似的，这么不小心。（CCL）

　　　　（64）人群中有人说："看把你张有义得劲的，你就不要让老子们抓住！"（CCL）

　　　　（65）春兰把大贵一拍，扭起嘴儿说："看看美得你们，还想坐轿子呢！"（CCL）

例（63）林仙儿对眼前所见的情形有所不满。于是提醒对方观察自己的行为，表达自己的不满情绪。例（64）与例（65）也是如此。这种责怪义子的实现方式总体上威胁程度比较弱，常用于关系比较密切的主体与客体之间，表示嗔怪。

　　第四，威胁。威胁即明示或暗示某种不愉快的事情将要发生，特别是如果不遵循某个特定行为或命令。国内外许多人运用言语行为理论对"威胁"进行了研究，并在归类问题上出现了分歧。何兆熊（1988）把它归入指令性言语行为中，而段开诚（1988）将威胁归入承诺性言语行为中。我们认为两者各有侧重，也各有不足。前者只是强调了威胁的"使动"意义，而没有充分注意到威胁与命令、建议等言语行为的本质区别。威胁明示或暗示不服从的后果；而命令没有明示或暗示这样的后果，建议更是如此。段先生认为威胁属于承诺性言语行为，只看到了威胁所采取的方式，没有看到威胁使用情况。我们认为威胁是责怪义子的一种实现方式。是责怪主体对责怪客体不满的情况下产生的宣泄情绪的一种言语行为。威胁语中暗示的不愉快的事情也常会无法兑现，仅仅停留在口头的威吓上。威胁的典型构式如"你等着瞧"、"我让（叫）你 X"等。

（66）叫唤了一阵子，自己爬起来，对陶华舞着拳头说："你是有种的，你别走！你等着瞧！"（CCL）

（67）"哼，我决不会饶了你，你等着瞧……喂！你在那儿发什么呆，这家伙是个小偷，他趁我不在时溜进雕刻室，快把他给我抓起来！"（CCL）

（68）父亲忍无可忍，一个嘴巴抡在秀玉稚嫩的小脸上："我叫你不吃……"（CCL）

（69）他二话没说提起机枪就朝着这些人扫去，并狂喊："我让你们投降，我让你们当汉奸……"（CCL）

"你等着瞧"和"我让（叫）你 X"是两种不同的威胁方式，即模糊威胁与暴力威胁。前者没有明示在责备客体导致责怪客体不满的情况下将要出现的不愉快情况。因此"你等着瞧"体现惩罚或危害某人的意向。而后者却恰恰相反，它是在责怪客体未按责怪主体的意图行事的情况下，参与暴力的言语行为。因此，在发出"我让（叫）你 X"时，总是附带着暴力行为。这是责怪主体不满情绪的宣泄，并且宣泄手段已上升到了责打的程度。

第五，放任。责怪主体对责怪采取放任不管的态度也是表达不满情绪的手段，是责怪义子实现的又一方式。这种方式的责怪义构式的典型代表有"爱 VV"、"爱 V 不 V"、"随你（的）便"、"管他/你呢"，等等。例如：

（70）"那随你便，爱怎么玩怎么玩去吧。不过既然同是玩何不给多数人玩？"（CCL）

（71）"说不吃就不吃，你别烦我了。""<u>爱吃不吃</u>，真他妈不识好歹。"马林生愤愤地甩手离开。（CCL）

（72）他厌恶地说："<u>随你的便</u>吧，今天我才算看透了你，分手就分手，我对你问心无愧，你伤天害理！"（google 搜索）

（73）任天然道："那我可要住夜的。"花素芬道："那<u>管你呢</u>。……"（google 搜索）

以上三例责怪主体以自由放任的方式表达了无所谓、不相干、不满的态度。其威胁程度也不低。

通过这些责备义的实现方式，我们也看到了评价义构式与责备义构式的不同之处。

（三）驳斥义构式

1. 何谓驳斥义构式

贬抑性情感可以通过用负面评价的差评义构式表达出来，也可以通过以宣泄不满情绪为主要目的责怪义构式得以体现。另外，驳斥义构式也是贬抑性情感的一个载体。驳斥义构式，是对对方的言行采取对抗性或消极态度时所使用的构式。驳斥是与对方的预期或期望不一致的态度或立场。它可以否定一个命题，也可以拒绝或阻止一个行为。利奇（Leech）的礼貌原则包含有六项准则，其中一项便是"一致原则"，即尽量减少双方分歧，尽量增加双方一致。因此，驳斥义构式在使用本质上是不符合礼貌原则的，是一种面子威胁行为。这为贬抑义得以依附提供了一个可能性。例如：

（74）"太好了太好了，兄弟借我 200 块钱怎么样？我的房租该交了，正愁呢！"我随手甩出几百块钱，得意地说："<u>借什么借</u>，这些钱送你，不用还了。今晚我请客，咱们去找点乐子去！"（CCL）

（75）四眼田鸡：我要吃甜筒。

　　　　天仇：<u>吃你个屁</u>呀（一个耳光），怒火！（CCL）

（76）甲：咱们一会儿去爬山吧？

　　　　乙：<u>还爬什么山</u>呀，我得想办法通过明天的考试！

（自省语料）

例（74）"借什么借"对对方"借我 200 块钱"这种说法的否定。例（75）"吃你个屁"是对对方"吃甜筒"这一行为的阻止。例（76）"爬什么山"是乙对甲邀请的拒绝。

这些反常规的构式都有与之相对应的表达驳斥的常规构式。如例（74）"借什么借"其基本意义可以理解为"不是借"。例（75）"吃你个屁"的意义相当于"不许吃"。例（76）的"爬什么山"则为"不爬"。但两者之间存在主观量上的区别。显然，前者包含着浓重的情感因素，都或多或少地带有不耐烦或不满的情绪。

驳斥义构式使用的前提是存在一个命题或行为要求。因此，驳斥义构式涉及的因素也有四个，即驳斥主体、驳斥客体、驳斥义子以及驳斥焦点。驳斥主体是驳斥行为的发起者，也就是表达驳斥义构式的说话者。驳斥客体是驳斥主体所驳斥的对象。驳斥义子是驳斥的具体表现，如否定、反对等。驳斥焦点是驳斥点所在，即在哪个方面引发对抗，这是驳斥义构式的核心所在。因此驳斥义构式关涉的事件便是驳斥主体对驳斥客体的某一具体言行提出对抗性的态度。例如：

（77）"老马，不要这么无礼嘛，我是在很严肃地和你探讨这个问题。你是不是有什么难言之隐？""见你的鬼！"（CCL）

（78）博主也很不容易了，更新蛮及时的，是作者写得慢好不好？虽然我也等得着急，但是还是得说明一下。（google 搜索）

（79）程功在他身边坐下："不都要结案了吗，还查什么查？"刘凯火了："结你个头！怎么对工作这么不负责任！抓紧时间查清楚，这案子还说不定怎么收场呢！"（CCL）

例（77）的驳斥主体应该是老马，驳斥客体是老马的儿子马锐，驳斥的焦点在于"老马是否有难言之隐"上，对此，老马坚决予以否定。例（78）是说话者对听话者在博主是否更新不及时的问题上提出了与之不同的意见。例（79）刘凯是驳斥的主体，程功是驳斥客体。他们在是否结案的问题上产生了意见冲突。因此在每一个包含驳斥义构式的言语中，我们总能找到相对应的四要素。

2. 驳斥义构式与评价性构式

驳斥义构式、消极的评价性构式都是习语性贬抑义构式，因此都包含不同程度的不满态度。它们在很多方面是相通的，是兼而有之的。这恰恰说明，这些构式之间是一个紧密相连的系统，但内部典型成员之间的差异也不容忽视。

第一，针对的对象不同。驳斥义构式是针对命题的真假性、可信度或者某种行为的可行性而言，即是针对言语内容的。而评价性构式否定的是客体本身。包括人的品质、事物的性质及人所开展的事件的性质等。例如：

（80）方怡说："要是早婚，你是能把她生出来。可她不是小女孩了。你大她十几岁，也不算大。"范英明火了，"你这是什么话！一个师参谋长，和一个师作战参谋的女朋友扯不清楚，算什么？"（CCL）

（81）窗外突然有一个老头子的声音喊道："查户口！查户口！有什么查头！一个病孩子躺在炕上快死啦。……"（CCL）

（82）还有统计员秀秀，整个一个吃闲饭的，每天的工作只有一件：统计全厂 230 个员工的午餐成本。（google 搜索）

（83）老婆莫名其妙地喊："你个傻帽儿，不赶紧下楼找，打脑袋干啥呀？"阿 P 说："还找什么找？"（CCL）

例（80）范英明不赞成方怡的说法，因此在客体的说话内容上形成了对抗。例（81）老头子反对的是查户口之事，否定的是事件的可行性。这两例都是驳斥义构式。例（82）"整个一个吃闲饭的"是对秀秀本身进行的消极评价。例（83）"你个傻帽儿"是"老婆"对阿 P 进行的责骂，也是针对客体本身的。这两例都是评价性的构式。但是，如果对方的言语内容是肯定评价客体本身的，那么话语内容上的对抗便成了评价性的言语行为。例如：

A：他很孝顺，不是吗？B：孝顺什么啊！

"孝顺什么"既是对 A 言语内容的否定，同时也是对"他"的消极评价，两者合二为一。但应对者发话的诱因并不在于评价，而是驳斥。

第二，语力不同。在言语行为理论看来，自然语言是一种工具，说话者说出一句话时总有他的意图。如问问题，发出命令，提出请求，提供建议，表达赞美与厌恶，就过去和将来做出假设，等等。这些句子在特定的言语环境里所具有的使用力量，被称为"行事语力"。例如，句子"你等着瞧"在特定的语境里可以具有"警告"、"威胁"等语力。驳斥义构式与评价性构式所具有的语力不同，前者具有反对、拒绝、阻止等语力，后者则具有贬斥的语力。例（80）"你这是什么话"就具有了不赞成客体说法的语力。例（81）"有什么查头"则具有反对客体所行之事的力量。例（82）与例（83）说话者的意图是为了表达对客体的贬斥与责备。因此我们可以说评价性构式是对"好不好"作出的否定回答，而驳斥义构式则是对"是不是"、"对不对"、"行不行"的否定性回答。

第三，面子威胁程度不同。两种性质的构式在否定对象与行事语力上存在明显的不同，这导致它们在威胁程度上也存有一定的差异。因为它们跟人的密切程度有所不同。评价性构式直接涉及人或与人相关的事件或事物，因此威胁程度总体上相对较高。而驳斥义构式涉及的对象，是话语内容或行为事件等，与人有一定的关系，但大多是间接的。驳斥时或许只能说明对方一种认识上的偏误或某些要求的不合理性。对命题真假与事件可行性的否定并非直接对人的贬斥。因此，从这个意义上说，驳斥义构式的威胁程度要低一些。例如：

（84）"啊，好得多了，你替他做了些惊人的事呢！"

"唉，哪里啊！不过男子们都是一样的；他们只是一些婴孩你得谄媚他们，拿甜言去诱骗他们，让他们相信他们是事事随心所欲的，你觉得对不对？夫人。"（CCL）

（85）他嘲笑个鬼！咱们不是也在嘲笑他吗？他给咱们竖起了红色停站牌，可咱们却闯了过去，然后又怎么样呢？咱们栽进去了吗？栽个鬼吧！咱们脱险了并因此挣了一万元钱。（CCL）

（86）"要是你们不带我去见你大哥，我就要回去了。真是的，是他来找我的，结果到现在连个人影都没见到。"（CCL）

（87）连"柔"都不认得，你还主编呢？（王朔《一点正经没有》）

例（84）中的"哪里啊"是对对方的"你替他做了些惊人的事呢"这一说法真实性的否定，而并非对他个人品德、能力等的否定。因此这种由于认识上的对抗造成的面子威胁是有限的。例（85）的"嘲笑个鬼"对上帝嘲笑的合理性进行了否定。而"栽个鬼"则是对相关事件真实性的否定，两处都不涉及对事件主体本身的评价。可见，其面子威胁程度也是有限的。例（86）则不同，"真是的"表达是对对方的责怪，责怪对方的不满行为。例（87）则是对评价客体素质上的否定。因此两者的威胁程度都相对较高。但是，无论是驳斥义构式与评价性构式，它们都包含着说话者的贬抑性情感。因此，其威胁性都是难免的。

第四，功能与出现语境不同。由于存在以上三个方面的差异，决定了两者在功能与语境方面的不同。驳斥义构式具有应答的功能，都出现在应答句中，表明对命题或行为的态度。也就是说驳斥焦点必须在驳斥义构式的前语境中已出现。在言语交际中，驳斥义构式不可能出现在一个话轮的始发句，较多的驳斥义构式中都包含着对上文言语内容直接引述或情境中行为的表达，以应答语出现。而评价性构式则没有这个限制，其功能在于评论与表达情绪，因此不强制在前语境中出现命题或所应对的言语行为。因此，它们可以自由灵活地出现在话轮的任何位置。例如：

　　（88）唐龙站在路边，咬着嘴唇听一会儿，看着这动人的情景由远而近，终于忍不住黑着脸吼道："唱什么唱，看什么看！这是演习，不是拉练。"（CCL）

　　（89）"箱子里有苹果，你自己拿！""还苹果呢，都烂光了！"（CCL）

　　（90）你看你，老毛病又犯了，还未轮到你问的时候，你偏要问？（CCL）

　　（91）随便你怎么说，反正我土包子一个，连外国人啥样都没见过。（google 搜索）

例（88）中"唱"和"看"都是当时情景中的内容，是驳斥义构式前语境重点内容。"唱什么唱，看什么看"便是面对情景的应答语。

例（89）"还苹果呢"其中"苹果"是对上文的直接引述，是针对听话者的应对语。例（90）与例（91）都是评价性构式，对前语境出现的言语行为依赖就没那么高。正因为如此，驳斥义构式在脱离前语境的情况下就会失去了驳斥客体与驳斥焦点或变得不明确。因此触发语、行为与应对句需要配对出现。如我们不能单说"唱什么唱，看什么看"、"还苹果呢"等。而"你看你"与"土包子一个"则独立性较强。

在现代汉语中，比较典型的驳斥义构式有"好不好"、"还 NP 呢"、"Q 才 VP"、"X 个 P"，疑问代词的驳斥义构式有"A 什么 B"、"哪跟哪"、"有什么 V 头"、"好不到哪儿去"、"哪里呀"、"怎么搞的"、"得了吧"、"算了吧"、"行了吧"、"去你的"。疑问代词的驳斥义构式引起较多学者的关注。如邵敬敏和赵秀凤（1989）、李一平（1996）、寿永明（2002）、晏宗杰（2004）、朱锡明（2005）、肖任飞（2006）、姜炜和石毓智（2008）、高宁（2009）等，其中对"什么"的驳斥用法讨论较多。有对疑问代词否定用法的整体研究，也有对个别疑问代词"什么"的具体考察，甚至包含"什么"格式的详细分析。姜炜、石毓智（2008）考察了否定标记"什么"的使用情况，确立它的语法意义和使用条件，并探讨其历史成因，认为"什么"的核心功能是对已经实现的状况的否定。从理论上讲，肯定是无标记的，否定是有标记的，对已经实现的状况的否定是否定标记的共性，因为否定得以成立的前提是存在一个否定的对象或否定焦点，这个对象可以是人发出的命题或行为。除了"什么"用于句子层面的否定之外，否定标记"没"和"不"跟"什么"否定用法的区别还体现主观量的差异上，即在言语活动时它们包含着不同情感因素。例如：

（92）我要有念书的命，从小就不干那个了！有胆打日本就算了，还要学什么习！（CCL）

（93）"家，什么家！不过是一个'狭的笼'！"觉慧依旧在屋子里踱着。（CCL）

以上两例中，"学什么习"与"什么家"都体现在句子层面上的否定，不能用于短语层面。如我们不能说"学什么习的孩子"，但可以说"不学习的孩子"。但很明显，"学什么习"与"什么家"在驳斥时带有较浓的贬抑义。尹世超（2008）认为，这类应答句表达了贬抑、不满的情绪。

我们认为，对于疑问代词否定用法的研究应该置于某个特定的格式中去研究更为妥当。如"V什么V"、"有什么X头"、"什么X"、"什么X不X的"等，因为"什么"的否定用法并非是无标记的用法，它的使用环境存在很大的共性，可以说否定意义的实现不单是一个疑问代词"什么"的贡献，更多的是它所在的整个构式作用的结果。此外，构式与构式之间总体上都具有对抗性的，但却存在表达功能与情感因素上的差异。崔山佳（1995）、徐复岭（1995）认为"V什么V"格式在明末清初的汉语口语中已相当成熟、完整（至少在山东方言中是如此），与今天的使用情况一致。而且，"V什么V"格式是汉语中土生土长的，并非与其他语言接触而产生的。朱军和盛新华（2002）、晏宗杰（2004）、朱锡明（2005）等对"V什么V"格式与"V什么"格式的关系问题进行了探讨。体现在：一是"V什么V"格式比"V什么"格式对动词有更多要求；二是两者口气强度上存在差别。另外丁雪欢（2007）对"什么X不X（的）"格式的否定意义及功能进行了研究，认为该构式比常规否定句多了层表示轻视或自谦、洒脱或无奈的态度和语气的语用功能。可以说，对于与"什么"相关格式的研究是驳斥义构式中研究得最充分的。相关的研究我们不作过多的说明。

除了"什么"的驳斥性用法外，疑问代词"哪里/哪儿"也常被用作不同意对方言语内容的应答语。单用时末尾常带语气词"啊"。例如：

（94）"看了，《奥比多驴在行动》。"

"外国片？"

"<u>哪儿呀</u>，国产片，你不知道现在国产片都起洋名？"（CCL）

（95）"……譬如现在您，正在用尽自己的力量开始做着这件事。""<u>哪里呀</u>，我算什么？"她唏嘘着。"我还能有什么用

处？"（CCL）

　　（96）女人故意说："三少爷想说我唱不下来是不是？"

　　　　三少爷连忙摆手，说："哪里哪里，你的唱功我已经有数了，我只是怕累坏了你。"（CCL）

例（94）的"哪儿呀"是否定对方的判断。例（95）"哪里呀"是一种谦虚的驳斥。例（96）"哪里哪里"是"哪里"的重叠使用，相当于否定回答。"哪里哪里"也常用来表达谦逊的应答，但本质上都属于对抗性的用法。只是这种用法的威胁程度较低。"哪儿"用来表示驳斥时，不能重叠。我们不能说"哪儿哪儿"。与"哪"相关、表达功能相当的构式还有"哪有"、"哪来的"。这些说明疑问范畴与否定范畴存在很多相通的地方。对此，张晓涛（2009）做过专门的研究。

　　"得了（吧）"、"算了（吧）"与"行了（吧）"作为驳斥义构式所指的是如下用法：

　　（97）"是儿子。"妻子满脸惊慌地说，她的眼睛一直盯着儿子的房间。

　　　　"儿子?! 你得了吧!"他挥了挥手说，"他从小用皮带抽都不流眼泪，而现在……"（CCL）

　　（98）"就是一毛五的东西，也应该物有所值。""得了! 不就是嫌给您的小了吗？要是给您一个大个儿的，您保准不说这话!"（CCL）

　　（99）唐石青：要是看不出真假，还配作公安厅的处长吗？

　　　　杨柱国：你算了吧! 你不是为谈"碧蚂一号"和王石谷来的吧？（CCL）

　　（100）算了吧! 这些话已听过不止一次了；哪个男人都会说! 男人，一般的说，比女人的口才高!（CCL）

　　（101）行了吧你，你都有儿子了，还说着风凉话，典型的饱汉子不知饿汉子饥啊!（百度搜索）

　　（102）行了吧，你了解还是我了解啊!（百度搜索）

对于"得了"，《现代汉语词典》给予的解释是"表示禁止或同意"，

"禁止"似乎还未能概括以上关于"得了（吧）"的用法。例（97）"得了吧"表示丈夫对妻子所谓的是儿子的哭声不太相信，可以认为是对一种判断的否定。例（98）驳斥主体觉得对方的话说得有点冠冕堂皇，缺乏真实性，于是产生了对抗。这与"禁止"义也相去甚远。例（99）与例（100）"算了吧"的用法也与《现代汉语词典》与《现代汉语八百词》给定的"作罢、不再计较"也并不一致。前一例中的"算了吧"表示杨柱国对唐石青所说的内容并不认可与相信，后一例"算了吧"也表示听话者的言语内容在驳斥主体看来也缺乏说服力和公信力。两者的情感指向驳斥客体。试比较：

（103）"算了吧！"瑞宣低声的说："何必跟他动真气呢，爷爷！把自己气坏了，还了得！"（CCL）

（104）算了吧！我能忍她十多年，这小孩子偶然挨骂一两顿，算什么？（CCL）

例（103）"算了吧"的功能在于劝告放弃，例（104）的功能在于表明自己不计较的态度。它们都不存在一个驳斥客体，是针对事件而言的，表达的是一种无奈或放弃的态度，不属于对抗用法。例（101）与例（102）的"行了吧"与"得了吧"、"算了吧"具有类似的功能，都是说话者主观认为对方的言语内容缺乏可信度甚至比较荒唐时所采用的驳斥义构式，言语间显露有不耐烦、不满或者轻视的态度，下文中往往继续阐释驳斥的原因。它们在表达对抗时基本上可以互换，在大多数情况下保留语气词"吧"。至于三者否定的实现机制则需要我们进一步研究。

3. 驳斥义的实现方式

通过对驳斥义构式的考察，驳斥义子的实现方式主要有以下几种：

第一，否定判断。在对方所作出的判断被否定时，言谈双方就会形成认识上的对抗。否定的焦点可以是对命题真假性的否定，即语义否定，也可以是命题适宜性的否定，即语用否定（沈家煊，1993）。例如：

（105）唾：这不是又认字了吗？装傻充愣。呸！

金：哪跟哪啊？都什么时候了，还学！……（CCL）

（106）赵劲说："他一定摸得很多鱼，可惜我们不知道这个消息！"警卫员说："什么呀！他摸了老半天才摸到大拇指头粗的五条鱼。"（CCL）

（107）张骞说：我通；班超说：我也通；苏武说：通个屁！（CCL）

（108）A：头像上的是你和男朋友？B：是女的好不？（百度搜索）

（109）什么姑娘姑娘的，这是我同学小茉。（百度搜索）

例（105）驳斥主体对引发语代表的说法不认可，于是在喹的"认字"之说上形成了对抗。属于语义否定。因此是对命题的否定。例（106）也属于语义否定，否定焦点在于引发语中的"多"上。例（107）的否定焦点也在命题中，相当于"你们不通"。例（108）属于语用否定，否定了命题的预设。例（109）是对引发语中"姑娘"说法适宜性的否定。以上5个例子中，有的驳斥义构式可以单独应答，有的则不能，需要后续肯定或补充说明。这要受到以下两个因素的影响：一是在给定的语境中，否定焦点是不是具有多值的可能性。如例（106）在引发语中存在多个否定焦点的可能性。可以是对"多"作出的否定，也可以是对"鱼"作出否定，也可能是对"可惜我们不知道这个消息"这一说法真假性的否定。因此仅以单个驳斥义构式进行应答是不够的，需要后续肯定句明示了否定焦点。从这个意义上说，在有后续肯定句的应答语中，驳斥义构式没有为应答带来更多的语义信息。去掉例（106）应答语中"什么呀"，不影响驳斥主体语义的表达。另外，如果将"什么呀"置于肯定句之后，那便形同虚设。这些说明，只表达否定意义的构式，包括常规的与非常规的，对话语的作用主要体现在语用上。如更直接表明态度、引起听者对下文的注意等。当然，对于这些习语性贬抑义构式来说，还具有传情的作用。例（107）的引发语中，焦点具有唯一性，并且在驳斥义构式中也锁定了否定焦点。可以允许单独应答。二是语义否定是无标记的，语用否定是有标记的。语义否定可以不需要后续说明。语用否定时，驳斥义构式语后续肯定句相互依存。例（109）如果"什么姑娘姑娘"表达的是语用否定，后续肯定句是不可或缺的。否则就表达缺省值（default value），即语义否定。例（108）中的"好不"具有一定的特异性，它是个依附性的否定标记。它也必须依附在肯定判断之后。

另外，对于否定焦点来说，它可以是主观的看法，也可以是客观事件的判断。例如：

（110）什么事也不能交由你们这批王八蛋来干。你们不都说自己聪明吗？嘿，聪明个屁！（CCL）

（111）A：你怎么这样凭空污人清白。

　　　　B：什么清白！我前天亲眼看见你偷了何家的书吊着打。（CCL）

（112）A：你是第一次来广州么？

　　　　B：哪里啊，我在暨南大学读的本科。（CCL）

（113）"听口音你是外地人吧？""我还外星人呢！"（CCL）

前两例都属于主观看法的部分否定，后两例都是对基于客观事件判断的否定。一般来说，这两种情况相比，前者对听话者带来的面子威胁程度更大。如果对方所谓的言语内容涉及自身的品性等，说话者相当于对听话者作出了一个消极的评价，则威胁程度更甚。如例（110）"聪明个屁"既是对对方言语内容的否定，同时也是对对方的评价。因此，驳斥义构式与评价性构式可以互通。

至于构式的否定类型，相当复杂，前人作了很多相关的研究。我们不再赘述。

第二，拒绝要求。拒绝也是一种驳斥的方式，即对别人提出的要求说"不"，包括请、求、劝。它与驳斥义子的第一种实现方式有所区别。后者是关于命题的，即对命题的真假性与适宜性的否定回答。拒绝是对某种要求的不满足。对言语内容所代表的要求不满足并不意味着对这种要求的否定。例如：

（114）A：晚上一起吃饭吧？

　　　　B：吃什么饭！没看见我很忙吗？

（115）A：我开车去接你吧！

　　　　B：一边去！

（116）A：可以借你的笔记本用用吗？

　　　　B：凭什么！

（117）A：打扫一下你自己的房间吧。

　　　　B：扫个屁呀，习惯了！

（118）A：我们快走吧！

　　　　B：嚷什么嚷啊你！

例（114）与例（115）是对"请"的拒绝，即在对方提出"施人以好处"时，说话者并未满足其要求。例（116）是对"求"的拒绝，即在对方"求人施以好处"时，说话者并未满足其要求。例（117）与例（118）是对"劝"的拒绝。所劝之事与劝者没有直接的关系。无论何种情况，拒绝行为都是一种失礼行为，而这些表达拒绝的驳斥义构式附带着贬抑性的情感义。但它们的威胁程度存在差异，这与被拒绝者与所拒之事的关联度有关。因此，假定在其他影响因素不变的前提下，对"求"的拒绝威胁程度最高，其次是对"请"的拒绝，最后是对"劝"的拒绝。

　　第三，阻止行为。阻止是驳斥主体不同意对方不按照自己的意愿行事。它可以是阻止一个行为的开展，也可以是阻止行为的继续开展，即中止。阻止与拒绝不同。阻止是对方向我们的驳斥主体提出自己的行为意向，试图征求意见，该意愿与驳斥主体没有直接关系。然而驳斥主体予以否定。因此阻止是否定别人做某事，驳斥主体一般在势位上具有强势。而拒绝是否定自己做某事。例如：

　　（119）"是区长讲的……"儒春刚说半句，就被喝断了："小辈人插什么嘴！还不赶快下地！"（CCL）

　　（120）"打起仗来，还办什么学！"俞菖蒲摇着头说。"打仗更要办学！"（CCL）

　　（121）过了片刻，他重坐在火盆旁边的小椅上，对着依然低头啜泣的邵时信说："哭什么？哭个球！朝廷不给民做主……"（CCL）

　　（122）"英才，还不赶快收拾东西去！"一直没作声的张英

才说："<u>收拾个屁</u>！我不去代课。"（CCL）

从这些用例中，我们可以发现，这些驳斥义构式在表达阻止功能的时候，又带着责怪的语气。也就是通过责怪的手段实现了对某种行为阻止。因此，习语性贬抑义构式无论表达何种语力，其不满情绪不可避免的渗透其中。

第四，质疑或不赞成言语内容。反对或认可对方的意见、建议或说法，或者主观认为对方在妄自吹嘘，异想天开，不切实际甚至很荒唐，而表示极不相信，这些都是驳斥义子的实现方式。例如：

（123）"炒我的鱿鱼？<u>得了吧你</u>！我就是离开你身边一天，保证这紫光阁里大乱套！你连袜子都找不着！"周斐带着满脸不以为然的神情说道。（CCL）

（124）思考什么？神？享受？<u>算了吧</u>！我什么都不相信！（CCL）

（125）张颖一听不高兴了："就这么一下子？<u>这是什么话</u>！"（CCL）

（126）"喂！你这样垮着脸，当心脸上那层厚厚的妆撑不住给崩了。"毒言毒语往她胸口猛刺来，气飞了她的自伤自怜，严茉苏怒瞪他："<u>喂什么喂</u>?！姑娘我有名字的！"（席娟《当家祖母》）

以上四例中引发语中的内容都是不符合驳斥主体期望的，都被认为不可理喻的、难以置信的。言语间透露出不屑、轻视或不满的态度。质疑或不赞成言语内容与否定判断不同，后者存在一个明确的否定焦点，是对"X不X"的否定回答，后续一个肯定项，或隐含存在一个肯定项。而前者是对整体内容是否符合期望的否定回答，没有对应的肯定项。这类驳斥义子的实现方式，跟责怪义构式的功能有着紧密的联系。可以说驳斥的功能与表达情绪的功能参半。

差评义构式、责怪义构式与驳斥义构式都是贬抑性情感义所依附的功能类型。它们具有不同的语力，即消极评价、责怪与驳斥。但是这三种语力之间并非是离散的，它们存在一定程度的互通性，都是在贬抑义支配之下的表达形式，因此在构式的表达中都包含有非期望的情感，不满的情绪是贯彻始终的。但他们在表达功能的不平衡性却是明显的。这些表达功能的差异，也导致了它们使用环境的不同。如差评义构式可以出现在作者视角下的比较客观的静态叙述中，责怪义构式一般出现在话语中，而驳斥义构式只能出现在应答语中。

　　有的构式只具有其中一种表达功能，有的具有其中的两种或三种表达功能。因此根据表达功能的复杂性，我们可将其分为单功能构式与多功能构式。前者如"半 A 不 B"、"整（个）一个 X 述人"、"NP +一个"、"为 X 而 X"、"N 不过（就）是……"是单一的差评义构式；"这 + NP"、"我 + 把 + 你 + 这 NP"、"你个……"、"都是 NP"、"看把你 VP 的"、"真是的"、"你等着瞧"、"算老几"、"你看你"等是单一的责怪义构式；"好不好"、"这是什么话/这算什么话"、"X 什么 X/Y"、"什么啊"等是单一的驳斥义构式。如"还 NP 呢"、"X 个 P"、"什么 X"则是多功能构式，它们在不同的语境中实现不同的表达功能。在多功能构式中，还存在在特定的语境中几种功能兼而有之的情况，如"得了吧"、"算了吧"可以同时表达责怪与驳斥的功能，这是由于构式间边界的模糊性造成的。其中驳斥义构式大都具有多功能性。这些习语性贬抑义构式在能产性和成分可替换度上有所差别，有的已经完全填充了的，能产性与成分可替换度均为零，我们称之为实体贬抑义构式，如"你看你"、"真是的"、"你等着瞧"、"好不好"等；有的是半填充的，存在变项与常项，其中的变项是受限制的，如"都是 + NP"与"NP + 一个"变项都是名词性结构。有的变项则比较自由，如"什么 X 不 X 的"、"X 个 P"等。其中的 X具有很强的开放性，但这并不意味着完全的任意性，而是这些变项没有比较严格的规律性。这些具有一定的能产性和成分可替换度的构式称为图式贬抑义构式。这类构式可以根据变项位置的不同分为前位图式构式、后位图式构式、嵌插图式构式和套入图式构式。前位图式构式是变项前居的构式，如"NP + 一个"；后位图式构式是变项后居的构式，如"什么 X"、"N 不过（就）是……"等；嵌插图式构式指的是变项嵌插在填充项之间的构式，如"半 A 不 B"、"爱 V 不 V"、"还 NP 呢"等；套入图式构式指的是变项外包在填充项之外的构式，如"Q 才 VP"、"X 个 P"、"X 什么 X/Y"，等等。一般情况下，实体构式的贬抑义的规约程度比图式构式要高。前者大部分都是绝对贬抑义构式，即贬抑义完全规约化了的构式；后者大部分是相对贬抑义构式，即贬抑义未完全规约化的构式。

因此，差评义构式、责怪义构式与驳斥义构式，单功能构式与多功能构式，实体性贬抑构式与图式贬抑义构式，都是从不同的角度对习语性贬抑义构式分出的类别。因此一个构式可以属于不同标准下的多个类别。如"好不好"就是一个单功能的、驳斥性的、绝对贬抑的实体构式；"还 NP 呢"便是一个多功能的、评价性与驳斥性兼有的、绝对贬抑的嵌插式图式构式。其中构式的功能类别是最重要的类别。

四　贬抑程度与面子威胁程度

（一）贬抑程度

贬抑程度是一个构式所体现出来的静态的负面影响量，它不考虑接受者的反应程度，也不受语言外因素的制约。一个构式贬抑程度的高低主要取决于该构式的语力、实现方式及构成词项的贬抑程度，因此一个构式的同一具体表达在贬抑程度上是一致，如"你看你"在不同的语境之下，其贬抑程度不变。从语力上看，在宣泄对客体不满情绪时的贬抑程度要比对客体进行负面评价时的贬抑程度高，而对客体进行负面评价时的贬抑程度要比对对方的言行驳斥时的贬斥程度高，因此对于三种不同功能的习语性贬抑义构式在贬抑程度上呈现以下的关系：

责怪义构式 > 差评义构式 > 驳斥义构式

因为责怪义构式涉及责备、辱骂，包含很多不文明的用语，甚至附带一些粗暴的肢体语言，从静态上来看贬抑程度相对是最高的。而差评义构式包含更多理性的因素，对词汇的选择要谨慎得多。而驳斥义构式往往对事不对人，其贬抑性体现得比较间接，因此贬抑程度是最低的。但不排除三种构式内部的个体差异，比如"真是的"在有些情况下就会比"整个一个神经病"的贬抑程度要低。另外，同一功能构式的不同实现手段之间也会存在贬抑程度的差异。在差评义构式的三种实现方式中，直接描述＋归类这一手段的贬斥程度相对来说是最低的，其次是直接描述，而归类相对是最隐讳的。例如：

　　（1）a. 你整个一个忘恩负义的陈世美。

　　　　　b. 你整个一个忘恩负义。

　　　　　c. 你整个一个陈世美。

以上差评义构式"整个一个X"三种不同的实现方式，它们在贬抑程度上依次递减。

　　在责怪义构式内部的不同实现方式之间，其贬抑程度也比较悬殊。其中威胁都是言谈双方发生对抗性矛盾时产生的，而且有时候甚至会出现机体损害，即使发生于关系密切的双方之间，其贬抑程度也是最大的。其次是责骂。这些构式直接带有贬抑性的语词或没带贬抑性词语，但整体已被恶语化，其贬抑程度也比较高。其中显性责备高于隐性责备。再次是归因，将一些非期望的事件的发生归罪于一个人身上，抱怨其言行。由于构式中一般只呈现主观认定的肇事者，所以责怪的程度相对较低。最后是婉转批评与放任。这两种方式实现的责怪义子往往是一种愉悦式的责怪，贬抑的程度最低。因此在责怪程度上这四种实现手段从高到低：威胁—责骂—抱怨—婉转批评与放任。在驳斥义构式内部，其贬抑程度主要受具体构式的影响。如同样用于阻止行为的"去什么去"与"去个屁"之间，显然后者比前者的贬抑程度要高。因此这就涉及影响贬抑程度的另一个因素，即构成词汇的影响。试比较：

　　（2）a. 这老师！

　　　　　b. 这学生！

　　　　　c. 这王八蛋！

以上在责怪义构式中分别填充不同的词项"学生"、"老师"、"王八蛋"，它们的贬抑程度影响到最终生成的表达式。排除语言外的因素，以上三例因为填充词项的原因从a到c在贬抑程度上呈递增趋势。因此，对于这些反常规的贬抑构式，虽然整体意义不能完全从组构成分的意义中推导出来，但是组构成分却会影响到构式的意义。词义与构式义之间始终存在着互动关系。

（二）面子威胁程度

面子威胁程度则是客体在接收到主体发出的某一贬抑构式时的负面心理感受程度。它会受贬抑程度的影响，但这两个量之间并非都是成正比的。也就是说，一个构式的贬抑程度高的，并不意味着威胁程度就高。它还要受其他因素的影响。这些因素包括社会距离、势位关系、致责因子、情标的提示作用等。

1. 社会距离

社会距离是影响威胁程度非常重要的因素。它是指交谈双方关系的亲疏程度。社会距离越近，贬抑构式的威胁程度就越低；社会距离越远，则贬抑程度就越高。例如：

　　（3）a. 王鹤，<u>你个王八蛋</u>，你不是人，为你做了大半年，还我血汗钱！（腾讯微博）

　　　　b. "小得，<u>你个王八蛋</u>，你看看我是谁？"小得扭头一看，身后拿枪的，正是小冯。（CCL）

例（3）的两个示例中都包含"你个王八蛋"这一表达式，他们在贬抑程度上是一致的。但是对受话者的威胁程度却存在很大的差异。a的责骂发生在两个情敌之间，因此威胁程度较高。而b的谈话双方是兄弟朋友关系，比较密切，言谈间有嬉笑之感，威胁程度明显降低。又如：

　　（4）"陆涛，<u>你这个混蛋</u>！这是你第一次为我而哭！谢谢！"说着，米莱给陆涛鞠了一个躬，接着走到车尾，对陆涛做了一个幅度很大的请倒车的手势。（CCL）

例（4）中，"你这个混蛋"带有贬抑性较高的语词，是显性责骂，责怪程度较高。但对于"陆涛"来说，威胁程度不见得很高。这跟"陆涛"和"米莱"之间的亲疏距离有关。

2. 势位关系

势位的高低也会影响贬抑构式的威胁程度。一般来说，势位高的一方贬斥势位低的一方，威胁程度会降低；而势位低的贬斥势位高的，则威胁程度提高。在现实生活中，你受到晚辈、下属的贬斥比受到师长、领导的责备在面子威胁的程度上要更高。例如：

　　（5）a. "你一个小孩子掺什么言！"卢叔因为我指出他张冠李戴的错误，有几分不高兴，训斥了我。（CCL）

　　　　b. 董卓听了这话犹如当头挨了一棒，好你个吕布，调戏你干爹的马子，这事没个完。（CCL）

以上两类都是高势位对低势位的贬斥，因此，对客体面子威胁程度相对较低。a、b 两例若交换斥责主体与斥责客体的角色，其威胁程度就会大大的加强。在实际语言的运用中，贬抑构式也大多是由高势位者发出的。

　　3. 致责因子

　　一般来说，致责因子越严重，危害越大，则一个构式体现出来的威胁程度就会越高，否则，就会越低。两者总体上成正比。例如：

　　（6）a. 每次她老公发脾气她都迁就他，越迁就越凶，这玉华可真是的。（CCL）

　　　　b. 那还不是。那个男人啊，真是！丢了事，天天喝酒，越没有钱越喝酒。喝醉了就打老婆。天下少见！（CCL）

以上 a、b 都是通过"真是（的）"来表达自己的不满情绪的。但前者的致责因子是"迁就他"，事态不严重，因此贬抑构式的威胁程度也较低。而 b 的致责因子为客体喝醉酒打老婆，事态较严重，所体现出来的面子威胁程度也较高。

　　另外，一些词汇与句法手段的运用也会影响构式在运用时的威胁程度。如：

　　（7）a. 郝摇旗说："嘿，李哥，你真是！身体是本钱。咱们要在马上打江山，没有好本钱能行么？"（CCL）

　　　　b. "真是的，真是的，真是的……"（CCL）

　　　　c. 贺玉梅笑道："老齐你真是的，让陈局长点几个嘛，你知道他爱吃什么啊？"（CCL）

例（7）a"嘿"与称呼语"李哥"起到了缓和语气的作用。例（7）b采用重复的语法手段增强了威胁程度。例（7）c中的"笑"也起到了情感标示的作用，"老齐"的称呼语也使得双方的关系更融洽，降低了威胁程度。

三种不同功能的习语性贬抑构式都涉及这两个量，即贬抑程度与面子威胁程度。前者是静态的量，后者是动态的量。这些构式的形义之间是一种偏离关系，它们超越了常规的意义组合规则。因此，它们的形式与意义之间总体上来说并不存在非常严格的对应关系。但即使是贬抑义透明度较低的习语性构式，其意义尚可从其形式上找到一些蛛丝马迹。于是便产生了问题一：习语性贬抑义构式有无形式上的特征？问题二：构式的形式特征与贬抑义之间是否有理据可循？

第 五 章

习语性贬抑义构式的构形特征

句子的结构形式和特定的表达功能之间存在某种比较稳定的对应联系，也就是说，具有某种相同表达功能的语言形式在其外部特征上总有一些内在的规律。这种关系可以体现为直接关系，也可以体现为偏离关系，习语性贬抑义构式的形义之间就是一种偏离关系，它们超越了常规的意义组合规则，如"好你个NP"、"你等着瞧"、"美得你"等。这些构式根据常规所得到的合成意义，跟实际的整体意义相去甚远，甚至是完全相反，因此，这种形式与意义的对应关系，总体上来说并不存在非常严格的规律。语法结构的象似性原则实际上体现的是形式与意义之间的对应或对称关系，即使是不可推导性较强的习语性贬抑义构式，其意义也可以从形式上找到一些蛛丝马迹。通过对大量习语性贬抑义构式的考察，我们认为以下几种外在形式或外部特征与贬抑义存在微妙的关系。

一 简省式

（一）简省式的特点

简省式本质上属于一种省略形式。它可以是句法上的省略，即在句法上与常规的完整形式相比存在空缺部分，由此带来语义上相对的模糊性与不完整性，给人一种意犹未尽的感觉；简省式构式也可以是语义上的空缺，即说话者意思里有，却因为各种原因不便明白说出来。简省式是习语性贬抑义构式一个非常重要的形式特征，往往具有以下特点：

第一，结构短小精悍。简省式大多只有三四个音节，但语气完整。如"何苦呢"、"何必呢"、"才怪呢"、"至于吗"、"你以为呢"、"怪不得呢"、"真是的"、"这 + NP"、"都是 + NP"等，句末都有"呢"、"的"、"吗"等语气词。这些语气词大多是习语性贬抑义构式不可或缺的组成部分，若省隐，或者带来语义上的变化，或者会使得语气不够完整。例如：

（1）a. 说你几句，你就哭成这样，<u>至于吗</u>？

b. 说你几句，你就哭成这样，<u>至于</u>！

（2）a. 城管也搞得太凶了吧，都是活得不容易，<u>何必呢</u>？（CCL）

b. 城管也搞得太凶了吧，都是活得不容易，<u>何必</u>？

例（1）的 a、b 中的"至于吗"与"至于"在语义上是相反的。而例（2）b"何必"缺省了"呢"之后，在语气上失去了完结感。

第二，简省式在语言的历时或共时平面上可以找到与之相应的语义完整式。对于习语性贬抑义构式来说，缺省的部分往往是直接表明态度或体现情感意义的部分，如："真是的"、"这 + NP"、"都是 + NP"等。例如：

（3）就是你们系那大骗子吧？你们系可<u>真是的</u>，吃一百个豆都吃不出腥气！你也不该答应！（CCL）

（4）都八点了，<u>这家伙</u>！

（5）你干嘛找我麻烦嘛？人家好好的，什么事都没有，你一定要来烦我，<u>都是你</u>！把我弄哭了，也没什么好处！（CCL）

例（3）"真是的"省隐了具体的评判内容，在句法上表现为句子的宾语。具体的我们在第三章有过详细论述。例（4）"这家伙"如果将其还原为完整式便是"这家伙 VP"。VP 同样承担消极的评判内容。如"这家伙太不守信了！"或"这家伙太过分了！"等。"这 + NP"只是句中的主语。因此它是缺省谓语而形成的简省式构式。"都是你"常规的表达则是"都是你的错"或"都是你惹的祸"等。由此看来，简省式的语义填补方法不止一种，但是无论如何填补，贬抑义的情感方向性保持不变。李晟宇（2005）认为，当句子中某构成成分被省略时，该成分所负载的信息就要另作处理，而处理省略成分所负载信息的方式主要有两种：一是句内处理，即把省略成分所负载的信息转移给句内的其他保留成分，由保留的成分负担这些信息的传递；二是句外处理，即简省后省略成分的信息转为靠语境和简省句联合传递。对于这些简省式构式，其贬抑义既不需要句内处理，也不需要句外处理，它是情感义已在句内处理或句外处理的过程中规约化的结果。

第三，评价义子由代词代替。如"有点那个"、"让（我）说你什么好"等构式。在这些构式中，表明评价态度的词语虽然没有显现出来，但是我们仍倾向于作贬抑义解读。"有点那个"指出人或事物在某方面不能令人满意、不正常，为了减少面子威胁，将不便说明之处以"那个"代之。如：

（6）"我并没有说他们这样就是不礼貌。"马林生嘟哝着解释，"不过孩子用这种口气跟大人说话总<u>有点那个</u>……"（CCL）

（7）报载有上海人游玩了杭州后这样说："西湖的风景的确不错，不过杭州人<u>有点那个</u>！"（CCL）

例（6）说话者否定了"不礼貌"之说，不能及时地找到一个面子威胁程度相对较低的、更婉曲的词语来评判，只能用"那个"代替，但其中的贬抑义还是不言而喻的。例（7）通过前后两句话的逻辑关系，我们可以判断"有点那个"包含对"杭州人"的负面评价。不满的程度较高时，还可以用"太那个"。"有点"与"太"甚至还可以混合使用。像"有点太那个"或"太有点那个"，这两种用法程度相当。如：

（8）他偷看了老工长一眼又道："不过嘛，不过这么扔下他就走也<u>太那个</u>了，太有点儿……"（CCL）

（9）刘佳这小子是有点花花点子，可就是<u>有点太那个</u>了……（CCL）

（10）我让他们给宣厂长写个检查，认个错就行了。其实，错也不一定就在工人们身上。你们宣厂长也<u>太有点那个</u>了。（CCL）

"让我说（你）什么好"则表示某人对某事非常不满、气愤，以至于不知用何语言来评价对方。含有无可奈何或不屑一说的意味。

（11）贺芳脸一红，说：姐，<u>让我说你什么好</u>啊。姐夫干的是生意，生意场上的事离得开吃喝玩乐吗？你真是的，那个方晶是什么层次啊，亏得你还能想到她身上去，真是抬举她了。（CCL）

（12）你们呐，可<u>让我说什么好</u>。富不起来，埋怨没有门路；让你们发展养蝎子，又不愿意干。（CCL）

（二）简省式构式"真是（的）"

在现代汉语中，"真是（的）"是一个具有责怪语力（illocutionary force）的构式，其中的"真"已丧失了评注性副词的功能，"是的"也不是简单地表示判断，它们是一个不可分割的整体。如：

（13）<u>真是的</u>，怎么可以这样说呢！

（14）这孩子，<u>真是的</u>！

以上的"真"都不能视为一个辅助成分将其省略，否则将失去原有的表达功能。

"真是（的）"是一个结构简单、语气非常完整的构式。贬抑情感客观上存在程度上的差异，但是"真是（的）"却不能通过与程度副词组合来体现贬抑程度在不同语境中的差异，且对其他性质的副词排斥性也很强。通过我们对北大语料库的检索，发现"真是（的）"仅跟语气副词"也"、"可"二者具有组合关系，且与后者的共现频率也很有限，仅8例。

（15）a. 你<u>也真是的</u>，人家好心收留你，你又何必骗人家呢？（CCL）

　　　b. 你们这些家伙<u>也真是</u>，居然连躲雨的概念都没有！（CCL）

（16）a. 每次她老公发脾气她都迁就他，越迁就越凶，这玉华<u>可真是的</u>。（CCL）

      b. 老张<u>可真是</u>，帮搬个家，还做饭。（CCL）

"也真是（的）"的贬抑程度较"真是（的）"还要低。其中"也"并不表示类同，而是表示一种委婉的语气，是一个语气词。语料显示，"也真是（的）"往往用于非即时性责怪，责怪主体也并非是受害者。即致责因子与责怪言语行为存在一定的时间差，责怪属于事后分析行为。如例（15）a 中"骗"这一行为并非与责备行为是同时的，说话者也不是"骗"的受害者。例（15）b 也是如此，说话者责怪"这些家伙"并非因为自己的某些利益受到了损害，"淋雨"与责怪之间也不是即时的。正因为这种致责因子与责怪言语行为、责怪主体与受害者的分离，"也真是的"的贬抑程度较"真是（的）"会有所降低。另外，这种分离使得"也真是（的）"责怪客体必须高度明确，即在句法上"也真是（的）"的主语必须是直接显现的。而主语的显现也会降低贬抑程度。语料情况也完全符合这一要求。在北大语料库中表责怪的"也真是（的）"绝大多数带主语，仅一例省略，且为自言自语的情况。例如：

    （17）<u>也真是的</u>，都九岁了，还这么笨，眼睁睁的把药给熬糊了。（CCL）

    不仅如此，"S + 也真是（的）"常常出现于一个责怪言语行为的开始，启示下文的致责因子，实现"言之有理，责之有据"的要求。

    当责怪语气需要进一步弱化时，"也真是（的）"中的"真"可以不出现而不改变其责怪的表达功能。如：

    （18）你们<u>也是的</u>，房顶上那么多的雪，怎么就不知道扫扫呢？（CCL）

    （19）妈，你<u>也是的</u>，管这些屁事干什么。（CCL）

    而"可真是（的）"的位置比较灵活，可位于话轮的起始位置，也可位于话轮的终结位置。其中"可"具有加强责怪语气的作用。因此，在不考虑语言外因素的情况下，我们可做如下的贬抑程度排列：

        也是（的）＜也真是（的）＜真是（的）＜可真是（的）

在现代汉语中，"真是的"与"真是"是并存的，它们在表达功能上大同小异，可以说"真是的"是"真是"的进一步构式化，"真是的"的出现也是有理据可循的。这体现在：

一是为了标记完句的需要。"真是"的结构形式是省略宾语部分的评价性内容而实现的。从理论上说，这种缺省是不完整的。因此在缺省的初期，听话者在交际的过程中总不可避免地期待一个评判结果，难免会有一种意犹未尽之感。这不利于会话顺畅地、及时地延续。这就需要一个完句标记，提示对方一个小句或一个话轮的结束，以终止接受方对下文内容的进一步期待，保证他们及时作出回应。这为句末语气词"的"的参与提供了一个可能性。

二是加强了肯定的语气。"真是的"中的"的"除了具有结构上的功能之外，还具有表达上的功能。"真是"是一种肯定性主观评判。表达确信语气的"的"又进一步加强了这种肯定语气。这为"的"的出现提供了现实性。

"真是"与"真是的"结构与表达功能差异不仅说明"真是的"的产生是有现实基础的，同时也说明现时两者共存的必要性。因为语言是因表达的需要而产生并存在的。

"真是（的）"构式表面上不存在责怪义源，但却毫不逊色地表达了责怪功能。通过对北大语料库的检索，我们发现"真是（的）"独立使用时表示"责怪"的功能还是晚近才出现的，其常见用法是"（S）＋真是$_1$＋R"。其中"真是"是表示评注性判断的谓词，意为"实在是、确实是"，不包含贬抑义，我们记为"真是$_1$"。S是评判客体，R是评判的结果或内容。整个表达式带有很强的主观性。如：

（20）圣明两备，畏爱双彰。实为五运之尊，<u>真是兆民之主</u>。（CCL）

（21）四妈称赞道："画得好！<u>真是巧手</u>！九阿姐不知怎生样造化，偏生遇着你这一个伶俐女儿。"（CCL）

（22）某尝说，扬雄最无用，<u>真是一腐儒</u>。（CCL）

（23）妈妈道："你<u>真是个死货</u>！他受了我家的聘，便是我家的人了，怕他怎的！"（CCL）

R 既可以是褒扬义的，也可以是贬抑义的。两种情感意义的 R 都有可能省略。但 R 为消极评判内容时，缺省的可能性和必要性最大。评判结果 R 缺省的原因存在以下几种不同的可能性。

一是不好意思说。省隐掉语句中部分的必要内容是对话语的一种模糊化处理。这种模糊处理是不符合合作原则中"量"的准则的，即在表情达意时，要提供适度的信息量。对一个评判行为来说，其评判结果或评判内容无疑是"适量"范围之内。利奇的礼貌原则解释了说话人有意违反合作原则来含蓄地表达自己的真意，是出于礼貌的考虑使话语得体。礼貌原则要求说话者在交际中，需要将对方的优点表达得更充分，而将缺点表达得更委婉。在进行消极评价或责怪时，R 是面子威胁的主要来源。例如：

（24）她又不愿给张昌宗他们下不了台阶，就骂张说说："你真是反复无常的小人。"说着，就命令侍从把张说抓起来。（CCL）

（25）（官员）不只自己拿"红包"，还要带着朋友一起拿，拿了钱还不办事，把你推来推去，真是太肮脏了。（CCL）

（26）"你们怎么搞的？我的希望又变成泡影啦，我送给你们这么好的种子，你们却种成了这个样子，真是……"（CCL）

（27）厂党委副书记周绍文轻轻地叹了口气，绕了一个圈子说："唉！现在，社会上要比过去复杂多了。我记得报上还登过这么一件事：南方哪个省的一个高干，参加过长征的老红军，竟想把自己的女儿给香港的富商做小老婆。唉！真是……""真是"什么，他也没说出来，言外之意是，社会比过去复杂了，人也会变得复杂起来，不能用过去的历史来证明此人现在不会出问题。（CCL）

（28）但因为近来他同林铭球明争暗斗，所以也心中暗喜，望着献忠说："这位林大人也真是，到谷城没多久，腰包里装得满满的。"（CCL）

（29）为什么不让他打仗呢？真是！大人们太小看他了。（CCL）

通过上面所举的 6 个例子中恰好反映出"真的"构式化的过程。从有消极评价内容 R，书写形式省略号，再到语气的完整"真是"，是面子威胁程度逐渐降低的过程。显然，"你**真是反复无常的小人**"比"你**真是**"面子威胁要大得多。说话者是否要将该部分内容表达完整是需要一番受益考虑（payoff considerations）的。

　　二是没必要说。一个评判的产生总是依赖于一定的语境的。语境为评判提供很多预期的信息。这为 R 的省略提供了现实的可能性。例（26）中"真是……"的上文，已经是一个责怪的言语行为，并说明了责怪因子。因此"真是"之后省略的部分不是基于该事件的消极评价，就是一个不同程度的责备行为。这是语境给我们的预期信息。例（27）李任重的一番心理活动恰恰说明这一点，他已经从语境中捕捉到了周绍文所省略的可能的内容。

　　三是不知道如何说。在进行责怪时，说话者的情绪往往都比较激动。在这种情况下，说话者不能迅速地选择一个贬抑程度过高又能合适表达自己情绪的语词。此时"真是$_1$"之后的评判内容 R 又出现了缺位的情况。

　　（30）"哎呀！"吴书记拍了一下桌子，"**真是**，**真是**……你这个习惯哟！**真是个害人的东西**！"（CCL）

　　（31）胡杏顿脚道："她说不要，不赞成，不知道，就是要，赞成，知道了！——唉，你这个人**真是**……**真是**……**真是呀**！"（CCL）

例（30）吴书记在进行一番思考之后，明确了评价对象，才将评价内容补充完整。例（31）说话者多次试图表达评判内容，但未果。有时候说话者的情绪很复杂，因此也存在丰富的评判内容，一个评判不足以充分表达自己的情感，于是采取省隐的方式。同时这种模糊语言也给读者或听者更大的想象空间。

　　在上述某一种原因或多种原因共同的作用下，表示消极评判的 R 省略可能性越来越大。然而，为了弥补信息量的不足，原先 R 所负载的内容在其省略之后逐渐转移到表示评注性的谓语"真是"之上。但前后在语义上发生了细微的变化。用来表达贬抑情感的句式

"（S）＋真是＋R"既可以表达消极评价，又可以用来表达嗔怪，甚至是指责或辱骂。而省隐后的"真是"不只是在评价功能上表现得不突出，即便是在表达责怪义上也是有选择的。差评义构式的重心在于差评义子上，对于一个缺省内容的评价，即使内容可以借助语境补充出来，但它终究是模糊的、多值的。在这种情况下，"真是"内在可能存在的贬抑评价义受到了磨损，难以成为规约义，剩下的更多用来表达责怪的情绪。而在责怪内部不同的贬抑情感程度之间，"真是"的程度是偏低的，因为当 R 为责怪义子时，它的作用是加强责怪语气，帮助宣泄不满情绪。这部分的省隐显然是有助于责怪语的委婉化的。例（30）中表指责的"你真是个害人的东西"所表达的情感强度是"真是"所无法达到的。关于"真是"的情感程度我们可以通过它的具体用法进一步得到证明。例如：

（32）贵哥也<u>真是</u>，把老婆带出来干啥呢？碍手碍脚不说，还尽他妈添乱，想想去年走泰国，几多好耍哟！（CCL）

（33）上面也<u>真是的</u>，选厂长革新倒不错，但非得学什么洋人演讲嘛！罗强确实有点犯难。（CCL）

（34）"爸也<u>真是的</u>，喜欢兜圈子，找沈清华不就得了，她老爹是院长。"（CCL）

例（32）—（34）中的致责因子都未达到责怪主体对责怪客体进行指责或辱骂的程度。在习语性贬抑义构式中，存在一部分跟"真是的"相同形成机制的构式。如"这＋NP"、"都是＋NP"、"我把你这NP"、"去你的"等。例如：

（35）都八点了，<u>这家伙</u>！（CCL）

（36）<u>都是你</u>！把我弄哭了，也没什么好处！（CCL）

（37）七巧笑道："<u>我把你这</u>不孝的奴才！支使你，是抬举你！"（CCL）

（38）<u>去你的</u>！看他一眼我都嫌恶心，直招汉子谁去找他。（CCL）

例（35）"这NP"构式的完整式应该是包含消极评价性谓词的主谓结构，或者NP之前带有贬抑性的形容词性的词或短语。如"这家伙太过分了!"或"这不守时的家伙!"等。例(36)"都是你"常规的表达则是"都是你的错"或"都是你惹的祸"等(参看郑娟曼、邵敬敏,2008)。例(37)是简省了处置行为。例(38)则是省隐了其中的中心语。总之,它们都省隐了直接表明消极态度或体现贬抑情感意义的部分。

(三)简省式构式"至于吗"

作为习语性贬抑义构式的"至于吗"指的是如下一些用法:

(39)有人见状,笑她说:"梁宁至于吗?弄得那么一本正经干嘛?"(CCL)

(40)小声嘟囔了一句:"小西,给我们家办点儿事你就这样,至于吗?"(CCL)

(41)以前特讨厌人家用叹号,觉得至于吗?一惊一乍的。现在有时也用,叹着过瘾。(CCL)

(42)"顺子,有话好好说,和我动刀子,至于吗?"(CCL)

以上例句中可以看出,这里的"至于吗"不是一个短语,而是一个固化的整体。它具有以下几个特征:

第一,不可替代性。"至于吗"结构中,其组成成分都具有不可替代性。若被部分替换,那么整句子就会变成另外一种意思或者语气。例如:

(43)"看把你吓的,为入一个党,至于吗!告诉你,他今天去部里听报告,回不来了!"(CCL)

(44)卜松明说:小方,没有必要把什么都对你爸爸说,懂吧。方微笑道:至于吗,卜叔叔!"叔叔"两个字里含着极大的嘲讽。(CCL)

上述例子中的"吗"字如果改成"吧"就变成了一种推测义,改成"呢"则是一种肯定义。而"至于吗"是表示说话人对事情的一种不认同和否定。

第二,结构意义的凝固性。"至于吗"构式在意义上具有凝固性。它也不是几个成分的简单叠加,例如:

（45）他的头快捅住我鼻子了，叫嚷着说："我们谈两年了，热了凉，凉了热，<u>至于吗</u>？他才是发高烧呢。主席你还不知道？他来合肥又跳上了一个。"（CCL）

（46）银行工作人员又来脾气了，又把方先生给教育一顿，"你这人怎么这么不觉闷呢，<u>至于吗</u>，不就是几十万块钱吗，还值当一张一张的数，财迷疯啊。"（中国传媒大学语料库）

以上两个用例中的"至于吗"都表示说话人认为对方没必要那么做或者做法不妥当。

第三，语音弱化。"至于吗"构式在语音上多以轻音形式出现。这种情况普遍存在于其他应答性的构式中，如"这不"、"那是"、"说是"等中"不"、"是"等词普遍失去了其原有的调值，读成轻声。例如：

（47）<u>至于吗</u>？也不见得就是来跳火坑的，机会多的是，捞着一个，就能出息。（CCL）

这里的"于"和"吗"在语流中都失去了原有的调值，都是以轻音形式出现。

由此看来，"至于吗"已逐渐成为一个稳固的构式，其构式义以反问语气对已出现的情况表示不理解、不满意，认为不应该出现这种情况或不必产生某种行为。表达的是一种否定的意义，但其具体的否定对象不同及否定焦点不同。通过对语料的分析，"至于吗"的否定焦点主要有以下几种情况：

第一，"至于吗"所否定的焦点为程度，说话者认为对方的反应过重或过轻，不符合常理。整个话语过程包含以下三个环节：出现某一种情形或状况——针对这一状况，某人某物做出反应——说话人认为这种反应过于强烈，不符合常理。例如：

（48）"不行，这事电话里说不清，一定要和你当面谈，你就见一面怎么啦？<u>至于那么深仇大恨吗</u>？"（百度搜索）

（49）窦文涛：你被吓成这样，<u>至于吗</u>？

袁立：不是吓成这样，我觉得注意措词。（中国传媒大学文本语料库）

（50）克林顿他们家就穷到这个地步了，<u>至于吗</u>？就算家里揭不开锅了，也不能拿自个老头换钱花啊，这不赶上旧社会卖儿卖女了吗。（中国传媒大学文本语料库）

（51）能跑多快跑多快，拿了冠军自然是好事，拿不了冠军，卫冕不了，还不活了，<u>至于吗</u>？没那么严重。（中国传媒大学文本语料库）

例（48）中"那么深仇大恨"体现了，说话者认为两人还没有达到那么"深仇大恨"的程度。例（49）中"被吓成这样"表明说话者认为没必要被吓到这种程度。而例（50）中说话者认为克林顿家没有穷到那种程度。例（51）说话者认为拿不了冠军还没有严重到"不活"的程度。

第二，"至于吗"所否定的焦点为对方的行为或态度。整个话语过程也包含三个环节：一种情形或状况发生——针对这一状况，某人某物做出反应行为——说话人对这种行为或态度不赞成。例如：

（52）他"哎哟"了一声，略有些夸张，以期能引起小西关心注意。岂料顾小西纹丝不动，侧身躺在那里，聋了哑了一般。何建国就有点儿沉不住气了，小声嘟囔了一句："小西，给我们家办点儿事你就这样，<u>至于吗</u>？"（CCL）

（53）"不理人了？"慧芳倏转身，掉头往回跑，夏顺开敏捷地又跟了上来，边跑边歪头看慧芳脸色。"还真生气了？<u>至于吗</u>？"（CCL）

（54）我特看不惯就是，当然人家需要可能，年轻轻的，带八个助理，餐巾纸，<u>至于吗</u>？你自个儿掏出来得了呗。（中国传媒大学文本语料库）

例（52）中，说话者做出夸张的行为，而小西的反应是"纹丝不动，侧身躺在那里，聋了哑了一般"。说话者对这一反应行为和态度不满意，不赞成，认为"给我们家办点事儿"不应该让小西有这样反应，这是对这一行为态度的否定。例（53）是对慧芳生气这一行为的否定。而例（54）是对"年轻轻的，带八个助理"这一行为的否定。

第三，"至于吗"所否定的焦点为对方对某事的观点，是对对方所表达的观点的不认同。例如：

（55）妈说宝宝总是很晚才睡觉是因为午睡，我觉得<u>至于吗</u>？也许还有什么其他原因吧？（网络搜索）

（56）听到这儿您也许说了，有点邪乎了吧，不就是晚到会儿早到会儿吗，还值当的出人命，<u>至于吗</u>？至不至于，跟您一说您就明白了。（中国传媒大学文本语料库）

（57）邹永明还说，如果有拿钱堵记者嘴这事，我的腿给被人砍掉，这<u>至于吗</u>这个？没有就没有，干吗呀这是，诅咒发誓的，他真的假不了，假的真不了，问题是为什么有这么多的媒体记者都这么说，都说有呢，都乱讲，那这乱讲可是够整齐的。（中国传媒大学语料库）

上述例（55）中，妈妈认为宝宝晚睡是因为午睡，说话人不同意这一对方的观点，认为可能有其他原因。例（56）中说话者不认同"早到会儿晚到会儿会出人命"这一观点。例（57）中，邹永明否认"拿钱堵记者嘴"这一观点。

因此，"至于吗"主要是表达对某种情况的不理解、不满意和不认同，具有否定意义，它否定的焦点可能是程度，可能是对方的行为态度，也有可能是某种观点。在表达否定态度时，还带有不屑、轻蔑、不以为然的感情色彩。

"至于吗"跟"不至于吧"两者的基本意义是一致的。但两者在语用功能存在细微的差别：一是"不至于吧"语气更加委婉，而"至于吗"语气更加强烈，对态度、行为、观点的否定性更强。例如：

（58）反正这些细节我们不知道，我简单说我的感觉，我觉得见过世面的人可能会觉得，这<u>不至于吧</u>，他没有必要这样，他要钱有钱，想要什么女人都可以，他不缺这些东西，而且可以在无人不知的情况下都可以做到。（中国传媒大学文本语料库）

（59）后面的人一嚷嚷，银行工作人员又来脾气了，又把方先生给教育一顿，"你这人怎么这么不觉闷呢，<u>至于吗</u>？不就是

几十万块钱吗，还值当一张一张的数，财迷疯啊。"（中国传媒大学文本语料库）

上述例（58）和例（59）都是表达否定和不赞同，但是用"不至于吧"比"至于吗"语气更加委婉，第二句中的"至于吗"表达的否定态度更强烈，语气更强硬；二是"不至于吧"具有更强的不确定性，说话者不能肯定自己的想法和观点一定是正确的，带有更多的推测性和不确定性。而"至于吗"对自己的观点、想法更为确定，语气更为肯定。例如：

（60）日式餐厅应该在卫生上挺讲究的，卫生条件应该是不错的，但是当记者询问老板，说对有人用硫化熏这一次性筷子问题的时候，老板颇为惊讶，我们的筷子应该不至于吧，但是老板也承认，店里的筷子都是从批发市场进的。（中国传媒大学文本语料库）

（61）我特看不惯就是，当然人家需要可能，年轻轻的，带八个助理，餐巾纸，至于吗？你自个儿掏出来得了呗。（中国传媒大学文本语料库）

例（60）中，老板也不能十分肯定自己的筷子不是用硫化熏的，带有不确定性。而例（61）中说话人对自己的观点非常确定，年纪轻轻的，根本没必要带八个助理；三是"至于吗"一般用于说话双方关系较为亲近的语境中，而"不至于吧"更倾向于说话双方关系较为疏远。例如：

（62）党员同志们都比较感动，觉得杨副处长对党的感情就是不一般，只有可馨吓了一跳，看着一个半大老爷们这么哭法，她老觉得不至于吧！且比起父亲，杨副处长的做法太有点戏梦人生了。（CCL）

（63）当听说娟子做掉了他们的孩子的时候，他对她的内疚立刻就少了许多，怨怼代之而起。至于吗？这么绝这么狠这么不留余地？（CCL）

说话双方的亲疏关系在很大程度上体现在语气的表达上，"至于吗"

语气更加强烈，对态度、行为、观点的否定性更强，一般适用于关系比较亲近的人之间，"不至于吧"表达语气较为委婉、客气，适合用于关系较为疏远的人之间，更有礼貌。例（62）中，可馨和杨副处长关系较远，用"不至于吧"较为委婉。例（63）中说话者和娟子是夫妻关系，较为亲近，为了表达说话者的气愤情绪，用"至于吗"更加贴切。

"至于吗"构式最初是从"至于……吗"演化而来，是"至于……吗"句型的省缩用法。例如：

（64）王记者说："算了吧！一场演习，<u>至于搞得周吴郑王的吗</u>？我们有特别通行证，不是什么间谍！"范英明暧昧地一笑，伸出手道："我是司令，责任重大，谁知道你们是不是假传圣旨。"（CCL）

（65）竹斋！<u>至于消极到那步田地吗</u>？不顾死活去冒险，谁也不愿意，我们自然还有别的办法。（茅盾《子夜》）

（66）我就纳闷了，为了个转会的事，<u>至于那么生气吗</u>？（百度搜索）

以上关于"至于……吗"的用句中，"搞得周吴郑王的"、"消极到那步田地"、"那么生气"表示都是说话者所要批判的行为，是句子的否定焦点。但在具体的言语交际中，若说话者所要否定的行为态度是双方已知的，则否定焦点出于语言的经济性考虑可以省略。如果介于"至于"与"吗"之间的否定焦点过于冗长，或者说"至于"所要介引的宾语过于复杂，则可以将否定焦点提取出来，形成"否定焦点，至于吗"或"至于吗，否定焦点"结构。如例（64）的画线部分可以转换成："搞得周吴郑王的，至于吗？"或"至于吗？搞得周吴郑王的"。例（65）则可以省缩成"至于吗？消极到那步田地"或"消极到那步田地，至于吗"。"至于……吗"频繁地省缩，"至于"与"吗"，久而久之，结构固化。

"至于吗"构式化的路径和机制也同样适用于汉语中其他的一些简省习语性贬抑义构式。如"何必呢"、"何苦呢"、"才怪呢"、"你以为呢"等。

（四）简省式贬抑性的理据

无论是"真是的"构式，"至于吗"构式，还是与之同一构式化机制的其他简省式构式，其构式化的机制都离不开礼貌原则。礼貌原则是连接这些简省式与贬抑义之间关系的桥梁。礼貌原则要求说话者在交际中，将对方的优点表达得更充分，将缺点表达得更委婉。因此，说话者在进行积极评判与消极评判时往往采用不同的语言表现形式。对他人好感、赞扬、肯定的时候，往往不需要隐讳，直接表达。此时我们首选的表达形式是情感意义显著的、具体可感的褒义词语。如"勤劳"、"善良"、"美女"、"太有才了"等。这些常规的构式对于同一文化或不同文化区域的接受者都能够即时领悟，并反馈以积极的情绪；而表达负面评价、责怪、驳斥等意义一般会带来人际的紧张，这时在表达形式上需要模糊处理。利奇（1983：135－136）认为：人们以间接的、含蓄的方式表达对他人的指责，是出于礼貌，因为其指责的含义是通过推导才能由接受者完全解读。布劳和列文森（Brown & Levinson，1978：74）也认为，"非公开"（off－record）的言语行为对面子的威胁最为间接，是减小面子威胁的策略，其含义是可以"协商的"（negotiable），是最为礼貌的策略。两者都将礼貌原则与表达手段的间接性、非公开性联系起来。而简省就是其中一种含蓄的、需要推导的手段。因此，简省的贬抑性习语构式是符合语言使用规律的，是一种形义和谐的构式。

二　引述回应式和疑问标记构式

（一）引述回应式

在习语性贬抑义构式中，存在一部分引述回应式，它是以元语回应的形式出现的，即在这些回应式中还保留着对引发语的部分引述或全部引述。这些回应式都表现出不同程度的贬抑情感。主要有：

1. "什么"类引述式

什么类引述回应式具体指的是"X 什么 Y"、"X 什么 X"、"X 什么"、"什么 X"、"有什么查头"、"什么 X 不 X 的"之类的构式，其中的 X 都是引述语。例如：

　　（1）a. "……你又惹他生气！" "我惹他<u>生什么</u>气！后方来了信！" 汤成气愤地说。（CCL）

　　　　　b. "<u>重什么重</u>，不就十来斤的东西嘛！"（CCL）

　　　　　c. "<u>吗</u>" <u>什么</u>呀！（百度搜索）

　　　　　d. "你怎么这样凭空污人清白。" "<u>什么清白</u>！我前天亲眼看见你偷了何家的书吊着打。"

　　　　　e. 查户口！查户口！<u>有什么查头</u>！一个病孩子躺在炕上快死啦。……（CCL）

　　　　　f. 你他妈的瞎胡说，<u>什么工程不工程的</u>！（CCL）

这些引述语位置比较灵活，可以在"什么"之前，也可以在"什么"之后，也可以同时复现于"什么"的前后。但是在回应时，引述语的位置也不是随意的。试比较：

　　（2）a. 窦玉泉也站起身，看了看王兰田，说："我们是不是要回避一下？走吧。" 杨庭辉说："<u>走什么走</u>？都是领导干部，有问题大家一起听嘛。"（CCL）

　　　　　b. ——妈妈，给我两块钱。

　　　　　　——<u>钱什么钱</u>，一天到晚就知道要钱！

　　　　　c. 四人笑道："正是。每年姑娘们有信回去说，全亏府上照看。" 贾母笑道："<u>什么照看</u>，原是世交，又是老亲，原应当的。"（CCL）

　　　　　d. "甭贴条儿，你直接叫拖车拖走！" 警察又看他一眼，还没说话。"<u>牛什么啊</u>！除了贴条儿吓唬我们你们还会什么！你拖走啊！"（CCL）

例（2）a 在不考虑语气强度的前提下，可以将"走什么走"说成"走什么"，却不能说成"什么走"。例（2）b 的"钱什么钱"可以说成"什么钱"，却不好说"钱什么"。例（2）c "什么照看"可以说成"照看什么"，而例（2）d 的"牛什么"不能说成"什么牛"。

　　我们认为导致这种不同情况的原因跟引述部分的性质与构式的表达功能有关：第一，当引述部分是名词性成分时，引述部分一般都后

置，这跟代词与名词的组配顺序有关，如例（2）b。第二，当引述
部分为动词时，且"什么"类构式用来阻止或拒绝 X 这一行为时，
则 X 只能前置，如例（2）a。诸如"吗"、"啊"之类的语气词，与
"叫"、"说"之类的动词存在声音与动作的转喻关系，因此也只能前
置，如例（1）c。但如果"什么"类构式是对 X 或 X 所在话语的得
体性进行否定时，即语用否定时，则引述部分的位置相对自由一些，
可以前置也可以后置，如例（2）c。第三，当 X 为形容词时，无论
是对 X 的语义否定还是语用否定，X 的位置既可以前置，又可以后
置，如例（2）d。但若"什么"类构式用于贬抑对方的行为状态时，
则 X 只能前置，如例（2）d。第四，当 X 为一个语素或一个音节时，
X 一般前置。以上无论哪种情况，都可以表达成"X 什么 X"的形
式，其差异主要体现在后者的语气更强，威胁程度更高，对 X 音节
也有更高的要求。复现式以单音节为主，较少是两个音节以上的。

　　2. "X 个 Q"
　　"X 个 Q"所指的是下列的用法：

　　　　（3）a. "米还有么？"……"有个鬼！我前日就叫你老大送
的……"（CCL）

　　　　　　b. 朱海鹏说："对对对，就是搞这种训练。"老太太突
然把脸拉了下来，"对个屁！早知道是搞这种训练，该早给你说
一声。……"（CCL）

　　　　　　c. "啊？"如星是觉得难以置信，而如月则是害羞不
已。"啊个屁！没看见房子都成这样了吗！……"（百度搜索）

引述回应式中的 X 因为只是一个引述成分，它跟"什么"类构式一
样可以是任何引发语中的任何一个成分，无论完整与否。X 以单音节
为主，最多音节为四个。其中 Q 则是一个封闭的类。如"头"、
"鬼"、"大头鬼"、"球"、"屁"等，它们均为詈语或贬斥的词，具
有强烈的贬抑义。根据 P 贬抑程度的不同，"X 个 Q"的威胁程度也
受到一定的影响，因为其中"X 个头"威胁程度相对较低。而"X
个屁"则表示说话者对对方的言语或表现很是不满，通过责骂的形
式表明自己的态度。因此，与其说它是表示否定的，还不如说它是用

来宣泄不满情绪的。

例（3）"X 个 Q"中的 X 都是对引发语中的语言片段的直接引述，是属于对有声语言的处理。此外，还存在一种特殊的元语回应方式，即对身势语的处理，我们也认为它是一种引述的形式。例如：

(4) a. 马上就要去送命了，还怕个球！这生死决战，肯定有去无回，死定了！（CCL）

　　b. 他重坐在火盆旁边的小椅上，对着依然低头啜泣的邵时信说："哭什么？哭个球！朝廷不给民做主……"（CCL）

　　c. 胖子和徐大厨在一旁窃窃私笑，乔刚脸上顿时挂不住了，"你俩笑个头啊，刚才逃出去你俩比谁都快，还笑我呢"。（百度搜索）

　　d. "……怪不得那天打扮得那么漂亮，原来是去约会啊，呵呵！""疼死啦，你们呵个头啦，根本没这回事！"（百度搜索）

以上例（4）a、b、c 引述式中"怕"、"哭"、"笑"都是回应客体正在施行的行为或状态。它们在引发语中虽然找不到直接的语言片段，但其实都可以在施行某一行为时配以相应的有声语言形式，如例（4）b。"笑"可以还原为声音形式，如例（4）c。因此对对象行为的处理，我们也视为一种引述否定。这些 X 一般都是一些通俗的、基本的语词，有时还带有贬义色彩。如例（4）b 我们不说"啜泣个球"，这跟此类构式鲜明的口语性有关。这种引述形式在"什么"类引述回应式中也存在，如例（2）d。

与"X 个 Q"相关的一个构式"X 你个头"，两个引述式在表达功能上大同小异。例如：

(5) a. 无厘头？无你个头！（google 搜索）

　　b. 至尊宝：On 你妈个头啊！你有完没完啊！我已经跟你说过我不行了，你还要 On－On－！On－On－！（google 搜索）

3. "还 X 呢"引述式

相对于"什么"类引述回应式与"X 个 Q"而言，"还 X 呢"对引述语"X"的语义整体性要求要高一些，其中的 X 不能只是一个简单的语音片段。例如：

    （6）a.　270块，<u>还便宜呢</u>！

        b.　"别说了，快吃吧！""<u>还吃呢</u>，气都被这小子气
饱了。"

        c.　明天让我去机场接小刘吧！——<u>还小刘呢</u>，他今天
就回来了。

"还 X 呢"也可以引述正在施行的行为或进行的状态。但这种用法不
如前两个引述回应式普遍。

    （7）a.　<u>你还得意呢</u>，到时哭都来不及！

        b.　<u>还说呢</u>，都被你害死了。

    其中的 X 都是可控的、现实性的，因此，此处的"还 X 呢"主
要用来表达对既成的行为或状态的不满，并试图阻止或改变。当"X
是 NP 是"，该构式具有两种表义功能：一是表达反预期信息；二是
表达反期望信息。例如：

    （8）a.　这个字都不认得，<u>还博士呢</u>！

        b.　<u>还小姑娘呢</u>，他儿子都上幼儿园了。

        c.　<u>还教授呢</u>，谁愿去那偏远的学校工作啊！

        d.　什么？他是硕士？我<u>还博士呢</u>！

其中例（8）a 属于期望否定，例（8）b 属于主体否定，例（8）c
属于背景否定，例（8）d 属于推理否定。而例（8）b 与例（8）c
采用的便是引述回应的方式。

    引述回应式往往伴随着疑问标记。因此，疑问标记也是习语性贬
抑义构式的一个外部特征。包含疑问代词的构式，如："有什么 V
头"、"这是什么话/这算什么话"、"哪里（呀)"、"哪跟哪呀"、"什
么 X 不 X 的"、"什么 A 啊 B 的"、"什么呀"、"A 什么 B"、"A 什么
A"，等等；有包含疑问语气词，如："还 NP 呢"；还有包含疑问格
式的，如："好不好"等。这些构式用来表达驳斥的功能，附带贬抑
性的情感意义，与本身包含疑问的标记不无关系。沈家煊（1999）
认为，疑问更倾向于否定也是好理解的，因为问就表示"不确定"，

这里的"不确定"，其实就是指交际方有疑问的倾向但又不能完全确定时的情形。

（二）引述式和疑问标记的贬抑性

1. 肯定是无标记的，否定是有标记的

无论引述的内容如何，是否是对抗焦点，位置怎样，如果在应答语中出现引述的语言片段，我们总能将它与引发语的对抗否定联系起来。当回应者引述一个语言片段时，其用意并非在于传递该言语片段的内容，而是试图在此基础上进一步延伸，或要对引述部分或跟引述部分相关的内容进行处理，包括对前语境中的内容表达自己的看法，表明自己的态度，而这种态度却是对抗性的，即"引述否定"。例如：

（9）a. A：我是你同学。

　　　　B：我是你同学的妹妹。

　　　b. A：你好！

　　　　B：你好气人！

　　　c. A：精彩！

　　　　B1：精彩？不见得。

　　　　B2：精彩极了！

以上 A 是基句，B 是对 A 的进一步处理，是对 A 的部分否定或全部否定。在合作原则中有一条非常重要的准则便是"适量准则"，即提供信息要足量，要不过量。如果说话者违背了适量原则，实际上则是说话者故意违背这一原则来传递某种言外之意。如果我们认定基句中提供的信息是适量的，那么 B 句在引述 A 句的前提下，要么完全重复基句 A 的意义，要么与 A 传递的内容不一致，即对抗否定。如果对基句进一步延伸或处理，则违背了适量原则，延伸句 B 必定会增加了新值。该新值对前语境内容的引述预示着对抗否定，这归根到底是由肯定与否定的不对称性决定的。在会话中我们要遵循"质"的准则，即不要说自知是虚假的话。在正常的交际过程中，说话者尽量要说真话，听话者也认定对方所说的大部分是真的。肯定是无标记的，否定是有标记的。因此，在存在多个可能性的否定焦点的引发语中，如果引发语中部分信息不为真时，应答者则是通过否定该部分信息来实现的，而不是通过肯定为真的信息来表明态度。例如：

(10) A：他上海人，今年 30 岁，未婚，在北京大学工作。

B₁：什么北京大学呀！他是在清华大学工作。

＊B₂：他上海人，今年 30 岁，未婚。

以上 A 中存在多个可能性的否定焦点，包括语义否定的与语用否定的。当引发语中"北京大学"这个信息需要否定，而其他的信息都为真时，应答者采用 B₁ 方式，即否定假的信息，而其他信息如"上海人"、"30 岁"等在不需要说明的前提下被默认为真。而不是采用与 B₁ 相反的 B₂ 方式作答。B₂ 在肯定真信息的同时，并没有起到否定未提及的"北京大学"这一信息的作用。这是肯定与否定的不对称性。因此应答者在表明肯定或否定的态度时，往往表达否定项，通过引述的方式指明否定焦点，而不是引述肯定项。

但是语料显示，很多引述语并非对抗的焦点，如例（6）c、例（8）b 等。在这种情况下，表达对抗的焦点并不是引述回应式的重点，而通过快速地引述引发语中的语言片段来明确跟对方对抗的态度才是回应者的用意。因此，这些引述语通常是回应者最容易抓住的、最快获得的、最容易记忆的引发语中的起始音节或词语。至于对抗的焦点则明示于引述回应式的后续语篇中。

引述回应与对抗否定存在必然的联系，但这种联系还不足以说明引述回应式强烈的主观性和贬抑性，我们认为这种消极情感的传递跟这些引述回应式本身所在句式的语势和用词特点有关。

2. 反问句式和晋语的影响

在引述回应式中，如"什么"类引述式、"还 X 呢"引述式，存在一些疑问标记，这些疑问标记与引述式的贬抑性有着密切的联系。疑问句为什么能够有表否定的语法功能呢？对于这个问题前修时贤有过比较充分的研究。李一平（1996）指出"什么"特指问表否定和贬抑义是由"什么"产生的，并进一步指出，这个表否定和贬斥义的"什么"是从这种一般的反诘句中发展蜕变出来的。例如：

（11）a. A：哪儿呀，他都是教授了！

　　　　　B₁：哪里还是讲师呀？

　　　　　B₂：怎么还是讲师呢？他都是教授了。

　　　　　C：他不是讲师，他都是教授了。

　　　b. A：这是什么话！我压根不认识他。

　　　　　B：你为什么这样说？我压根不认识他。

　　　　　C：你不能这样说，我压根不认识他。

通过以上 A、B 的对比发现疑问词与否定有着很深的渊源。但是从疑问到最后贬抑性情感义的落实经历一个复杂的变化过程。如例（11）a 中，"哪儿"／"哪里"构式语义反应的是"怎么"反诘句，即 B₂。由此看来，"哪儿"经历了从询问处所等到询问缘由再到否定的过程。例（11）b 用"什么"构式表达"怎么"反诘句。这些联系本质上是一个语法化的过程。（参看蔡维天，2007；2009）张晓涛（2009）进一步分析了不同疑问句跟否定相通的机制，认为疑问句表否定的用法，既和疑问代词有关，同时也离不开其所在的句法结构，这个句法结构就是与反问句相关的句法操作，正是反问句才使得疑问代词的语义特征发生了变化，由表疑到非疑，从非疑再到否定。疑问句不表示疑问却表示否定在本质上是一种偏离，具有一定程度的不可推导性。正因为这些否定用法脱胎于反问用法，因此它的情感程度要比普通的否定用法强得多。例如：

（12）a. 村里大多数人还没住上小楼，咱们当干部的先造起来住进去像什么话！（CCL）

　　　　b. 这小子还没跑出 30 米呢，老子在 50 米内不是一打一个准，嚷什么嚷！（CCL）

例（12）a 中"像什么话"明显比"不像话"的语气要强烈。例（12）b 中"嚷什么嚷"语气也比"别嚷"要强烈。在表达这些驳斥性态度时，如果语气过于强烈，则很容易传递贬抑情感，威胁到对方的面子。

另外，引述回应式中的詈语也会影响它的情感倾向，如"X 个 Q"中，Q 都是一些詈语或经常处于詈语环境中的一些语词，这直接影响到了引述回应式的消极情感强度。

因此，引述回应式的贬抑性是多方面因素共同作用的结果。首先引述的否定表达功能是反问语气和詈语依附的前提。贬抑义构式总是与对抗性的言语行为融为一体的。因为这两种性质的它们并非确立会话双方之间的"一致"关系。相反地，它们是不同程度的"面子威胁行为"。而反问语气和詈语的使用使得引述回应式的贬抑义最终得以确立。因为并非所有的对抗式或否定式都具有贬抑义，只有传递消极情感，给受话者带来不满或不如意的心理感受的对抗否定式才具有贬抑义。

（三）"好不好"否定义构式

现代汉语中，表态词"好"（邵敬敏，1996）的正反问形式"好不好"主要有两种不同用法，现举例说明如下：

（13）把灯关了好不好？（自省语料）

（14）A：那么早啊！

B：都九点了好不好。（自省语料）

例（13）的"好不好"是附加问形式，是说话人将自己的打算或要求向听话人征求意见，并希望对方作出肯定的回答，总体上表示询问，我们称之为"好不好$_1$"。例（14）中的"好不好"正是本文的兴趣所在，即对对方话语的否定或部分否定，从而肯定了自己的认识。与前一种用法不同，它已基本丧失原来的词汇意义，而发展成为一个话语标记。我们记为"好不好$_2$"。这两个"好不好"都可以有"好吧、好不"这两种变异形式，其基本意义保持不变。

"好不好$_2$"是近 10 年来才兴起的一种用法，主要流行于年轻一族中。经初步调查，35—40 岁的年龄层中，有 70% 左右认为这种用法可以接受，有 30% 左右的群体经常使用。可见这一用法在广度上具有蔓延的趋势，表现出较强的生命力。因此，我们有必要对"好不好$_2$"的语用意义、否定类型、使用条件及其语义来源作一番考察。

通过对语料的分析，我们发现"好不好"出现的会话模式可以抽象为：

　　A：a。

　　B：b好不好，（c）。

a代表发话者或假拟发话者A的言语内容，而b是受话者B针对a所做的回应，c是对"a好不好"所作的补充说明。例如：

　　（15）A：你很不诚实哦！

　　　　　B：我没有比现在更诚实的时候了好不好！（网络）

　　（16）A：又开始傻笑了，没见过比你更呆的人了。

　　　　　B：喂，这个是本能好不好，不是谁想学，就学得来的！（网络）

这种情况我们不妨称之为"直接会话"模式。但在一些实际的语言材料中，"好不好"所在的语言环境并非是由A、B直接对话构成的。B或者自身提供否定对象，或者对A的话语不能作直接的有声的言语否定。例如：

　　（17）他竟然问我是否希望伴侣会做饭。废话！要不我会饿死的好不好。（网络）

　　（18）那男孩说："你何必计较这么多，你买了这么多东西，难道连五毛钱也给不起吗？"天！那不是钱多钱少的问题好不好。（网络）

诸如这种情况，我们称之为"间接会话"模式。即使这样，它们同样存在潜在的发话者A和受话者B。

　　要搞清"好不好"基本的语用意义，必须立足于该格式出现的具体的语义背景。据考察，"好不好"出现的语境主要有四种，下面就从这四种语境来分析归纳其基本意义。

　　1. 提醒

　　发话者的言语内容a中体现出对本该发现、了解或记得的一些事理或常识b的遗忘或忽视。在这种情况下，说话者便用"好不好"提醒对方关注、回忆、思考或反省。该意义可以通过添加"提醒"标记用语"可别忘了/请注意"来显现。因此，"提醒"语境下我们可以将结构模式体现为：

A：a。

B：可别忘了/请注意 b，（c）。

例如：

（19）老妈又问了一些话，然后对我说，"他比较忙，你要体谅他。你要是真的喜欢人家，你就去追"。"老妈，我才是你的孩子好不好，那个人不是。"（网络）

（20）"你们的优势是哪里呢？有价格表吗？通通传真一份过来，有需要的话会联系你们的。""钱也是纸造的好不好，给你传真以为都不用纸啊！……"（网络）

例（19）"我是你的孩子"是一客观事实，是两者共有的背景信息。在说话者看来，母亲不袒护自己的孩子而帮外人说话是不符合事理的，所以有必要提醒她这一客观事实以示对母亲的言行存在异议。它可以体现为"……可别忘了，我才是你的孩子。……"例（20）也是同理。受话者向发话者提醒"钱也是纸造的"这一显而易见的常识。

2. 拒绝

当 A 向 B 提出某个要求或建议 a 时，B 借助某种理由或托词 b 予以拒绝。"好不好"在一定程度上是对 b 的强调和明确，使得自己的拒绝行为更具说服力。所以该意义可以显现以下的言语形式：

A：a。

B：不行/不 V，因为 b，（c）

例如：

（21）A：下午有个美术展览会，一起去吧？

　　　　B：拜托，我明天考试好不好！（自省语料）

（22）A：关一下门行不？

　　　　B：你比我离门更近好不好。（自省语料）

例（21）中 A 向 B 提出"同去美术展览会"的要求，而 B 通过呈现"明天考试"这一现实理由，顺理成章地拒绝了 A 的要求。其隐含义可以表达为：

(21)′A：下午有个美术展览会，一起去吧？

　　B：不行/不去，因为我明天考试。

例（22）同样可以表达为：

(22)′A：关一下门行不？

　　B：不行，因为你比我离门更近。

3. 申辩

发话者提出某种疑问，对这一疑问，受话者感到不以为然，认为不成问题或者根本不该提问（邵敬敏，1996）因此采用"好不好"否定句给予回应，具有明显的申辩义。例如：

(23) A：怎么又是我等你啊。（网络）

　　B：堵车了好不好。

(24) A：你为什么不好好开导开导她呢？（网络）

　　B：都开导两次了好不好。

当然这里也有反驳的语气，但比较缓和，并非针锋相对，属于弱否定。

4. 反驳

受话者与发话者的观点、立场存在分歧或对立，于是针锋相对地发表自己的意见 b 进行驳斥，或者是受话者对发话者的错误判断进行纠正。该语境可以通过"不是……而是……"框式来显现。因此其结构模式可表达为：

A：a。

B：不是 a，而是 b，(c)。

例如：

(25) 米诺：你自己智商低就不能怪我了。

　　艾亚：是你讲得太复杂好不好？

　　米诺：这更不能怪我了，百度到的就这么复杂。（网络）

(26) 什么？我的裙子太短了？拜托，那是我的腿长好不好！是学校定制的校服根本不合格好不好！……

（27）A：你今年 23 岁了吧？

　　　　B：我才 20 岁好不好。

（28）我的工作是网页设计与开发，不是视屏制作好不好！

例（25）中"艾亚"与"米诺"在"艾亚"不理解的原因问题上针锋相对。前者归结于对方"智商低"，后者认为对方"讲得很复杂"。语义相当于：

（25）′米诺：你自己智商低就不能怪我了。

　　　　艾亚：不是我智商低，而是你讲得太复杂。

　　　　米诺：这更不能怪我了，百度到的就这么复杂。

而例（26）则通过呈现两个理由对对方关于"裙子太短"的认识作了否定。反驳相对于申辩来说语气要强烈，是一种强否定。例（27）B 对 A 关于年龄的错误认识给予了纠正，同样可以进入"不是……而是……"框式。例（28）类推。

　　以上四种语境是"好不好"经常使用的场合，但需要指出的是，对这四种语境的区分并不强调"好不好"出现语境的唯一性，而主要依据其在不同句子使用中的不平衡性。也就是说，不同语境之间并非泾渭分明的。更多时候，"好不好"的语境可能是多个语境的交叉，但其中有一个是主要的。

　　综观上文可以看出，从提醒—拒绝—申辩—反驳，其语气强度呈递增趋势。它们之间存在一个共同点，即说话者通过"好不好"使自己的意见、态度和立场得以明确或强调，并带有不容置疑的语气。但这种明确或强调是建立在否定另一方言行部分内容的基础之上的。所以，我们认为"好不好"是一个标示"否定"的话语标记，是现代汉语中，或者说是当代汉语中表示否定意义的一种特殊用法。因此，"好不好"只能跟具有否定义的词语格式共现，而与肯定义的词语或格式不兼容。例如：

（29）A：你喜欢他吗？

　　　　B₁：不是喜欢，是太喜欢了好不好。

　　　　B₂：是的，我太喜欢了。

　　＊B₃：是的，我太喜欢了好不好。

（30）A：你是学生吧？

　　　　B₁：谁说我是学生！我是老师好不好。

　　　＊B₂：没错，我是老师好不好。

通过 B₁、B₂ 和 B₃ 之间的对比，我们还进一步印证了"好不好"的否定义标记性。

　　作为一个新兴的"否定"性构式。"好不好"在否定类型上表现出多样性的特点。它既可以表示语义否定，又可以表示语用否定。语义否定，是否定句子表达的命题的真实性，即否定句子的真值条件（truth conditions）。而语用否定不是否定句子的真值条件，而是否定句子表达命题的方式的适合性，即否定语句的适宜条件（felicity）。（沈家煊，1993）

　　1. 语义否定

　　按照否定对象在话语中的地位，我们可将语义否定分为焦点否定和非焦点否定。

　　第一，焦点否定。只对对方话语的焦点部分进行否定的，我们称之为焦点否定。这是"好不好"语义否定中最常见的一种。例如：

　　　　（31）"她是新人吧？""不新了好不好，都三张专辑了。"

　　　　（32）"你有什么活动？还不是一天到晚上网聊天？""什么啊，我哪有？我活动很多的好不好。"

以上两例均为焦点否定，但在答句里却体现为直接否定和间接否定。例（31）"不新"是对对方问话中疑问焦点的直接否定。而例（32）通过"我活动很多的"是对对方的判断"一天到晚上网聊天"的间接否定。

　　第二，非焦点否定。对对方话语中的非焦点成分进行否定的，我们称之为非焦点否定。例如：

　　　　（33）表演结束了，还和小孩子一起凑热闹，跑到后台去亲自操作皮影了，不过，还是被鄙视，竟然被一个小学生说，这两个初中生从哪里跑出来的。天哪！明明已经研究生啦，再不济，也会看出是个大学生的好不好，超受打击！

（34）A：小姗1月26号结婚，邀请你了么？

B：是29号结婚好不好。

例（33）否定的是"初中生"，相对于那个"小学生"而言，它不是话语的焦点部分。而例（34）A 话语部分的焦点应该是疑问部分，即"邀请你了么？"而 B 否定是非焦点成分。

2. 语用否定

"好不好"对语用义的否定比较复杂，主要有以下几种情况：

第一，否定违背合作原则带来的隐含义。隐含义是非真值条件意义的一种，它可以在违背合作原则的基础上产生。例如：

（35）你真的喜欢他吗？——是爱好不好！

（36）女：说出爱我的三个理由！

男：一穷，二丑，三不温柔。

女：我没你说的那么好好不好。

（37）A：你说该不该去呢？

B：这件事弄不好会吃上官司的。

A：我也不想好不好？人在江湖，身不由己好不好？

（38）他的个头高高的，跟我长得很像。——拜托，是你长得跟他像好不好。

格赖斯的"合作"原则包括四个具体准则：量、质、关系、方式。以上四例中的"好不好"句式就是否定违背这四个准则带来的隐含义。例（35）涉及一个"量级"（scale）（沈家煊，1999）。如果"爱"为真的话，那么"喜欢"也为真，因此上例并非语义否定。试比较：

（35）′你真的喜欢他吗？——我从来没有喜欢过他好不好！

该例是"好不好"语义否定的用法。例（36）男方没有说真话，但女方利用自己背景知识，理解了他的会话含义。例（37）B 的答句违背了会话的"关系"准则。他表面上呈现事件产生的后果，实际上劝说 A 终止某项行动，结果而遭到了 A 的反驳和申辩。显然 A 所否定的应是 B 的言外之意。例（38）中"跟我长得很像"隐含着

"我"势位上要高于"他"。而"你长得跟他像"却恰恰相反，否定了对方的隐含义。

第二，否定"前提"。"好不好"还可以用来否定"前提"，这也是比较常见的语用否定。例如：

（39）第二个瘦子道："宗主说你废话很多，看来果然很罗嗦，我们是奉宗主之命来送你一程的。"云梦龙郁闷了，"你们宗主是不是脑袋有坑啊，我们根本不认识好不好。"

上例中的预设"云梦龙"与"宗主"认识，但"云梦龙"并不认可。他的应答是对预设的否定。

（40）"这是你见过的最大的雪吗？瞧你乐的。""呵呵，我是根本没见过雪好不好，哪还说得上大小。"

第三，否定色彩意义。色彩义包括感情色彩和语体色彩。"好不好"是对两种色彩的否定。如：

（41）都是你"死缠烂打"惹的祸！——这叫"执着、专一"好不好！

（42）啥年代了还用"厕所"！都说"解放区"了好不。

第四，否定语言的表达手段。语言的表达手段包括发音、用词、句法等方面。这些错误不会引起理解上的障碍。而说话者故意引述对方话语中的错误，来达到纠正的目的。例如：

（43）"yuán 小鹏！"拜托，又错了！是阮（ruǎn）好不好！"到！"

（44）"你最近什么学习？"天哪！这些老外！"学习什么"好不好！

一种新的语言表达形式的习得，尤其是一种新的交际手段，仅停留在对其意义的了解是不够的，还必须了解它所依赖的交际场合和上下文语境。对"好不好"的运用也是如此，我们不能盲目求新求异而出现滥用、误用的情况。

"一致准则"（agreement Maxim）是利奇提出的礼貌原则中的一

条子原则，即要尽量减少与他人的分歧，尽量增加与他人的一致。因此，表达否定之义时要谨慎，尽可能选择礼貌级别偏高的表达式。"好不好"的前身是正反形式的反问句，在一定程度上沿袭了反问句的强势语气，因此其语气量级相对比较高，是一种礼貌级别偏低的否定表达式。我们可以将其与其他否定表达形式进行比较。以下从 B_1 到 B_5，是表达同一个语义概念"我不是学生"时所采用的感情色彩各异的表达式：

> A：你是学生吧？
>
> B_1：谁说我是学生！
>
> B_2：什么学生啊！我是老师。
>
> B_3：拜托，我是老师好不好！
>
> B_4：我不是学生。
>
> B_5：我是老师。

以上 B_1—B_5 代表了 5 种常见的否定应答方式。B_1 用了强烈的反问句来否定，表达了说话者指责、愤怒的情绪，并且带有一定程度的攻击性，是态度最差的表达方式。B_2 通过对直接引述的否定，表达了说话者些微不满与毫不客气的情绪。B_3 的"好不好"则传递了说话者鄙夷或不耐烦的语气。B_4 是比较客观的否定，但它是对说话者语言的直接否定。而 B_5 避免了会话双方的直接对立，则是通过呈现事实对对方作了委婉地否定，是最礼貌的表达方式。因此，它们的礼貌级别总体上呈递增趋势，其中"好不好"的礼貌级别比直接否定的礼貌级别还低。这使得"好不好"在使用对象和场合上受到了一定的限制。

第一，感情融洽的交际双方。礼貌语言的效果问题是要受制于具体的交际对象的。一些公认的礼貌用语是针对陌生人的，如果不加区别地将它们用于熟人、朋友和家人身上，效果会适得其反。熊学亮、刘国辉（2002）在距离的亲疏与礼貌言语之间建立了如下组合方案：

> X：感情距离 + 礼貌言语→礼貌效果
>
> Y：感情融洽 + 礼貌言语→可以，但过分反而不妥
>
> Z：感情融洽 + 不礼貌言语→可以接受，如给人愉悦，则为
>
> 礼貌用语

因此，原本礼貌级别偏低的否定用语"好不好"，用在感情融洽的交际双方反而会产生一种亲近感，从而收到一定的礼貌效果。因此，"好不好"对以下交际对象的接受度自左到右呈递减趋势：

夫妻 > 家庭成员 > 亲朋好友 > 社会朋友 > 陌生人 > 长者 > 上级……

第二，非正式场合。正式场合一般有一定的标准、程式，语言上较为严肃、稳重，非正式场合则较为随意、自由、活泼。"好不好"属于口语形式，这种随意、自由的性质决定它一般出现在非正式场合，如闲谈。因此，即使是关系密切的情侣、朋友之间，若在正式场合，如会议、报告、谈判等也不宜用"好不好"。在日常生活中这种用法多见于电视中的娱乐节目，而新闻广播中较少。体现在语体上，"好不好"多见于文艺语体，而政论体、说明体等几乎不用。

话语中的否定句具有一种"回响效力"，其目的是否定与之相对应的肯定句。因此它总是具有很强的语境依赖性，它是需要建立在其前"已有的说法"的基础之上。作为否定标记的"好不好"答句也不例外。它可以对疑问句进行否定，但不能对没有态度倾向性的特指问的疑问焦点进行否定。试比较：

（45）a. A：你是学生吗？　　　 B：我是老师好不好。

b. A：你是不是学生？　　 B：我是老师好不好。

c. A：你是学生吧？　　　 B：我是老师好不好。

d. A：你难道不是学生？　 B：我是老师好不好。

e. A：你是干什么的？　 *B：我是老师好不好。

以上疑问句唯独 e 不存在预先的假设，没有否定的载体，因此不成立。而其他四例则不同，A 对 B 的身份均已作"学生"的猜测，因此 B 可对该猜测进行否定。

但它与普遍的否定标记词"不"不同的是它不能单独出现，必须依附于一定的话语 b 之后。这也同时印证了"好不好"已发展成为一个话语标记。该话语 b 所传递的信息以已然的、现实的为主，它代表了说话者的一种立场或观点，因为建立在现实基础上的理由或观点更具说服力。

答句中，"b 好不好"之前一般不出现直接的、单一的否定形式
"不、没"等。如：

（46）A：新生么？

    ＊B：不是，都二年级了好不好。

但可说"都二年级了好不好"或"不是，都二年级了"。因为"不
是"的功能是"否定"，而在句尾出现"好不好"的答句中否定已由
"好不好"承担，语义重复。可说：

（47）A：你好象很生气！

    B：不是生气，是非常生气好不好。

这里"不是"并不只是表示否定，它还有指别和明确否定焦点的作
用，还达到了幽默、出乎意料的语用效果。因此句子是成立的。

另外，在拒绝的语境中，b 可以是拒绝某一行为的理由，不能是
拒绝某一事件的直接形式。例如：

（48）A：喝点咖啡吧？

    ＊B：不喝，好不好。

但可以用"不想喝好不好"回应，"不想喝"相对于"不喝"来说，
并不那么直接，前者是后者否定的理由。

"好不好"是一种新兴的语言现象，它的使用主要集中在年轻学
生的口语中，在南方地区使用尤其频繁。而对于注重语言更新、紧跟
时代步伐的都市中年人来说，"好不好"也可看作是一种展现自身活
力的时髦用法。可见，从某种程度上来说，"好不好"具有一定的区
域性和群体性。那么这种用法如何产生的呢？我们认为这是一种语言
接触引发的语法化（contact – induced grammaticalization）（Bernd Hei-
ne & Tania Kuteva，2005）现象。

其实，"好不好"作为一个语言结构形式，在现代汉语普通话中
并不是新生的，而作为表否定的语言符号在南方的一些方言中也是客
观存在的，在上海话里就有类似的用法。例如：

（49）A：侬是广东人对伐？

    B：我是上海人好伐啦。

（50）A：侬又迟到勒！

B：才第一次好伐啦。

这里的"好伐啦"相当于普通话里面的"好不啦"，是"好不好"的变体形式"好不"加上语气词"啦"。但是部分南方方言中的"好不好"与现今流行的用法相比，其使用范围要狭窄得多，即语境要受到一定的限制。方言中多见于语义否定，尤其是在纠正对方的猜测或疑问时；在语义偏向上，以表达针锋相对和不耐烦的情绪为主，较少有调侃、愉悦之用。这在性别和年龄上虽然比较自由，但其使用频率还是很低的，尚处在"弱语法化"（weakly grammaticalized）的阶段，显然它对普通话影响的强度和广度都是有限的。我们认为诱发普通话中的"好不好"高频使用，使得语法化得以进一步发展的最直接的因素要数港台文化的推动，尤其是台湾文化。

二十多年来，港台流行文化表现出了其异乎寻常的强劲势头，其中包括港台的电视剧、电影、流行歌曲、娱乐节目等文艺形式。它们作为西方流行文化与中国式接受习惯的混合物，正担当了现代文明登陆大陆的先锋与中介。追求别样和不同，向往有所选择、提供选择的世界和人生，是现代人的时代意识。对于充满现代意识的新潮一族而言，能在语言天地里别具一格，这是他们追求对自身存在价值的肯定的一种方式。而对港台星级人物语言的模仿不仅达到了宣泄偶像崇拜的强烈情感的目的，而且又能标新立异。"好不好"正是港台文艺作品中频频出现的表达形式，尤其是台湾的现代偶像剧和娱乐节目中的女性角色，表现了她们嗲声嗲气的情态。在这种语用效果的刺激下，原本潜藏在方言中的结构形式"好不好"被唤醒而最先赢得了求异、求变的学生群体的关注，使用频率逐渐提高，语境的限制不断被冲破，使用的群体范围，包括年龄和性别，及地域范围也随之不断扩大。

我们随机抽了在大陆备受欢迎的台湾综艺节目《我猜》的一期，记录了"好不好"的这种新兴用法：

（51）吴宗宪：我担心会不会在我们节目当中圆寂了他。

杨丞琳：我怀疑他根本就是临演好不好。

（《我猜》060909 - 1）

（52）吴宗宪：是我跟 NoNo 好不好。(《我猜》060909 - 1)

在青春偶像剧中，我们也随机选择了 2007 年的《转角遇到爱》第一集。如：

（53）崔哥：你知道不知道，少台脚踏车，要损失多少外卖的客人啊，你到底长不长脑瓜子啊！

秦朗：我比你更难过好不好。

作为后附否定标记的"好不好"经历了由地域方言到社会方言的发展过程。随着社会的快速发展和语言差异的缩小，我们还可以预测，这一用法由于其独特的口语对话色彩、特殊的交际风格以及别致的话语效果还可能进一步扩大，从而成为一种时尚的口语构式。

三　第二人称代词与近指代词

（一）"你"和"这"的贬抑性与理据

第二人称代词"你"或"你们"比其他人称代词在习语性贬抑义构式中表现得要丰富一些。如："你等着瞧"、"你看你"、"我叫（让）你 X"、"你个……"、"好你个 X"、"看把你 VP 的"、"美得你"。这些格式都反映出了第二人称代词与其他人称代词的不对称性。这一不对称性主要体现在以下三个方面：一是有的只能用第二人称，如"你个……"、"好你个 X"等。以下换成别的人称代词均不成立。例如：

（1）a. 你个王八蛋！

　　　b. *他个王八蛋！

　　　c. 他这个王八蛋！

　　　d. *我个王八蛋！

（2）a. 好你个西门庆！

　　　b. 好他个西门庆！

　　　c. 好我个西门庆！

二是用第二人称比其他人称固化程度与可接受度更高。如"都是NP"中，NP 为第二人称的用例占绝大多数。另外，"美得你"比"美得他"或"美得我"凝固性更强。例如：

（3）给宝宝爸爸定做的杯子，美得他呀！（百度搜索）

（4）必须让抽烟人感到抽烟不方便，是可借鉴的伟大榜样，边看电视边悠闲地抽烟，美得他，能不多抽？（CCL）

（5）今天又可以一个自由自在的了，美得我呀！（CCL）

"美得他"与"美得我"相对于"美得你"而言，使用得较少，而且人称之后表达"美"的状态或程度语词在多数情况下还保留着，这也说明了它们的固化程度没有"美得你"高。例如：

（6）哈！真是没有想到，今儿弄这么一支好枪！<u>美得他</u>直咂嘴儿。（CCL）

（7）惊艳，惊艳，太美了，<u>美得我</u>下巴都要跌了，眼泪都要流了。（百度搜索）

从"美得他"与"美得我"的使用环境我们可以看出，这些固化程度偏低的用法在表达贬抑性情感义上也比"美得你"要弱。它们不全表示嗔怪或不满义。这便是人称代词不对称性的第三点表现，即用第二人称表示贬抑义，用其他人称代词时，这一规约义便消失。例如：

（8）<u>你看他</u>外表像个绅士，在球场上可是个杀手，头号杀手！（CCL）

（9）现在<u>我看他</u>精力充沛、工作效益很高，60 岁的人了，能这样挺不容易的。（CCL）

人称代词在贬抑义上表现出的不对称也说明，一个规约语用意义的产生主要跟构式的整体有关，而并非在其组成成分之上。但组成成分起到了辅助的作用，即第二人称"你"对贬抑义的产生了一定的影响。

第二人称代词常常伴随着近指代词"这"的出现。"这"与"那"在习语性贬抑构式中也存在不对称。如"这 + NP"。如"你（这）个 NP"、"我 + 把 + 你 + 这 NP"、"这（个）+ NP"之类的构式。

（二）面责构式与背责构式

我们根据其使用情境的不同，将带有第二人称代词和近指代词的习语性贬抑义构式分为面责构式与背责构式。这里所指的面责与背责是在责怪客体是否接收到责怪主体发出的责怪而言的。因此那些无声或自言自语的形式我们暂且不谈。在这一前提下，前者所体现的责备行为主要发生在责怪主体与责怪客体言谈现场。这些构式有第二人称代词为标记；后者主要是"这（个）NP"。这一责怪形式主要存在于非言谈现场。责怪行为的产生是因为致责因子被情景所激活。

我们先来看面责构式。面责构式中"你"与指量结构"这个"+NP之间可视为指称与陈述的关系。例如：

（10）"混小子"不等那皮衣客发怒，那紫云门师弟冲过来对准徐十三就是一巴掌，"好你个有眼不识泰山的混小子，东北镇霞三正鞭的葛老大面前，岂容你在此放肆？"（赖刁刁《江湖八卦浪潮》）

（11）县委信访办负责人找到李庆霖的儿子李良模就骂："你这个二流子，不好好劳动，饭还吃不够！你欺骗毛主席！"（CCL）

（12）见到李芙蓉，他劈头就压低了声音问："你个黄毛丫头搞的什么鬼事！"（CCL）

（13）七巧笑道："我把你这不孝的奴才！支使你，是抬举你！"（CCL）

这些构式都具有规约的贬抑义，但内部规约的程度则有所差异。其中"好你个NP"与"我+把+你+这（个）NP"的规约程度最高。其中的NP或者是中性的或者是贬斥性的。通过对北大语料库的考察，我们发现这两个构式对NP语词性质的选择是有倾向性的。前者既可以是中性的，也可以是贬斥性的，但以中性为主。因此进入"好你个NP"的NP大多是专有名词。例如：

（14）贾正听清了是赵庆田的语音，审出坏垯就喊："好你

个赵老蔫……"（CCL）

（15）小得说："好你个小冯，还说呢，你这一当兵，家里什么活都落到我身上，我不骂你骂谁？"（CCL）

（16）"好你个侯书记啊！好吧，你看着办，随你的便吧，你想干什么？荒唐！"（CCL）

（17）"好你个老师！吃我们的饭，不放我们的学，等我告诉我妈，以后永远不给你作饭！"（CCL）

以上"赵老蔫"、"小冯"、"侯书记"、"老师"等都是中性的名词或名词结构。但整个构式的责怪义不变，这足以证明这一贬抑性的情感义是整个构式带来的。当然其中"好"的反语作用也不可抹杀，这也是该构式与相类构式相比规约性程度较高的一个重要原因。值得说明的是，在有些语境中，"好你个NP"的威胁程度比较弱。例如：

（18）汪峰忍不住哈哈大笑起来，便故意拿江小宁开心，笑着说："华书记，他在对你发阴呢！""好你个疯狗，你不发阴，你给华书记汇报汇报。"（CCL）

例（18）的构式中"疯狗"应该是贬抑性较强的词语，用来责怪时其威胁程度是很高的。但在这个情境中，责怪义始终存在，但威胁程度却近乎零。这种情况跟责怪主体与责怪客体之间的亲密程度有关。因此责怪义构式的威胁程度不是与所含语词的贬抑性程度成正比的。贬抑性程度高的构式用在距离近的主体与客体之间，其威胁程度反而不及将贬抑性程度低的构式用于距离疏远的主体与客体之间。

在汉语中，存在"好你这个NP"、"好你一个NP"和"好你这NP"形式，但用例极少。在北大语料库中，我们查得"好你这个NP"近代汉语与现代汉语用例各一个。例如：

（19）只听他哥哥说："好你这个不要脸的东西！来人！给我打他，把他捆上，我送他就是！"（CCL）

（20）某同学写给一位绰号"火车头"的同学的赠言是："好你这个火车头，载着一车好东西开走了！"多么简单而丰富！（CCL）

"好你一个 NP"与"好你这 NP"在近代汉语语料库中查得用例均为 2 个，而现代汉语语料库中则都没发现用例。

（21）大恶贼一听，怒气冲冲，说："好你这不要脸的东西，愣敢望我分家来啦！"（CCL）

（22）高杰说："好你这一干叛逆，不知天时，任意而为。作恶多端，今日天兵压境，你等趁此早早归降。如若不然，马到疆场，管叫尔等死无葬身之地！"（CCL）

（23）"好你一个赵得胜，给脸不要脸。就凭我这个容颜，哪一点比不了你呀？"（CCL）

（24）黄昆用刀一指陶氏，说道："好你一个贱人！"（CCL）

这三个构式与"好你个 NP"都是规约化的责怪义构式。它们除了表达不满的情绪之外，还有一个非常重要的话语功能，那便是用来引出一个新的话题。此时该构式起到特殊称谓的作用，主要位于一个话轮的起始位置，下文是对该指称的进一步陈述。但对于"好你个 NP"中的"个"应该是"这个"的省略形式还是"一个"的省略形式？或者都不是，它是多个常用结构相互作用产生变异的结果？这一点我们难以从历史上得以考证。如果说"好你个 NP"与"好一个 NP"存在密切关联的话，那么前者是后者主语为"你"的结构整合形式。但两者责怪义的规约化程度存在很大的差异。显然前者的程度要高得多。且另一责怪义构式"你个 NP"只能是"你这个 NP"的关联形式，而不是"你一个 NP"，在这一点上无法统一。其中"你"与"这"都具有高指别性。表达上的冗余使"你"也承担了"这"的指别功能。但在"你这个 NP"中的"这"在多数情况下为什么可以不用隐去呢？这或许跟"好你个 NP"中的 NP 多为专名有关。专名同样具有高指别性，这就更有隐去"这"的必要性。另外，"好一个 NP"音节上影响也不无可能。因此，我们姑且认为它是多元影响的混合结构，具有很强的不可分析性。

"你个 NP"与"好你个 NP"在表义功能上大同小异。但在话语功能与结构功能上有所差异。"你个 NP"除了放在话轮的开头用来转换话题之外，还可以放在话轮的中间，也可以用于话轮的末尾。在句法结构上，"你个 NP"又可以被作为一个同位结构充当句子的主语和宾语。这是"好你个 NP"构式所不具备的。例如：

（25）淑娴指着春玲，假生气地嗔道："你个小玲子，怎么把俺比成皇帝婆子啦，真糟蹋人！"（CCL）

（26）"你说你说！你个软盖王八。你是不是又要褒贬俺们妇女？"大娘右手指点着，几步迈到李洛玉跟前。（CCL）

（27）"你要找死吗？你！你个兔崽子！"司机破口大骂。（CCL）

（28）你个谭正文，真是个书生。要整你还要问为什么？（CCL）

（29）"他妈的！宰了你个小兔羔子！"汪化堂拔出手枪。（CCL）

"你个 NP"充当半截字"把"字句的宾语时，就有了"我 + 把 + 你 + 这 NP"构式。对于该构式前人做过比较充分的研究，尤其是在近代汉语语法领域。《现代汉语八百词》里认为它表示"责怪或无可奈何"。王力（1943）认为"骂人的话往往不把处置的办法骂出来，于是话只说得一半"。作家出版社《元曲杂剧选》认为"把"的功用是"表示将要责骂的意思，但责骂的话并不说出来，是元剧中的特别用法"。俞光中、植田均（1999）指出："元明时期北方多见的这种句子多数是晋语，'把'字仍属处置，晋语动词或为周知或为不便说出口而隐去。"王文晖（2001）认为这种特殊把字句并非传统处置式把字句的动词省略。其目的是使说话者便于发泄自己的某种情绪，而并非想把听话者怎么处置，因而处置式把字句中的动词便被隐没了。张美兰（2000，2002）也有类似的看法。我们也基本赞成这种看法。

"我 + 把 + 你 + 这 NP"与"好你个 NP"有所不同。它的 NP 都是一些晋词，不出现中性的专名。这是构式对 NP 的特别选择。例如：

（30）"我把你这狼心狗肺的东西！我三茶六饭款待你这狼心狗肺的东西，什么地方亏待了你，你欺负我女儿？……"（CCL）

（31）七巧把一只脚搁在他肩膀上，不住的轻轻踢着他的脖子，低声道："<u>我把你这不孝的奴才</u>！打几时起变得这么不孝了？"（CCL）

（32）鹿三顺手抽了黑娃一个抹脖子，骂道："<u>我把你这慌慌鬼</u>……"（CCL）

"这 NP"是用来背责的构式，它不用于言谈现场直接指责听话人。面责时必须前加"你"或者用手指着听话者。如果 NP 本身带有贬抑性，则可以径用 NP。例如：

（33）甲：她整天游手好闲，不学无术。

　　　乙：<u>这女人</u>！

（34）现在他恨透了杜洛埃："<u>这白痴</u>！我要让他尝尝我的手段，而且很快！明天走着瞧吧。"（CCL）

（35）于是，指着吕纯阳说："<u>这守尸鬼</u>！"吕纯阳一听，哈哈大笑说："争奈囊中有长生不死药！"（CCL）

（36）<u>你这白痴</u>，手机只有在打电话的时候有辐射么？（百度搜索）

（37）"<u>白痴</u>！"大仲马同意雨果的话。"要知道，全世界都知道，这是我发明的！"（CCL）

例（33）的 NP 为一中性名词，例（34）中 NP 则本身具有贬抑性。我们分别通过两例中指示代词"她"和"他"可以推断，责怪客体都不在言谈的现场，不能接收这些责备内容。例（35）与例（36）分别在手势语与第二人称代词"你"的辅助之下，使用了"这 NP"构式。而例（37）利用本身带有贬抑性的 NP 进行直接斥责。由此我们可以得出一个结论："你这 NP"与贬抑性的 NP 可用于面责，而居于两者之间的"这 NP"用于背责。此外，"这"不仅在这一责怪义构式中不用来面指人，而是在其他的表达式中都不用于面指人。究其原因，我们认为 NP 与"这 NP"之间有个大体上的分工。前者无标记地用于面责，后者则无标记地用于背责。当"这 NP"用于面责时就会出现标记颠倒的现象。过量的信息往往容易衍生出言外之意，导致责怪客体他指的可能性。补救的办法便是通过手势或人称来进一步指别。该构式用于表达面责义具有一定的理据性。归根结底，是约定俗成的结果。

（三）"你看你"构式

"你看你"在现代汉语口语中是一个使用频率高、表义特殊的习语性贬抑义构式。例如：

（38）在架线连你拼，在高炮团你拼，在汽车营你拼，在干休所你拼，你看你拼成啥样了？（CCL）

（39）妈，你看你人家逗你开心，你倒当真了！

（40）实说吧，全村也只有叔叔我是你的个亲人，你看你这么大啦，连女人也没娶过。（马烽《吕梁英雄传》）

（41）靖萱慌忙扑过去端起那碗药，急喊着："你看你，药都给你洒掉了！"（琼瑶《烟锁重楼》）

（42）你看你呀，还不想当副总理。（CCL）

（43）"咱还是在咱的农村好好打主意……你看你胳膊凉得像冰一样，小心感冒了！夜已经深了，咱们回！"（路遥《人生》）

由以上用例可见，"你看你"具有如下鲜明的特征：第一，在语音上，"你看你"之后可以停顿，也可以加语气词"啊、呀"，等等。如例（41）与例（42）；第二，在句法上，"你看你"常出现在句首，且相对独立，属于句法以外的成分，或者只是松散地附接在句法结构上；第三，在语义上，"你看你"的有无并不影响语句的命题内容；第四，"你看你"在话语中具有提请注意、指示说话者立场和态度的功能，使说话人在说出一段话的同时附带了不满、嗔怪或责备的主观情感。显然，"你看你"是具有语气完整的、具有独立构式意义的习语构式。

通过对所搜集的262例"你看你"所在篇章（以下简称"'你看你'语篇"）的考察和研究，我们发现，在篇章起具体作用的语义成分存在着某种共性，这些具有共同会话隐含义的语义成分共同实现了"你看你"语篇的语义构成：

A：提出说话者的要求或认识

B：责备或否定听话者的某一事实

"你看你"语篇的两个语义成分，分别用A、B表示，这样我们便可将其归纳为三种情况：

第一种，A和B同时出现。

这种情况是"你看你"语篇中最完整的语义结构模式，内部的组合方式也相当复杂，有"A+你看你+B"、"你看你+B+A"或者A、B交错使用。例如：

（44）起来，起来，<u>你看你</u>这个睡，这个懒劲，还不快去饮马去，牲口干坏了。（周立波《暴风骤雨》）

（45）还是买蓝筹股吧！<u>你看你</u>选的些什么ST股，十家九家跌的。（百度搜索）

（46）陈文英说，"哎，哎，哎，<u>你看你</u>，又来了。说得好好地，又不知说到哪里去了。世界倒是要整个毁灭的，那就叫世界末日。现在还未到呀！"（欧阳山《苦斗》）

（47）<u>你看你</u>又扯到别处。萍，你不要扯，你现在到底对我怎么样？你要跟我说明白。（曹禺《雷雨》）

例（44）中，说话者用祈使语气直接对受话者提出要求，并通过话语标记"你看你"引出自身对"这个睡，这个懒劲"的不满，而后又进一步提出要求。例（45）中，说话者首先对听话者提出要求，然后对听话者"选ST股"的行为予以否定，并附加了否定的理据。而例（46）、例（47）则是先否定说话者的某一言行，再提出自己的认识或要求。

A和B共现的格式在理论上是最完备的形式，但在日常的交际过程中也难免会出现一些变异体，A和B不是必须同时出现的。

第二种，A或B出现。

人类为了提高交际效率而倾向于最简易的表达方式，所以"你看你"的简易式相对于其完整式而言，使用更普遍一<u>些</u>，这一点从我们所搜集的语料中便可得到印证。据统计，完整式56例，占所收语料的21%；简易式160例，占61%。这揭示了话语的"经济原则"

在语言发展过程中的重要作用。

其一，省略了 B 项。当 B 为两者的共有的已知信息，或者有语境的提示，或者可以通过非言语手段传递，或者不方便让在场的第三者获知等情况，总之，在不必说或不能说的背景下，说话者就会省略了 B 项。例如：

（48）他捏捏我的脸，你看你哟，钱是要赚的，也要好好爱惜自己的身体。（CCL）

（49）父亲终于忍不住发火了："别人家的孩子个个机灵聪明，你看你……"（CCL）

（50）思思故意在她面前展示自己的苗条身材，把裙子旋起一圈波浪说："你看你，这可真是结婚之祸呀！"（CCL）

其二，省略了 A 项。A 和 B 之间存在着一种印证与被印证的关系，B 为 A 提供了理据，使得这种认识和要求更具有合理性，更具有说服力。在说话者责备或否定听话者某种言行的同时，也显现了自己的一种认识或要求。从某种意义上说，对某种事实的否定和责备，本身就是一种认识，所以在语义上，A 和 B 常常会发生重合。这为 A 项的省略提供了可能。例如：

（51）英语教师勃然大怒："你看你，屁本事没有，一个音都读不准……"（CCL）

（52）你看你拿个大专文凭都那么吃力，如果不靠走门路送贿礼，不靠作弊，根本混不到手。（CCL）

（53）他总是看热闹一样，背着手围绕事故现场转几圈，嘴里责备发现者："你看你，搞坏了吧？"（CCL）

其三，A 和 B 都不出现。

"你看你"语篇，不仅可以省略 A 项或者 B 项，甚至可以两者同时不出现，不但不影响话语交际，而且单一的"你看你"还传递了说话者责怪或不满的情绪，已凝固成了一个语义自足体。例如：

（54）"你不是来送我。"高庆山笑着说。

"你看你！"春儿笑了。（孙犁《风云初记》）

　　（55）七姑奶奶说："你一个人，正要吃酒，一醉解千愁。"
"你看你！"古应春埋怨地说："你没有吃酒，倒在说醉话了。"
（高阳《红顶商人胡雪岩》）

　　（56）啧啧啧，你看你！（CCL）

以上几例，A、B 两项都没有出现，但是我们可以猜测说话者的态度，即都是对受话者的否定或不满。例（56）中的"啧啧啧"是拟声词，本身并无态度偏向，它可以表示赞叹，但一旦与"你看你"共现，其"责备"义便被确定下来了，说明这种"不满或否定"的情感意义是"你看你"所传递的。需要说明的是，上文所谓"责备义"或"否定义"都是指"你看你"的"辞面意义"，但是在实际的交往过程中，会有反话正说的情况，即辞面意义并非真正所要表达的意图即"辞里意义"。如例（54）"你看你"所要表达的并非真正的责备，而是一种愉悦性的否定，目的在于追求一种轻松、亲昵、幽默的情趣，这是通过违反"质"的原则带来的会话效果。无论说话者要表达何种"责备"，都没有脱离其"责备义"，所以跟本文的观点并不矛盾。然而这种意义从何而来呢？我们认为这是语义规约化（conventionalization）的体现。当某种语言形式所含有的语义一旦与另一种语义结合高频度使用，表达一个完整的语篇意义，并被人们长期广泛的使用，这种语义联系就会逐渐固化到前一语言形式之上，使得前一语言形式一出现就能使读者或听话者推导出与之高频率共现的下一语义。但是，B 为什么选择了"你看你"呢？这必然与"你看你"自身的特性——主观性有关。

　　"你看你"的语用功能表现出很强的主观性。从现实世界域的表示词汇概念义，到逻辑推理域的表达主观态度，再到话语行为域的话语处理功能。这是"你看你"语用功能主观化的过程，也是"你看你"成为话语标记的演变过程。

　　认知域包括现实世界域、逻辑推理域和言语行为域（沈家煊，1997）。现实世界域反映客观的实际情况，属于客观域；逻辑推理域、言语行为域涉及说话者所说话语的立场、态度和情感，具有主观性，属于主观域。

1. 现实世界域：自我观察

主观意义和客观意义相对。客观意义主要指真值条件语义（truth-conditional semantics），而非真值条件语义就属于主观意义。"看"的基本义为"观看、观察"，所以"你看你"的客观意义呈现的应该是要求听话者对自我的观察。这一语形具有不稳定性，与"你看我"、"你看他"具有类似的句法结构。但它与类固化后的"你看你"，甚至与作为话语标记的"你看你"没有形式上的标记，较难区分。但它却是"你看你"表达不满、责备等主观态度得以语用推理的一个依据，同时也充当了重新分析不自觉的牵动力。

2. 逻辑推理域：确证与否定

按照格赖斯的合作原则（cooperative principle），"你看你"遵守的是"质"准则：一是不要说自知虚假的话；二是不要说证据不足的话。（陈融，1985）在事态没有被听话者见证的情况下，"你看你"是说话者保证话语具有说服力的一种话语策略，即说话者希望听话者确认自己已经确认的东西，主动引导听者对话语作出符合其表达目的的理解，将其引入自己的说话轨道。因为当说话人使用话语标记"你看你"时，是在表明自己的一种事实的获得与发现，这种获得和发现对听话者来说可能是意料之外的，它能使自己的见解或要求有理可据。可见说话者通过"你看你"有意让听话人做好准备，注意其后续信息，可以召唤他们对其作出积极地反映，以便更好地接受这个意料之外的信息。

"你看你"可以引进事实，同时又表达说话者的立场、态度和情感。它附带一种责备、不满、嗔怪、否定的态度。在"否定"与"确证"之间存在一定逻辑关系：说话者提请听话者注意或确证的事实是其持否定态度的理据。

"你看你"这种语义的赋予跟它共现的语篇环境具有很大的关系。但是，语义是"双向选择"的（邵敬敏，2000：22），这种意义的形成跟"你看你"本身不无关系。

首先我们可以排除"看"，它不具有明显的"责备"义倾向。当"看"与第一人称代词组合时，如"你看我、看我、看看我"，反而更倾向于"自我欣赏、自我得意、自我满足"的语气。在认知上的解释是，人总是希望将自身"真善美"的一面呈现给别人。例如：

（57）你看我身高 1.98 米，都能把姿势摆得比你更低。（百度搜索）

（58）张学良爱才，看我能读能写，很快就让我专职去做贴写。（CCL）

（59）那一天，步鑫生打来电话，阿根你来，看看我是怎么把这个厂救活的！（CCL）

从以上第一人称与第二人称的对比中，我们发现这种"否定义"与"看"无关，而似乎与第二人称代词"你"有关。根据崔希亮（2000）考察发现，在《红楼梦》的第 1—70 回中，"你"共出现 3940次，单独用"你"称呼对方的时候都是高势位人对低势位人之间的，具有"居高临下"的意味。"你"的这种用法在现代汉语中也可以得到一些印证。例如：

（60）你想把我怎么着啊，你！（CCL）

（61）华信白了夫人一眼，你呀真是妇人之见，说得倒容易，这沙石是自己会飞过来不成。（CCL）

以上"你"、"你呀"都可以单用，并且具有表很强的不满或责备语气的倾向性。所以我们断定，"你看你"的否定用法与第二人称代词"你"不无关系。

除此之外，我们认为，"你看你"这种意义的产生也是语用推理的结果。根据上文"你看你"的客观义，若某人被要求需要自我观察、自我审视时，往往传递了一种主观义，那便是"自我反省"。这样我们便可以基于事理和经验做这样的推理：当某人被要求自我反省时，它必定做过令别人不满的事。最初这种含义是由诱使推理（invited inference）（Traugott & Dasher，2002：17；董秀芳，2007）造成的临时的话语义（utterance meaning），但当这种话语义高频出现后，就被规约化，并进一步语义化（semanticization）了。（Hopper & Traugott，2003：235；董秀芳，2007）。也正因为如此，作为话语标记的"你看你"有了单用的情况。

3. 话语行为域：转移话题与阐发话题

据考察，"你看你"会出现在下面的语言环境中，即说话人在叙述某一事件的过程中，由于意外的、临时的发现或转变，使其态度、角度、语气或受话对象等认知倾向发生改变。"你看你"所连接的正是在前后不同的认知倾向的支配下的不同的言语行为。例如：

（62）"咱还是在咱的农村好好打主意……你看你胳膊凉得像冰一样，小心感冒了！夜已经深了，咱们回！"（路遥《人生》）

（63）听说小李在城里买洋房了，人家喝过洋墨水的就是不一样，那个威风啊！你看你，还踩这个小破车，什么时候是个头啊！（CCL）

例（62）说话者通过"你看你"使听者的视线或焦点过渡到了"胳膊"上，使得两个话题转变的过程有一个缓冲的机会，同时又引发出新的言语行为。例（63）是两种态度的转变，对"小李"的忌羡与对"你"的失望和不满，通过"你看你"而完成了自然转变，使得两者的对比更加强烈，收到了很好的表达效果。

在更多的情况下，"你看你"不在于转移话题，而在于延续话题，阐发话题，使同一话题向纵深发展。例如：

（64）再说你离了也不见得真的幸福，你看你不是黄着脸，干着嘴，脖子上起着皱褶么。（铁凝《遭遇礼拜八》）

（65）早跟你们说过，资金要节流也要开源，你看你，把门打坏了不要钱修啊？（CCL）

（66）瘦麻秆子笑笑，却不脱衣，说道："你看你，还没上头，还是姑娘家，叫人脱衣裳，你能抹得开？"（周立波《暴风骤雨》）

以上所举用例，"你看你"前后都同属一个话题，既承前又启后。它将前项和后项组合起来，从前项的开始到后项的结束，构成一个完整的相对独立的话语单元。无论"你看你"是发挥话语转变的功能还是发挥话语阐发的作用，都具有明显的"管界"，它管领至后项的结束，从这个意义上来说，"你看你"也是"带篇章管界的管领词语"

（廖秋忠，1992：92）之一。

"你看你"作为一个语义自足的构式，其规约义不能通过对其表层的句法关系的分析而得。它已经发生了跨层的语法化。根据我们对语料的考察，"你看你"出现的时间较晚，我们无法对其语法化过程作详细地考察。但共时状态下存在的不同用法和交替形式为"你看你"的形成提供了一定的线索。我们可以根据"你看"与"你看你"的不同用法，对"你看你"的形成机制作一个可能的分析。

最初的"你看你 X"应当分析为"你看/你 X"，"你看"是一个话语标记，表示"提醒"，后一个"你"是小句的主语，它们处在不同的层次上，不构成直接成分。例如：

（67）他说，千万不要怕我，金桥，你看［你还不知道我是谁，我却能叫出你的名字了，我看了你的档案材料，一下子就全记住了。］我做领导别的本领不强，就是记性好，什么都能记住。（苏童《肉联厂的春天》）

这里的"你看你 X"分析成"你看/你 X"，括号"［］"中的内容在句法上充当"看"的宾语，其中的"你"与"我"形成对比。"你看"的主要语用功能在于"提请注意"，其中也略带"不满"的意义。但是在现代汉语中，有更多的"你看你 X"在句法上是一种交替形式。它们的存在为我们作"你看你/X"的重新分析提供了可能。例如：

（68）他挽住她的手，不要她走，又说："你看你哭成这样，怎么能够出去？"（巴金《家》）

（69）我哥哥埋怨我，你看你四十多岁的人了，怎么这么傻呢。（CCL）

（70）特别简单，你不必为他把自己赔进去。你看你现在瘦成什么样了？（皮皮《比如女人》）

（71）你看你整天抽烟抽个不停，把房子弄得乌烟瘴气，结果你又做出了什么事情。（CCL）

它们在"你看你"固化之前只能作"你看/你 X"句法分析，由"你 X"组成的小句充当"看"的宾语，表示说话者要求听话者对发生在自己身上的事件引起注意。对于解读者来说，并非如此，他对说话者的心理进行了重新分析，强化了说话者对听话者的责备态度，从而将注意焦点集中在"你"这个个体之上，要求作自我反省，以便更加凸显说话者的"责备、不满"的态度。从结构上看，"你"与后面"X"的关系越来越疏松，而与前面的"你看"的结合越来越紧密，这样也就有了"你看你"的形式。这种现象与语言的"象似性原则"是相符的：一个人或物在言谈提供的信息中越是重要或越是显著（salient）就越倾向于用一个独立的名词来指称它。（沈家煊，1999：256）因此，重新分析完全是听者（或读者）在接受语言编码后解码时所进行的一种心理认知活动，听者（或读者）不是顺着语言单位之间本来的句法关系来理解，而是按照自己的主观看法（通常都是在一定的诱因作用下）作另一种理解。这样一来，原有的结构关系在听者（或读者）的认知世界里变成了另外一种关系。（王灿龙，2005）

后来，随着"你看你"的频繁使用，一些新的语言现象为解读者将"你看你 X"作"你看你/X"分析提供了形式上的客观依据。我们先看这样的例句：

（72）靖萱慌忙扑过去端起那碗药，急喊着："你看你，药都给你洒掉了！"（琼瑶《烟锁重楼》）

（73）思思故意在她面前展示自己的苗条身材，把裙子旋起一圈波浪说："你看你，这可真是结婚之祸呀！"（CCL）

（74）妈，你看你，人家逗你开心，你倒当真了！（CCL）

（75）你看你，告诉你真话，叫你聪明点，你反而生气了，唉，你呀！（曹禺《雷雨》）

从以上例句中，我们发现一个共同的特征：后续成分 X 的主语不是"你"，而分别是"药"、"这"、"人家"和"我"，后一例主语已被省略。在这种情况下，我们没办法将其还原为"你看/你 B"形式，只能重新分析为"你看你/B"。应该说，如例（72）—（75）的用法，是出现最晚的、比较成熟的、独立的构式。正因为"你看你"这些显性构式用法的出现，使得我们对诸如例（68）—（71）的

"你看你 X"的进行重新解读。

除了"你看你"外，在现代汉语中还存在一些与之语用功能相当的语言形式，如"你看看你"、"看你"、"看看你"，等等。例如：

（76）我妈妈很生气，她说，你看看你把我家姑娘害成了什么样子？（CCL）

（77）看你看你，我去相亲也不用如此敏感么！（百度搜索）

（78）看看你，遇上一点小事就不好好吃饭，吃了。（CCL）

这些构式都带有贬抑倾向。在面称语极其丰富的汉语言文化中，直接用礼貌程度较低的"你"来直指对方，本身就带有随意、不尊重，甚至指责、挑衅之嫌。

四　极性词

（一）极性词的贬抑义与理据

极性词在构式贬抑化的过程中起到情感导向甚至是决定性的作用。这些极性词主要有以下几种：

1. 总括副词、必然情态副词

总括副词如"整个一个 X"中的"整（个）"、"都是 NP"中的"都"等。必然情态副词如"真是（的）"中的"真"等。这些极性副词都具有强烈的主观色彩。为了尽可能实现表达的客观性和真实性。我们在说话时，往往要给自己留出一定的空间，不能太绝对。如即使在确信某一事实的情况下，我们也倾向于说"他今天可能不在家"，而不是"他今天肯定不在家"；要进行某一评判时，我们却说"他挺大方的"，却不是"他太大方了。"总括副词与必然情态副词作为极性副词却大大降低了表达的客观性，增强了表达的随意性与主观性。这与不满情绪影响之下的言语特点和表达习惯是相吻合的。

2. 否定性词

主要是"不"、"没"、"半"。如习用语"不 A 不 B"、"没（无）A 没（无）B"、"不是 A 的材料（料）"、"不是东西"、"不是地方"、"吃不开"等。经研究发现，现代汉语中的双项否定构式多用于消极评价，表示某人不具备某种优良品质。如"没心没肺"、"不男不女"等。它较少用于表示某人不具备某些恶劣属性的积极评价。比如，我们不说"他没头没脸/没毒没辣"。而双项肯定构式"有A有B"却只能是评价某人拥有某种良好的、积极的特性，而不能用于表达某人具有某些不良的、消极的特性。比如，我们不说"有毒有辣"、"有恨有怨"。这种不对称现象的出现绝非偶然，而是语言内外因共同作用的结果。肯定是无标记的，否定是有标记的。前者的使用频率要比后者高。按照邹韶华（2001：37）的统计，褒扬义（积极意义）与贬抑义（消极意义）的语素在构词能力上具有不平衡性。前者的构词能力要胜于后者。褒扬义词项进入"有"字构式的可能性就更大，也就越易于生成称赞义。一旦进入否定式，则生成贬斥义。因此，在现代汉语中，肯定式倾向于表达赞赏义，而否定式倾向于表达贬抑义。

另外，双项否定式中"半"也具有明显的主观色彩。"半"在词典中的义项有一个共同的语义特征［＋不完整］。我们对《现代汉语大词典》中带有情感意义的"半"字用语进行褒贬分类，结果如下：
贬抑义：

　　半人　半三不四　半上半下　半上落下　半斤八两　半文不白　半古　半半拉拉

　　半死不活　半死半生　半死辣活　半菽　半吊子　半吞半吐半青半黄　半信不信

　　半信半疑　半途而废　半瓶醋　半虚子　半掩门儿　半开门半间不界　半间半界

　　半截汉子　半懂不懂　半筹　不纳半拉　半推半就　半饥半饱

褒扬义：无。

通过以上所列，可知"半"字本身蕴含着消极义，以它为主导的词汇色彩义多倾向于贬义。那么"半"的消极义从何而来呢？

认知语言学认为，同一民族同一文化会产生相似的思维模式。汉民族思维的一个主要特点是它的整体性，认为完整的事物才是最好的，而一个事物一旦被分开之后，成为"半"，就有了残缺，所以语素或词语经过"半"修饰后便会使人主观上产生缺憾。且看以下两例：

（1）至于张永金自己，则是一副<u>半呆不傻</u>的木讷模样。（CCL）

（2）a. 你在那儿<u>不呆不傻</u>地愣着干嘛？（CCL）

　　　b. 傻儿<u>不呆不傻</u>，最后还当上了师长。（CCL）

例（1）中"半呆不傻"的构式义是加合型的，意为"既呆又傻"，带有明显的消极义。而且，我们在语料中，还未发现其用作积极义的句子。与"半呆不傻"不同，"不呆不傻"却蕴含着两种截然不同的色彩义。例（2）a 中"不呆不傻"具有贬义色彩，而例（2）b 中"不呆不傻"经过否定词修饰后，具有了褒义的感情色彩。因此由于"半"的消极影响，"半 A 不 B"甚至比"不 A 不 B"的贬抑色彩更浓重，更稳定。

3. 主观小量词

主观小量词如构式"就 NP"与"也就（是）一 X"（参看刘丹青，2010）中的"就"、"NP 不过是 X"中的"不过"、"Q 才 VP"中的"才"等。一个评判是积极的还是消极的，跟人的期望值有关。如"他是一个大学老师"相对于"他是大学老师"是一个主观性的表达，具有主观评价色彩。（参看张伯江，2002）然而其评价的褒贬取向却是因人而异的。这就需要在表达的时候显示表明主观态度的标记词。而主观小量词在评判的过程中就发挥了标记主观态度的作用。例如：

（3）我承认这些女孩子脸蛋好看，但<u>她们不过是一些花瓶</u>。连起码的演技都不懂，就梦想着成为大明星。（CCL）

（4）<u>"宛若惊鸿，宛若游龙"的洛神不过是个古装的美女，世俗所供的观音不过是古装的美女赤了脚，半裸的高大肥硕的希腊石像不过是女运动家，金发的圣母不过是个俏奶妈</u>，当众喂了一千余年的奶。（张爱玲《谈女人》）

（5）侯宁：太傻太天真，股民只不过是"<u>拜伦胯下的那个女</u>

人"。（百度搜索）

（6）只不过是另一个"团长"而已。（《我的兄弟叫顺溜》）

"NP 不过（就）是 X"是表达主观小量的格式，因此整个格式常用来表达一些负面评价，包含评价主体藐视、不以为然的语气。无论何种性质的 X，进入该构式之后都具有贬抑义。

"就+述人 N"构式中没有显性的评价内容，但是根据语境其差评义子都会呈现出来，表达的也是评价主体对评价客体轻视、不以为然的态度。例如：

（7）"那个幼儿园对孩子不负责任，要不然媛媛怎么会发烧？我来照顾她吧。"谢嘉华不同意："就你？你自己还是个孩子呢！"（CCL）

（8）"你说要什么药印度洋我出去买。"李缅宁站在门口说。

"就你？告你药名你一路背到药店一张嘴也得给忘了。"（CCL）

（9）念了大学的尹小跳和念了旅游中专的孟由由都撺掇过唐菲考大学，她冷笑着对她们说，我？就我？（CCL）

（10）你也就这点出息！（自省语料）

说话者意在表明对对方完成某方面能力的质疑。因此该构式的差评义子就在于客体不具备某种能力。如例（7）评价主体认为客体不具有照顾小孩子的能力。例（8）的差评义子则是客体比较健忘。余类推。

"Q 才 VP"指的是下面的一些用法。例如：

（11）冼局长：也对，你的话也对！啊，你上这儿来，是不是只为发发牢骚？

杨先生：大哥你是明白我的，我这点能力与胸襟不会教我有什么牢骚。饭桶才发牢骚呢。（CCL）

（12）颖轩："那老佛爷到底是主战的还是主和的？"

沈树仁："王八蛋才知道她主战主和呢！"（《大宅门》）

以上例（11）与例（12）的"饭桶才发牢骚"与"王八蛋才知道她主战主和"都是"Q才VP"构式的具体表现。构式中不含否定词，但表达了否定的功能。根据杜道流（2006）的研究，"Q才VP"表达的否定口气和主观色彩的强烈与否跟Q的性质有很大关系。Q是一个成员较少的类，它所表示的概念是虚的、不存在的或具有超能力的。如"鬼"、"老天爷"等；如果说只有这些虚无的概念才能VP，那么从逻辑上推断便是没有人能VP，这种性质的"Q才VP"是违反"质"的准则的前提下实现的否定。或者只有超能力的对象才能VP，从逻辑上说，不具有超能力的人便不可能VP。有的Q是与消极品性的詈语相联系。如"王八蛋"、"饭桶"、"孙子"、"猪"等。如果说只有这些具有消极品质的对象才能VP，意味着不具有这些消极品质的人便不VP。而这种逻辑关系是通过"才"来连接的。因此，总体上说，"Q才VP"的否定机制依靠的是构式内部语义的逻辑关系，而Q是得以逻辑推理的前提。该构式的否定功能与表达委屈、无奈、不满或愤怒等情绪的功能并存，但核心意义是要表达否定。

　　不管主观小量词后的评判内容是何性质，对于评判主体与评价客体来说，都是非期望的。因此，主观小量词在评判时对构式的情感取向起到了决定性的作用。

（二）"整（个）一个X"构式

"整（个）一个X"指的是诸如下面的一些表达式：

　　（13）我好心提醒你，你还这么不识抬举，亏了你还是医生，<u>整个一个大脑缺氧</u>。（皮皮《比如女人》）

　　（14）从小到大没刷过牙，没洗过脚——胡拉劈哩叭啦往下掉活物儿，<u>整个一个"西施兰"</u>主儿。（CCL）

　　（15）我是一个老病秧子，每天活活不好死死不了，<u>整个一个活鬼</u>。（何大强《我想走不要寿》）

　　（16）你他妈办的这叫什么事？<u>整个一个谁都不认识谁</u>，干让人诈，跟在街上买有什么两样？（CCL）

　　（17）比自己小十几岁的老婆，再不懂得温柔也得温柔起来，可在我们家，<u>整个一个南辕北辙</u>。（张洁《世界上最疼我的

那个人去了》)

"整 (个) 一个 X" 构式有一些变体形式, 如 "整一个 X" 和 "整个 X"。这些变化大致可以视为是语音层面的变化, 没有给格式的意义带来实质性的影响。而其他部分不能作任何替换。因此, "整 (个)一个 X" 是一个 "定形式" 的构式。按照刘长征 (2007), "整(个) 一个 X" 表示一种判定或评价, 这种判定或评价常常带有一种强烈的主观夸张色彩。原则上说, 固定成分 "整 (个) 一个" 对构式的情感意义不会产生影响, 情感意义的两极倾向应该由 X 决定。然而进入该构式的 X 大都具有贬抑性的情感义, 褒扬性的词语很有限, 即使偶尔出现, 也往往带有讽刺的意味。例如:

(18) 柳芳的那位, 也许今天并没赤条条地<u>整个儿一个"人体艺术"</u>, 也许是斯斯文文地在厅里等着——有一回他带了一条篦完北京所有珠宝柜台你也找不出来的蓝宝石项链……(刘心武《凤凰台上忆吹箫》)

(19) 这什么精神呀, <u>整个一个活雷锋</u>嘛! (CCL)

以上两例中的 "整个儿一个 '人体艺术'" 与 "整个一个活雷锋" 明显带有讽刺戏谑的色彩。当 X 为中性词语时, 我们仍然倾向于作贬抑性评价理解。以 "整个一个小女人" 为例。其中 "小女人" 具有很多的属性: 有积极的, 如小鸟依人、相夫教子等; 有消极的, 如缺乏独立意识、嫉妒心强等。然而, 在没有语境的协助下, 首先被激活的是 "小女人" 的消极属性。因此, 我们可以说, "整 (个) 一个 X" 的贬抑性评价义具有了一定程度的规约性。这种贬抑义规约化的产生与 X 在绝大多数情况下具有贬抑倾向不无关系。

"整 (个) 一个 X" 构式中, X 可以是体词性结构, 也可以是谓词性结构。但无论 X 为何种性质, 构式整体上都相当于一个谓词性成分, 差评义子主要由其中的 X 来承担。当 X 为谓词性成分时, 差评义子相当于 X 的整体意义; 而当 X 为体词性成分时, 差评义子或者由其修饰语来体现, 或者由 NP 所代表事物的典型区别性特征来体现。例如:

(20) 每到这时候, 王喜就开始嘲笑她: "……你呀, 还说

是挺开放的人呢，<u>整个儿一个拿不起、放不下</u>！"（CCL）

（21）海内外的文艺家影视人纷至沓来，借宝队伍与日俱增，<u>整个一个挡不住</u>。（《人民日报》1998.10.22）

（22）这里的菜市场<u>整个儿一个脏乱差</u>。

（23）他的模样完全像我想象的那样：圆头圆脑，秃头顶，大脑门，面色红润。他不仅脑袋是圆的，连体形也是圆的，<u>整个一个球体</u>，跟笑佛似的。（《北京日报》2006.5.3）

（24）算了吧，别替他脸上贴金了！我还不了解他！他能干什么大事！<u>整个一个废物</u>！下脚料！（王培公、关中人《恩情》）

（25）这哪里是草莽英雄，欺男霸女，养外室小老婆，和土财主斗气比富，简直<u>整个一个好色无耻的大淫棍、泡妞高手</u>。（百度搜索）

例（20）"拿不起、放不下"是对受话者的主观认识。例（21）"挡不住"则是对当前形势的一种夸张说法。例（22）中的"脏乱差"是对"菜市场"的主观评价。三例的 X 都具有述谓性，直接对客体进行评述。而例（23）X 为"球体"，差评义子是球体的内涵意义，即"球体"所具有的特征。例（24）中的"废物"是一个感情色彩非常鲜明的名词。例（25）则是 X 的修饰语部分"好色无耻"。因此，从这种意义上说，当 X 为光杆名词时，则该名词所代表的人或事物应该能够概括出某个鲜明的具有主观性的特征。如我们很难说"整个一个群众"或"整个一个杯子"，因为"群众"很难形成一个一致的广为人知的特点，而"杯子"虽然有自己的属性，比如都是用来喝水的，但不构成评价性义素。

总体上说，处于该位置的 X 具有很强的能产性。从格式的组构特征来看，X 前的数量词"一个"决定 X 最早应该是一个名词性结构。张伯江（2002）对现代汉语中表归类的"是 NP"和"是（一）个 NP"进行了对比考察，发现"是 NP"倾向于一般表达，而"是（一）个 NP"则倾向于主观性的表达，具有主观评价色彩。"整个一个 NP"固然可以用来表达主观评价，差评义子由事物的类属来体现，但这种依靠名词来实现差评义子却有未尽之处。评价义的典型形式是谓词性的，这些谓词性结构表达的差评义子大部分不能在事物的类属找到。比如：

（26）比自己小十几岁的老婆，再不懂得温柔也得温柔起来，可在我们家，整个一个南辕北辙。（CCL）

（27）这是什么样的生活呀？整个一个日复一日地枯燥循环，实在是无味透顶。（CCL）

（28）亏了你还是医生，整个一个大脑缺氧。

（29）她怎么就把我生成这样啊，鼻子不是鼻子，眼睛不是眼睛，脸不是脸，哪儿都不着哪儿，整个一个四六不靠。（百度搜索）

"南辕北辙"、"日复一日地枯燥循环"、"大脑缺氧"、"四六不靠"都无法成为某一类别的属性，也不能完全通过对名词添加修饰语的手段实现。为了弥补这个表达上的大缺口，X 不得不进行扩展，与格式中的数量词"整个一个"在句法上进行对抗，最终以"整个一个"的语法化得以妥协。

"整个一个"已经完全失去量化的功能，这一点我们可以从该格式评价主体的非个体性与"一个"所限定的 X 的非数量性上可以看出来。前者如：

（30）这群众素质是差，给他民主却不敢要，整个儿一个九十年代阿Q。（转引自刘劼生，1998）

（31）许多孩子因此学会了用多种面孔待人，在父母面前老实听话，在爷爷奶奶面前却整个一个"小霸王"，说一不二。（CCL）

作为评价客体的"群众"与"许多孩子"在数量上都不是单一的，与"一个"不符；后者我们可以从例（30）—（31）看出，X 均不具有数量性。

而格式中的"整个"由于受到"一个 X"主观评价义的感染，有了副词化的倾向，具有一定的评注性。其源义决定"整个"用于表达评价或判断时，带有强烈的夸张意味，这也在一定程度上影响了该格式贬抑性倾向的生成。

（三）双项否定构式

双项否定构式指的是诸如"不A不A"、"A不A，B不B"、"半A不B"、"半A半B"之类的格式。它们在句法功能上具有形容词性，在表义功能上带有强烈的主观评价色彩，其情感意义并非完全由否定词"不"或"半"与AB之间的组合意义决定。

1. 不A不B

对于"不A不B"我们分三种情况进行考察：

第一，当A与B意义相类时，"不A不B"表达的是字面意义，即对A、B的一致否定。例如：

> 不仁不义　不甜不糯　不碎不脆　不锈不烂　不骄不躁　不忠不孝

这类格式在情感意义上可以是褒扬性的，也可以是贬抑性的。最终由A、B本身的情感意义所决定。如果A、B同为褒扬性，则构式的整体意义在否定词"不"的作用下，生成贬抑性的评价义；反之，如果A、B同为贬抑性，则构式的整体意义为褒扬性的评价义。因此，在A、B意义相类的情况下，整个构式的情感意义是可以从其组成成分推导的。

第二，当A与B意义相对相反时，A与B之间形成一个程度上的连续统。"不A不B"在否定A、B两极意义的时候，意味着肯定A与B的中间值。例如：

> 不冷不热　不软不硬　不胖不瘦　不深不浅　不早不晚　不紧不慢

这类构式的情感意义相比于第一种情况要复杂得多。我们无法从以上所举的具体构式做静态的情感意义的判断。例如：

（32）热情的观众和<u>不冷不热</u>的天气也帮了我的忙。（CCL）

（33）春红那种<u>不冷不热</u>的敷衍态度，让我没法跟她深入交谈。（CCL）

（34）那是沈默在比较了种种肥皂之后，发觉只有日用肥皂

<u>不软不硬</u>，最宜雕塑。（CCL）

（35）大卫从旷野打发使者来向我们主人请安，主人却把人家<u>不软不硬</u>地损了一通。（CCL）

（36）德国人的口气<u>不软不硬</u>，挺诚恳，又中听。（CCL）

例（32）中"不冷不热"是"冷热程度适中"之义，是其本义，表达正面评价义。例（33）表达的是引申义，"不冷不热"表达负面的评价义，相对于字面意义而言有所偏离。例（34）"不软不硬"也是本义，表示"软硬适中"，表达的是褒扬性评价义。例（35）体现的是引申义，表达贬抑性的评价义，而例（36）同样是引申义，表达的则是褒扬性评价义。

经过考察，我们发现该类"不 A 不 B"在评价义上附带何种情感意义，跟 A、B 之间的中间值是否符合评价主体的期望值有关。如果符合主体的期望值，那么"不 A 不 B"表达褒扬义；反之偏离主体的期望值，则表达贬抑义。例（32）中，对于天气而言，说话者期望介于"冷"与"热"之间的温和，因此中间值是被期待的。例（33）对于"态度"而言，说话者总是期待"春红"最大程度的热情。介于"冷"与"热"之间的中间值还是不符合期望的，因此，这里的"不冷不热"是贬抑性的。"不 A 不 B"的情感意义跟它在句子中体现本义还是引申义无关。这一点，我们通过例（35）与例（36）的比较便可得知。两者都是引申义，用来描述语气或态度。而根据语境判断，前者是贬抑性的，后者是褒扬性的。这是说话者不同的期望值所致。

第三，当 A、B 意义绝对相反时，A 与 B 是非此即彼的关系。因此"不 A 不 B"在逻辑上是非现实的。如：

不男不女　不死不活　不人不鬼　不中不西　不阴不阳　不真不假

这类 A 与 B 之间不构成某个量上的连续统。在否定两极的同时，也就不存在肯定一个中间值的可能。因此它意味着某个客体对常规属性的偏离，表达贬抑性的评价义。例如：

（37）王中军认为，在市场之手控制下，中国电影正在从一

个<u>不死不活</u>、利润微薄的行业，变成充满诱惑力的高风险高回报产业。（CCL）

（38）借这个材料，在搞臭杨庭辉的同时也把张普景弄得<u>不人不鬼</u>。（CCL）

（39）如果我们的电视台让打扮得<u>不伦不类</u>、<u>不男不女</u>的人走上荧屏，就该值得好好考虑了。（CCL）

这里的"不A不B"可以表述成"A不A，B不B"，同样表达贬抑性的评价义。如：

（40）现如今剧团最复杂，<u>死不死，活不活</u>，真是天下最难带的队伍了。（CCL）

（41）进店落座，对面是一面明镜，举目对视，老聂大惊失色，这镜子里<u>人不人鬼不鬼</u>的，是他聂绀弩吗？（CCL）

第四，当A、B为一个词的两个语素时，"不A不B"是一种反常规地扩展，表义上是对由A、B这两个语素构成的固定词的否定。例如：

不干不净　不明不白　不清不楚　不惊不诧

这类"不A不B"相对于"不AB"来说，具有更强的主观色彩，否定态度更强。表示"一点都不AB"、"根本不AB"。它们在表达功能上，可以是褒扬性评价，也可以是贬抑性评价，但以贬抑性为主。表达何种情感意义应该与AB的凝固程度有关，或者说是与A、B的独立程度有关。由A、B构成词项的凝固性越强，"不A不B"的特异性就越明显，则表达贬抑性情感义的可能性就越大。句法形式的特异性与表义的不可推导性符合象似性原则。句法形式的特异性往往带来意义上的规约性与不可推导性。"不A不B"的一个极端是A与B是一个单纯词的组成成分。如"不尴不尬"，这种形式上高度的特异性决定它在表义上的特异性。相反地，"不尴不尬"的意义可以解释为"尴尬"，带有贬抑义。

2. 半A不B

与"不A不B"一样，"半A不B"同样表达主观评价义，带有较浓的贬斥性。《现代汉语词典》将其释义为"略同'半……半……'（多含厌恶）"。

从词性上看，A、B 可以是形容词或相应语素（包括区别词），例如：

半硬不软　　半新不旧　　半生不熟　　半旧不新
半明不暗　　半阴不阳　　半大不小　　半男不女
半甜不甜　　半长不长　　半傻不傻　　半黄不黄

这类构式主要用于对事物性状的描述。例如：

（42）我跑上前去，摘了一把杏子，边走边吃，半生不熟的杏子吃到嘴里，又涩又酸，我又跑到河边喝了几口水。（CCL）

（43）克朗肖躺在这个半明不暗的房间里，居然还能着手校对清样。（CCL）

例（42）中"半生不熟"是对杏子成熟程度的描述。例（43）中"半明不暗"描述了房间的昏暗。

A、B 也可以为动词或相应语素。如：

半醉不醒　　半情不愿　　半睡不醒　　半知不觉
半听不理　　半零不落　　半知不解　　半明不白
半醒不醒　　半听不听　　半信不信　　半闭不闭

这类构式主要描写行为方式。例如：

（44）"我们会到哪里？"半情不愿的官吏问道，"我们不能那样。"（CCL）

（45）他们抓住了这个机会，默默地接受了它，半知不觉地促使它实现。（CCL）

例（44）中，"半情不愿"语义指向官吏提问时的态度。例（45）中，"半知不觉"描写了"他们"实现过程中的方式或状态。

其中 A、B 为形容词或相应语素的情况比较多，动词或相应语素相对较少。其他词类则很难进入该构式。

从 A、B 的位置看，"半 A 不 B"格式分为固定型和灵活型。在固定型中，A 与 B 的语序是凝固的，不可随意换位。AB 之间的关系往往体现了文化上的尊卑、优劣和主次。如"半男不女"、"半文不白"等。在灵活型中，A 与 B 的语序相对松散，可随表达重心的变换进行调节。例如：

（46）她卖掉了一件黑缎、银狐皮滚边的大氅，换来的只是一件<u>半旧不新</u>的棉上装。（CCL）

（47）寻思自己缺一条被子，锁住缺衣裳鞋帽，先挑一条<u>半新不旧</u>的麻花被。（CCL）

此时，A、B 交换位置，格式的整体意义一般不变，但会受到说话人强调成分变化的影响。如例（46）中"半旧不新"强调"旧"，与前文的"黑缎、银狐皮滚边的大氅"进行对比。例（47）中的"半新不旧"则把重心放在"新"上，与"挑"的语义指向有关。相较于固定型，灵活型对语境的依赖性更为明显，使用频率反而较低，且数量较少。又如：

（48）俱乐部灯光黯淡，点着中国灯笼；一个乐队正在<u>半暗不明</u>里奏着一支柔和的乐曲。（CCL）

例（48）中，作者进入俱乐部先感知到"灯光黯淡"，然后才看到灯笼。而"半暗不明"体现了作者对外界感知的先后顺序。

从 A 与 B 的具体语义关系上看：

a. A、B 语义相近，即 A、B 为近义词。例如：

半呆不傻　半精不熟　半凉不冷
半知不解　半零不落　半明不白

b. A、B 语义相对，即 A、B 为相对反义词。例如：

半凉不热　半红不黑　半温不凉

c. A、B 语义相反，即 A、B 为绝对反义词。例如：

半真不假　半男不女　半死不活

d. A、B 语义相关，即 A 与 B 既非近义也非反义，语法类别相同但意义不同。例如：

　　　　半老不俏　　半听不理　　半张不理

　　作为一个贬抑性的构式，"半 A 不 B"构式义是各组成成分之间语义融合和压制的结果。因为 A、B 的语义关系是复杂多样的，所以"半 A 不 B"构式义也并非单一的。大致有三种，不同类型有不同的情感意义。

　　第一种，加合型。这种意义类型的 A、B 一般相近、相关，A、B 的色彩意义较浓厚。此时，"不 B"对"半 A"起强调和补充的作用。例如：

　　　　（49）他暗想，他还从来没见过这么不讨人喜欢的孩子。瘦得活脱脱像之皮包骨的兔子。看起来也缺心眼，<u>半呆不傻</u>的。（CCL）

　　　　（50）各位君子，各位看客，小人初来汴梁，人地生疏，承蒙青眼看待，对小人<u>半精不熟</u>的武艺，谬加称赏，使小人愧不敢当。（CCL）

"半呆不傻"可以表述为既呆又傻，"半精不熟"其实指既不精又不熟。前一个是从他人的角度进行评价的，后一个是自己的自谦之词。

　　加合型的"半 A 不 B"的特点是：当 A 和 B 都具有消极意义时，该结构则表现出对 A、B 的肯定，其基本语义可以表述为"既 A 又B"。当 A 和 B 都具有积极意义时，该结构表现出对 A、B 的否定，可表述为"既不 A 又不 B"。在情感色彩方面，有明显的贬抑倾向。

　　第二种，取舍型。这时 A、B 语义一般相反，从意义关系看，A、B 是相反词。非 A 即 B，非 B 即 A，A、B 所处的概念域只有两端，没有中间状态。并且，A、B 词义以理性意义为主，没有强烈的褒贬色彩。此时，"半 A 不 B"的意义取 A 舍 B 或取 B 舍 A。例如：

　　　　（51）我可不喜欢<u>半阴不阳</u>、毫无生气的街道，住在那种地方，整天价看不到一个人影儿。（CCL）

　　　　（52）祈老人见多年的老伙伴<u>半死不活</u>地躺在床上，想放声大哭。（CCL）

例（51）从"毫无生气"和"看不到人影"等信息，我们可以肯定

"半阴不阳"语义偏向于"阴",强调街道的破落与偏僻。例(52)中"半死不活"还是活着的,只是强调"老伙伴"健康状况不佳,是对一种状态的描述。"半阴不阳"语义上带有贬义色彩。"半死不活"带有中性色彩。

对于这种类型来说,A和B本不带有明显的感情色彩,但它们进入"半A不B"结构后,整体呈现出消极或中性色彩。

第三种,中间型。这种类型的A、B为相对反义词,A、B处于一个连续的概念域内,A、B之间存在一段语域。这时"半A不B"表示A、B两种状态同时存在,构式的表达义在A和B之间,当然中间域不是指绝对的50%,语境不同,语义倾向不同。例如:

(53)奶豆腐色如冻儿,韧如筋儿,半干不湿香溢味厚。(CCL)

(54)这些低矮的屋檐下就都飘出带点甜味而又呛人的炊烟(所烧的柴草都是半干不湿的)。(CCL)

(55)他早期的几张专辑并没引起太大影响,在歌坛的地位也半红不黑。(CCL)

例(53)作者描述奶豆腐的色泽看起来像果冻,嚼起来有韧劲,说明"半干不湿"的奶豆腐是介于干与湿的状态中。语境对语义倾向有重要作用。而例(54)"半干不湿",语义明显指向"湿"。例(55)中的"半红不黑"实际上语义偏向黑,此处的"黑"指作为明星的"他"人气不够、知名度不高。

在感情色彩方面,该类型集中了加合型和取舍型的特点。不过中间型对语境的依赖性很大,其色彩义要根据具体语境作具体分析。

第四种,凝固式。此类型多为收录在词典中的熟语,其意义是A、B语义的引申义。例如:

(56)院子里梧桐叶子每天都无精打采、半三不四地低垂着。(CCL)

"半三不四"与"无精打采"意义相同,已经脱离了"三"、"四"的原义。类似的还有"半间不界",意义为"不深刻,肤浅不彻底"。在查阅词典时,我们发现这种凝固型"半A不B"多为贬抑构式。

"半 A 不 B"构式的语义和表达者的态度及语境有密切联系,但这一构式具有明显的贬抑倾向。

五 结构重组式

(一) 结构重组式的类型

在习语性贬抑义构式家族中,部分成员在形式上具有较强的不可分析性,它们或者不合法,或者难以解构,或者意义组合不可逻辑。其结构形式是通过对常规构式的改造与整合而来的,因此是对原构式一种句法创新。如"随你/他的便"、"A 什么 B"、"爱 VV/爱 V 不 V"、"美得你",等等。我们按照重组方式的不同,将它们分为以下几种类型:

一是嵌入式。在一些单纯词中嵌入其他成分,形成一个扩展式的构式。如"随便"是一个词,内部不能随便扩展,"随你/他的便"则是一种强制性的扩展;"A 什么 B"中,可以是一个合成词的两个语素,如"进什么步"、"着什么急"等,也可以代表一个单纯词的两个音节。如"缠什么绵"、"O 什么 K"。

二是紧缩式。紧缩式是一个小句或几个小句紧缩成一个结构,这个构式难以进行句法分析。如"爱 VV/爱 V 不 V"。江蓝生(2007)认为它是同谓双小句在语言经济原则驱动下、经省略和紧缩而产生的句法创新现象。从感情色彩上看,双小句相对比较中性,而随着构式化程度的加深,结构的紧缩,其主观感情色彩也不断加强,"任随、管不着"的贬抑义越来越浓。例如:

(1)"我不要你,你岁数太大了。如果你真想工作……算好,我不管你了,你爱怎么着怎么着吧。"(CCL)

(2)打我参加工作,我就没给过吃饭的好脸子,爱吃不吃,不吃就滚,谁也没请你来。(CCL)

例(1)中的"爱怎么着怎么着"表示无论听话者做什么,都与说话者无关,传递了说话者不满的情绪。例(2)表示说话者根本不在乎听话者"吃"或"不吃",但实际上是不赞成听话者"不吃",语气明显含有不满。

三是倒序式。倒序式是常规结构成分移位的结果。如"NP + 一个"是常规的句法结构"数量 + 名"位置互换后所得的形式。在形式上也具有不可推导性。

四是整合式的。如"美得你"是由"看把你美得 R"在经济原则之下整合而成的。"为 X 而 X"构式，如"为问题而问题"、"为学术而学术"、"为快而快"、"为表现而表现"、"为保护而保护"、"为考试而考试"等。该构式中的"为"是用来介引目的的，有同义形式"为了"。构式的基本意义可表述为"为了达到与 A 相关的目的，而开展 A 这项行为"。因此，黄佩文（1994）认为它表示"单纯追求某个目标"，陈昌来（2002）进一步表示"为 A 而 A"是"纯粹目的论"，陈昌来（2003）又指出"这一形式旨在批评某种单纯目的论"。不难看出，该构式体现了说话者强烈的主观态度，而且贬抑性的情感义占有绝对的优势。"为 N 而 N"构式被认为是对"为 X 而 Y"进行整合的结果。其中 Y 是为了某个目的而采取的某项行动，它是动词性的。因此"为 N 而 N"中的 N 是重组改造的结果。

五是复语式。它是指现代汉语中在一个句子某些固定的词语之间定位重复使用同一个词或短语的构式。如"比 N 还 N"构式。它是"比"字句中"比 N 还 A"的类推变异形式。王霞（1992）和宗守云（1995）是最早较详细论述这一组合的。王文指出，"比 N 还 N"句式并不真正表示比较，而是表示一种比拟，整个构式传达的是一种调侃、讽刺的意义，一般都是贬义。例如：

(3) 他腼腼腆腆，<u>比姑娘还姑娘</u>，名字叫陈忠和。姑娘们亲切称呼他"小陈指导"。(CCL)

(4) 这个人好狠的心哪，<u>比毒蛇还毒蛇</u>。(CCL)

另外，"为 X 而 X"、"爱 V 不 V"、"不 V 白不 V"、"有 V 没 V"、"范跑跑类构式"等都是复语式构式。

这些结构重组构式在形式上具有明显的特异性，即不可推导性，它们的形式都无法通过常规的句法组合规则来解释与分析。形式上的不可推导性总会带来意义上的不可推导性。其意义的不可推导性便是体现在它们的贬抑性情感义上。如"你随便！"与"随你的便！"在用法上具有很大的差异。后者除了与前者具有相同的基本意义之外，还具有一定的挑衅性。因此语法结构的象似性还体现形式与意义不可推导性的变化关系上，或者说形式与意义在不可推导性上也具有一定程度象似性。至于这些结构重组构式为什么与贬抑性情感义联系起来，则需要结合其他的形式特点、话语语义框架或社会因素来分析。

（二）"范跑跑"类构式

"范跑跑"一开始是用来指称汶川地震发生时抛下学生先跑出教室的范姓教师。该人物和事件在网络的传播下，影响极其广泛，并以其强烈的贬抑性情感给人留下深刻的印象。

"范跑跑"这一带有讥讽性的绰号源自网友的情绪宣泄，它在形式上具有独到的特点。该构式整体上具有指称性，其构式的组成成分之间却又包含着陈述关系。它们是事件主体与事件内容的符号化，即"姓＋VV"，这种将人物与事件融为一体的经济的表达模式，不仅方便指称，而且也符合人们记忆力有限这一认知特点。符号量上的减少不但不影响听话人对信息的准确理解，反而进一步满足了以较少的符号传递较高信息量的要求。

该构式用来传达贬抑性情感是具有一定理据性的。主要体现在以下两个方面：

一是叠音带来的反效果。VV不只是双音化的需要，最主要的是人名的叠音有着独特的语用功能，它往往传达亲切、友好的情感。在中国文化范围内对人名的叫唤，呈现出这样一个规律：音节少，韵律上轻，表达上用于比较自由、随便的场合，显得比较亲密；音节多，韵律上重，相应地表达上显得庄重、正式，同时也难免体现出距离感。试比较"周伟华同学—周伟华—伟华—华"。从左到右，指称者与被指称者之间的距离感在缩小，而亲密度在加强。"周伟华同学"、"周伟华"总是用在比较正式的场合，"伟华"已显得比较亲密，"华"则只能用于相当亲昵的两人之间。在双音化趋势之下，比较亲密的表达便是一个音节的叠音，即"华华"。这种模式中，后一音节总是读轻声的，因此韵律上比一般双音节更轻一些，如"华华"比

"伟华"显得亲密。"范跑跑"就是一个具有指别性、同时又比较亲密的称呼。而当这一名称用来指称一个贬斥的对象时，这就打破了传统叠音赋予的美好寓意。这种反差带来的修辞效果是不言而喻的。另外，"跑"是事件的核心，最能体现事件主体行为品德。因此，对"跑"的叠用有利于强化信息焦点的作用，增强讽刺效果。

二是采用最常用、最通俗、最口语化的行为动词来命名，使得指称对象恶俗化。这与网友们想要表达的嫌弃与厌恶之感是一致的。中国人很讲究命名，在命名时，一般都遵循一个总原则：形、音、义皆美。其中主要的是选择褒义的、雅致的字。如：福、贵、丽等。因此褒义的形容词与名词常常是命名的首选，以此来表达人们美好的愿望。而这些通俗的、口语性强的基本词汇则在一定程度上包含了人们厌恶的情感。"范跑跑"正是用一个最基本的行为动词来命名，其中难免包含网友的嫌恶之感。这种特殊的反常规构式引起了更多人的关注而被凸显出来，很容易成为"哗众"的素材。

在使用的过程中人们的认识不断加深，"范跑跑"已不限于指称个体，而是现时一种负面现象的象征，成了不敢直面灾难和苦痛、在伦理道德及责任方面有所悖逆的这一类人的代名词。正因为如此，具体语言使用中，这个专名已经有了类指或通名用法（陈平，1987）。例如：

（5）遇上金融危机，老夫少妻有了新的挑战，一些年轻貌美的妻子因为丈夫的破产当了范跑跑。（百度搜索）

（6）人人争当范跑跑，才是我们今天精神世界的真相。（搜虎博客）

（7）江苏省酝酿立法杜绝"范跑跑"行为。（百度搜索）

"范跑跑"因其经济性的外在形式与其特殊的表达效果而不断地得到传播与复制，使得"姓＋VV"在网络和媒体中频频出现，传播的过程中与不同的语境结合，出现一些新的集合。如："郭跳跳"、"余哭哭"、"杨看看"、"姚抄抄"、"杨溜溜"、"文跑跑"、"徐溜溜"、"王舔舔"、"戴刹刹"等。因此"姓＋VV"成了一个强势模因（meme）。然而，语言变异是普遍存在的社会语言现象，凡是活的语言无时无刻不处于变异之中，模因也是如此。"姓 + VV"也不例外，它在复制、传递的过程中会出现变异。例如：

（8）云南某中专教师"麦流流"欺负女生引热议。（百度搜索）

（9）"赵光光"何许人也？原来，此君姓赵名坤明，是青岛某外国语学校聘任的副校长。（百度搜索）

（10）发帖者称该老师叫"麦流流"。于是"四川有范跑跑，山东有赵光光，云南有麦流流"的说法在论坛里迅速流行起来。（百度搜索）

"赵光光"，是一民办学校赵姓副校长，他在学校组织为汶川地震灾区捐款时，明确表示没有钱，拒绝捐款，被网友誉为"赵光光"。"麦流流"是云南某中等专科学校一名计算机老师，他利用职务之便，欺负女学生，还跟女同事有暧昧关系，发帖者称该老师为"麦流流"。由此看来，"赵光光"、"麦流流"等构式的陈述部分已不限于某个行为动作，而是对评价客体某种特殊属性的描述。在编码形式上，"范跑跑"类构式已由动词扩展到了谓词。但这些构式都是用来表人的。

上海闵行区"莲花河畔景苑"一在建13层住宅楼于2009年6月27日清晨连根"卧倒"的事件，网民称之为"楼脆脆"。这个构式的用法更是有了进一步扩展，它已经从表人扩展到了表物。此后一系列相关的名称不断出现，如"楼断断"、"地塌塌"、"墙脆脆"、"楼歪歪"，等等。

（11）南京再现"楼脆脆" 正在施工大楼发生塌方（百度搜索）

（12）经济适用房是楼歪歪，限价房是墙脆脆。（百度搜索）

（13）合肥惊现楼断断、地塌塌。（百度搜索）

"范跑跑"式构式，指称的范围有所扩大，但讽刺、戏谑的语用效果始终保持不变。"楼脆脆"、"楼歪歪"、"楼断断"、"地塌塌"，仍然表达使用者不满的情绪。不过，这种不满不是针对所指称事物，而是针对造成该事件责任人的，是对他们的批评和嘲弄。

因此，从模因论的角度看，"范跑跑"式构式无疑就是一种语言强势模因。它用来表达贬抑性的评价义，具有一定的理据性。从生成角度来看，任何一个符号，最初可能都是由某种动因促动的，包括人名与地名，我们可以找到一些形式与意义之间的联系，通过一些符号，窥探创造者、使用者的某种社会文化心理。当然，语言符号本质上是约定俗成的，是"有理据的约定俗成"。

六　习语性贬抑义构式的语义特征

习语性贬抑义构式除了上面所列的几个形式上的特征外，还具有一些语义上的特征。

（一）反复义构式

反复义构式包括"一而再，再而三"、"动不动"、"有完没完"等。这些构式都可以表示对责怪客体的重复言行不满意，甚至有厌烦之意。先看"又来了"。

（1）"对不起，耿林，我疯了，所以我才会这么建议你。我什么都懂了。"……"你又来了，你明白什么了？"耿林也变得不耐烦起来。（CCL）

（2）"而据我所知，你们男的就是没有感情也得有'这种事情'！除非——除非他另有渠道！"话题又转到了老地方，宋建平一下子烦了："又来了！"（CCL）

（3）"他又来了，"思嘉想。"总是设身处地替人家说话。"（CCL）

在责怪义构式"又来了"中，"又"是一个频率副词，言语交际时需重读，语调可以适当地拉长。"来"并非是一个趋向动词，其意义已经泛化。整个构式表达的是说话者因为责怪客体在某个行为事件的不断重复，表现出不耐烦、不满的情绪。它主要用在言谈现场，主语一般是第二人称代词"你"，如例（1）与例（2）。即使主语是第三人称，也不能用于背责。"又来了"经常用来表达嗔怪。例如：

（4）宝姑惋惜道："他样子真还不错，有一点点像秦汉……"文革赶紧打断她，"妈，你<u>又来了</u>。"（CCL）

（5）妹夫你<u>又来了</u>！人家说军阀，是指的段祺瑞、张作霖、吴佩孚、孙传芳那些人。（CCL）

以上两例中"又来了"是嗔怪的用法，用在关系比较亲密的言谈双方之间。威胁程度较低。

"一而再，再而三"表示一次又一次做某事，然而这种反复事件往往能引发说话者反感的。它可以作定语，也可以作状语。如：

（6）"图纸就是这样设计的！完全照图纸的！"这种<u>一而再，再而三</u>的辩解使钱工终于愤怒了。（CCL）

（7）她故意冷淡他。一次一次地质问他："你说你爱我，怎么可以<u>一而再，再而三</u>地骗我呢？"（CCL）

以上两个例子的"一而再，再而三"都是用来评述他人的行为。通过我们对北大语料库的检索统计，发现当该习语性构式用于评述他人时，大多数情况含有不满义，有54例。也有少数情况表示坚持执着义，仅4例。因此"一而再，再而三"还是一个相对贬抑习语性构式。但随着它贬抑义的不断浮现，使用者在意欲表达褒扬义时，以免引起不必要的误会，会对这一习语性构式的选择有所保留，转而选择相近理性意义的情感意义确定为褒扬的构式，久而久之，最终实现贬抑义的完全固化。当说话者用它评述自己的行为时，厌烦义消失，保留坚持义。例如：

（8）讨厌？又会喜欢你呢！我想我会<u>一而再，再而三</u>地喜欢你。我会让你承认，我不仅喜欢你，而且爱你——真挚、热情。（CCL）

（9）我们曾经<u>一而再，再而三</u>的计划又计划，当你毕业那天，我们要远远的跑到太平洋岸，在海边的岩石上开一瓶香槟，隔海遥祝你的成功。（CCL）

"动不动"表示极易出现某种情况，多指不希望发生而经常发生的事，含不满义，常跟"就"连用，增强了表达的主观性，是一个

绝对贬抑的习语性构式。例如:

　　(10) 由于管理人员素质不高,在管理中态度生硬,<u>动不动</u>就处分罚款,这就更加剧了劳资双方的矛盾。(CCL)

　　(11) 他驾驶的那台破"手扶"不仅耗油多,还<u>动不动</u>就出故障。(CCL)

两例中的"动不动"传达了"处分罚款"与"出故障"都是说话者不希望发生,却又经常发生的事件。

　　"有完没完"是以正反问的形式表达反问语气的构式,用于喝止某种多次地无休止地烦扰自己的言论行为。例如:

　　(12) 当手里还只剩下两天的饭钱时,她诅咒起来:"该死的! 这场热闹还<u>有完没完</u>?"　　(CCL)

　　(13) 他疯狂般的揍着她,嘴里疯狂般的嚷着:"你们<u>有完没完? 有完没完</u>……"(CCL)

　　(14) "你还<u>有完没完</u>,哪个女人不结婚生子,没见过象你这样难伺候的。"(CCL)

"有完没完"在句中常做谓语,其前常带副词"还",是一个绝对贬抑的习语性构式。

(二) 威胁类构式

　　威胁类构式如"等着瞧"、"等着(吧)"、"我叫(让)你VP"等构式。"等着瞧"、"等着(吧)"是一个没有言明手段或后果的威胁警告用语,预示将出现对其不利的情况,含有惩治对方、恃强制弱的意味,同样具有责怪、宣泄不满情绪的功能。而"我让(叫)你VP"是一个伴随行为威胁的构式。例如:

　　(15) <u>你等着吧</u>,一旦出了事,你那些哥儿们会把事情都推到你头上的!(CCL)

　　(16) 这又极大伤害了约翰逊的自尊心,他愤愤地对记者说:"<u>等着瞧吧</u>,在罗马大赛上我会让刘易斯输得心服口服!"(CCL)

（17）"好家伙，还敢顶嘴翻案，<u>我让你不老实！</u>"一皮带飞来，郭建英"哑巴"了。（CCL）

贬抑义与简省式、引述回应式、疑问标记、第二人称代词、极性词、结构重组式、反复义和威胁义之间的关系费并非偶然的、个别的。即使是这些语义的低透明度的习语性构式，我们也能找到一些形式与意义之间的系统性的、可论证的联系。有时，一个构式形义之间的联系甚至是多源的。不可推导性是一个连续统，构式与构式之间，尤其是构式与其组构成分之间并不存在绝对的不可推导关系，只有直接联系与间接联系、显性联系与隐性联系的区别。诚如沈家煊（2000）所认为的，形式和意义的关系往往既不是完全任意的，也不是完全可以预测的，而是一种"有理据的约定俗成"。这种理据性并非存在于共时平面上，而在于历时的变化中。然而这些形式上的特征还只是为贬抑义的浮现提供一个可能。

第 六 章

习语性贬抑义构式的构式化动因

一 习语性贬抑义构式的话语分析

语言研究有两大主要的学术思潮：一是形式主义，二是功能主义。前者把语言看成是一个自足的系统，在这个系统中，语言具有简明、普遍的原则，而诸多外部的语境因素被排除在语言研究之外；后者关注的不是人们应该怎么说，而是人们实际是怎么说的，如何被理解的，它强调语言系统的开放性和动态性，认为语境因素在语言系统中起到举足轻重的作用。福孔涅尔（Fauconnier，1997：37）认为："语言表达形式本身没有意义，恰当地说，它有一种意义潜能，只有在完整的话语情景中才能产生。"

如果从功能主义的研究思路出发，那么包括习语性贬抑义构式在内的所有构式都置身于一定的语境之中，都与语境具有密切的关系。说话者所要表达的意义有时候是与字面意义相吻合的，有时候是超越或偏离字面所要传达的意义的，而这一部分往往是交际的重心。习语性贬抑义构式恰恰就是这些言外之意与特定形式规约化的结果。由此可见，对该特征构式话语情境的研究尤其重要，它有助于揭示这些构式贬抑义的生成过程，同时在语言教学上，让学生对语言运用规则和话语结构的把握也是非常必要的。

（一）习语性贬抑义构式的语体分布

语体是话语在功能风格上的体现，功能语法学强调语体研究的语法学意义。他们认为："以语体为核心的语法描写应该是我们今后语言研究最基本的出发点。任何严谨的语法学家如果打算忽视语体的区别而提出汉语语法的规律，必须首先在方法论上提出自己的依据来。"（陶红印，1999）重视语体研究势必要面临语体分类的问题。吕叔湘认为汉语语法规律好像约束力不强，很大的原因就是我们总结规律的时候没有区分出语体来，各种不同风格的语言现象摆在一起，得出的只能是最大公约数；如果把各种条件摆出来分别来看，是各有不同规律的（转引自张伯江，2007）。言谈交际涉及的方面很广，很复杂，我们可以从不同的角度提出更多更新的语体分类。传统上对口语与书面语的区分恐怕也不是简单对立的。对具体语言现象的语体分析，我们选择有利于揭示语体与语法规律之间关系的分类。以下我们从对话语体与叙事语体的角度对习语性贬抑义构式作一番语体分布上的考察，并对其作出初步的解释。在考察之前，我们先对对话语体与叙事语体作简单的介绍。

语言的互动式交际与非互动式交际之间存在诸多差异，互动式交际的典型样本是对话语体，非互动式交际的典型样本是叙事语体。前者是双向交际，以交换信息为目的，具有即时性和现场性，对语境、交际双方的背景信息有较强的依赖性。后者的特点是单向性交际，以谈话人单方面提供信息为特征，具有追溯性和移情性。（方梅、宋贞花，2004）

习语性贬抑义构式作为口语习用语都具有明显的口语性，即鲜活性与通俗性，但它们在跟叙事体与对话体之间关系上存在明显的差异。这体现在习语性贬抑义构式中三种不同功能的构式的不同语体分布上。下面采用定量统计的方式以揭示其中的关系。我们以《红楼梦》与《王朔文集》作为语料来源，将文本中叙事体部分与对话体部分进行分离。最后取自《红楼梦》中的叙事体约41万字，对话体约45万字。来自《王朔文集》的叙事体约40万字，对话体约30万字。因此，两部分相加，所得的叙事体字数约81万字，对话体约75万字。由于贬抑性习语性构式是一个开放的构式语义类型，具有典型性。我们选取了差评义构式、责怪义构式、驳斥义构式中的一些典型的具体构式，以我们第四章至第六章所列的构式为代表进行考察。其语体分布情况如下：

	叙事语体	对话语体
差评义构式	45	52
责怪义构式	16	68
驳斥义构式	6	102

　　根据以上的考察统计结果，我们可以得出如下结论：第一，三类构式有个共同的倾向，即在对话体中出现的数量要远远大于在叙事体中出现的总量。可以说，习语性贬抑义构式作为口语性的构式，大多活跃在对话语体中。第二，驳斥义构式在叙事语体与对话语体的分布上差距悬殊，后者具有绝对的优势，而差评义构式在语体的选择上并无体现鲜明的排斥性。第三，习语性贬抑义构式从差评义构式到责怪义构式，再到驳斥义构式，与叙事语体适用度呈递减趋势，而与对话体的适用度则呈现显著递增趋势。

　　总体上说，出现以上结果的原因离不开习语性贬抑义构式的特殊性与三种构式内部的差异性。习语性贬抑义构式具有短小精悍、灵活自由的特点，如一些减省式、复合词或单纯词的离析构式等，它们需要随意轻松的对话语境的刺激。此外，对话语境中存在较多互动双方的共享信息与背景信息，它们能协助这些反常规的构式更好地发挥出其表达特殊意义的潜质。另外，这三种不同功能构式的不同分布，也进一步印证了对它们进行分类的必要性和现实性。差评义构式、责怪义构式与驳斥义构式由于其语力的不同呈现出诸多方面的差异。差评义构式的语力在于对事件或人物的评价，因此叙述者可以对评价的依据有所追溯，而对现场性与即时性要求并不严格。责怪义构式是在致责因子的刺激下所作出的即时言语反应。当责怪客体与致责因子都是现场的时候，责怪客体便可以直接参与对话。即使责怪客体与致责因子都是非现场的，它们是在大脑中储存着，也可能受正在进行中的对话活动的激活，而出现责怪义构式。因为这些不满情绪大都需要通过言语的方式来宣泄。例如：

　　（1）"他就是这个脾气。"玉华叹了一口气，挣脱了于青的手走了。

"每次她老公发脾气她都迁就他，越迁就越凶，这玉华可真是的。"于青非常不满地说。舒云没有吭声，她的心中涌起了一阵阵浪潮。（CCL）

（2）"哈哈哈！难怪小陈老跟着你大小姐屁股后头走了大半年，连屁都未嗅到过一个！""小陈？他算老几？刚刚一万元人工，不吃不喝不住不行，要累积到一九九九年，才有资格符合本年度的加拿大投资移民资产限额呀！"（CCL）

例（1）中的"真是的"是在责怪客体不在现场的情况下所作出的言语反应，虽然构不成与责怪客体进行直接互动，但却存在于跟第三者"舒云"的互动之中。例（2）也是同样的情况。只有作者通过全知视角进行叙述，或说话者自言自语的形式时，责怪义构式才可能在叙事体出现。自言自语本质上也是一种话语形式，只是不能构成互动。例如：

（3）两批薛涌，有他这么做学问的吗？（百度搜索）

（4）也真是的，都九岁了，还这么笨，眼睁睁的把药给熬糊了。（CCL）

因此作为一种情绪上的言语反应的责怪义构式在叙事体中并不常见。从构式的形式特点上看，较多的责怪义构式包含有第二人称代词。因为在对话中，"你"的参与使得不满情绪表达得更直接，更有力度。这是习语性贬抑义构式与第二人称代词相互促成、相互选择的结果。驳斥义构式的语力在于表达两种观点或行为的一种冲突与对抗，这种冲突与对抗总是通过对话双方以言语的形式表现出来。而出现在叙事体中的少数驳斥义构式与责怪义构式一样，它往往是以作者通过全知视角陈述，或以自言自语的形式出现的。例如：

（5）该死的天气，云如此之高又如此之薄，本来就不会掉下雨来，还消什么雨!?（CCL）

（6）这是嘴上说的，心里可不是滋味，说不清的滋味，人啊，算个球!（CCL）

（二）对话体中习语性贬抑义构式的话语语义框架

陶红印（1999）指出："对不同语体所偏爱的句子格式必须结合实际语料分别讨论。"通过前面的考察统计，我们发现习语性贬抑义构式在对话体中的占有量具有绝对的优势。因此我们着重考察该特征构式在对话语篇中的话语语义框架。其中构式的语境包括三部分：构式所在话轮内语境、话轮前语境与话轮后语境。埃德蒙森（Edmnodsno，1981）将话轮概括为以下两方面：一是用来指会话过程中的某一时刻成为说话者的机会；二是指一个人作为讲话者时所讲的话。刘虹（2004）认为，话轮是指会话过程中，说话者在任意时间内连续说出一番话，其结尾以说话者和听话者的角色互换或转变或各方的沉默为标志。例如：

> （7）A. "管它呢，瞎挂。"（吴刚敷衍着说）
>
> B. <u>你看你</u>，都不知道为什么挂，那还挂它干吗?!"
>
> C. "要知道为什么就不挂了。"（吴刚说）（CCL）

例（7）中A、B、C都是说话者连续说出的语句。在A阶段时，吴刚是说话者，陈大明是听话者。而在B阶段时，吴刚变成了听话者，而陈大明成了说话者。C阶段时，说话者与听话者之间的角色又发生了互换。如此看来A、B、C各自代表三个不同的话轮。其中贬抑构式"你看你"是B话轮的组成部分，因此B代表的语篇便是构式的话轮内语境，而A代表的语篇便是构式所在话轮的前语境，而C代表的语篇则是构式所在话轮的后语境。它们都跟构式有着不同程度的语义联系。其中话轮内语境与构式的关系最密切。

每句话构成了对话中的一个话轮。一次对话至少包含两个话轮，内容上的相关性促成了两个话轮之间的相互匹配，这两个话轮组成一个"话对"。以例（7）为例，A、B话轮构成一个话对（记为"话对$_1$"），其中A是始动话轮，B是继动话轮；B、C话对构成另一个话对（记为"话对$_2$"），其中B是始动话轮，C是继动话轮。话对揭示了日常自由对话的基本结构。理查德和施密特（Richards & Schmidt，1983）列举了八种话对：致意—致意；呼唤—回答；询问—

回答；告别—告别；赞扬—接受/同意/否定/转题/回报；抱怨—借口/争辩/质问；提供—接受/拒绝；请求—应允/搪塞/质问/拒绝。当然，实际会话中出现的情况要复杂得多。以下我们只能选取三大功能构式中出现频率较高的、与构式语义联系较紧密的情况进行考察，以期有助于话语框架与使用规则的概括与总结。

1. 差评义构式的语境适应性

第一，差评义构式的话轮内语境。差评义构式的表达功能在于对人、事物或事件的消极评价。在这一共同表达功能的支配下，这些不同的差评义构式呈现出一些相同的语用特点，其使用环境存在一些共性。我们通过对它们所在话轮内语境的考察，归纳出以下几种主要的、彼此语义联系较为紧密的使用模式。

Ⅰ. 消极评价的依据 + 差评义构式

在差评义构式话轮内语境中出现消极评价的依据是一种最常见的模式。消极评价是一种面子威胁行为，因此在施行这一言语行为时，需要有充分理据。消极评价的依据也是一些消极属性的具体表现。这些具体表现的呈现使得说话者所作出的消极评价有理可据。它们都是针对同一个评价客体的，属于同一个话题，是话题的延续。这些依据可以前置，可以后置，也可以同时前后置。如：

（8）这哪里是草莽英雄，欺男霸女，养外室小老婆，和土财主斗气比富，简直整个一个好色无耻的大淫棍、泡妞高手。（百度搜索）

（9）"就你？告你药名你一路背到药店一张嘴也得给忘了。"（CCL）

（10）我告诉你们这李白玲其实是北京最脏最脏的"喇"，要多脏有多脏，你想吧，收拾得娘娘似的，其实是个胡同串子，我还不知道她？她爸就是个蹬板车的，她妈是个拣废纸的，从小到大没刷过牙没洗过脚——胡拉劈哩叭啦往下掉活物儿，整个一个"西施兰"主儿，谁招一回泡三宿澡堂搓出血来也去不掉味儿，那得就着葱蘸着酱闭着眼才能往下咽。（《王朔文集》）

例（8）中"欺男霸女，养外室小老婆，和土财主斗气比富"都是"好色无耻的大淫棍、泡妞高手"的具体表现，同时也成了说话者作出此种评价的依据。其依据是前置的。例（9）的依据是后置的。"就你"表示在说话者怀疑听话者具有某种能力或根本认为对方不具备某种能力，因而表现出一种轻视的态度。后面的语句是说话者对听话者轻视的言语表现，也是对所做评价的进一步具体阐释。例（10）的依据是前后置的。实际上差评的依据本身也是一种评价。

Ⅱ. 责骂＋差评义构式

差评义构式属于负面情感的传递，因此当情绪激动时，会伴随着强烈的言语反应。责骂式的语句是差评义构式在情绪上的升华。例如：

（11）没本事，就知道欺负老婆。<u>还留学生呢</u>，狗屁！（曹禺《北京人》）

（12）是啊，<u>还厂长呢</u>，他妈的！（翘楚《风雨乾坤》）

Ⅲ. 外加的消极评价＋消极评价构式

有时，一个差评义构式还不足以表达说话者对评价客体的看法，还需要别的评价句的补充。这些外加评价句显然是与差评义构式同极的，即在表义上都表示消极评价。这些评价句都针对同一个评价客体。例如：

（13）数他坏，<u>整个一个阶级敌人</u>，全是装的。（CCL）

（14）"我看我们家马锐才没准儿呢，<u>整个一个马大哈</u>，二百五，让人当枪使。"（《王朔文集》）

（15）一个<u>不左不右，不男不女，不伦不类，不人不鬼的家伙</u>，你连自己都不知道也来讨论？（百度搜索）

例（13）中三个评价小句都是对同一个评价客体的不同评价。但内部也必然存在一定的语义联系。"整个一个阶级敌人"、"全是装的"可以视为是由"坏"来统领的。例（14）包含四个评价项"没准儿"、"整个一个马大哈"、"二百五"和"让人当枪使"。它们在语义之间彼此独立，又存在包含关系。因此在很多情况下，差评义构式的话轮内语境是多种使用模式混合的。例（15）就是如此，包含多个并列的评价项，并在此基础上进行责难。

Ⅳ. 后果 + 消极评价

评价是人主观认识的一种表现，这种主观认识会导引人的言语行为。因此，在差评义构式的话轮内语境中，往往会有消极认识之下的言语行为后果，彼此存在因果关系。例如：

(16) "耶里奇为什么不找国安谈呢？难道让我们去主动找他？记住，<u>他不过是个打工仔</u>。"国安集团副董事长罗宁说。（百度搜索）

根据例（16）在罗宁的眼里，耶里奇"不过是个打工仔"而已，地位较低。在这种认识的支配下，他认为耶里奇应该主动找国安谈。

以上所列的差评义构式话轮内语境的四种情况：差评的依据、责骂、外加的消极评价和后果都是针对同一个评价客体的。因此，差评义构式应该在情感意义上跟这些内语境具有同向性，即它们都具有贬抑性。这在某种程度上有利于我们对某些情感意义透明度较低的构式作出准确的判断。如果存在如下一个表达式：

(17) 小张太守旧了（A），G，美女主动追他他还不要（B），太伤她的心了吧（C）。

以上这个表达式中，包括三个已知小句 A、B、C 和一个未知评价性构式 G。其中 A、B、C 都是对评价客体的负面评述，而以此作为话轮内语境的 G 必定也是一个贬斥性的构式。因此，这些语境给我们传递了很多潜在的信息，使得构式 G 在语义的透明度可以有所降低，不可推导性也可以有所加强，语言形式进一步趋于经济性。

以上差评义构式话轮内语境的评述项在评价主体与评价客体上都是同一的，因此评价内容必然都是同向的。但在评价主体与评价客体相异的情况下，评价内容在情感意义上会出现相对的情况。这也体现了差评义构式话轮内语境的规律性。例如：

(18) 王朔随便侃出个东西就一字值千金。而我呢，<u>整个一个分文不值</u>。（《三月风》）

(19) 报载有上海人游玩了杭州后这样说："西湖的风景的确不错，<u>不过杭州人有点那个</u>！"（CCL）

例（18）是不同评价客体之间的对比，通过转折词"而"体现出前后评价内容的对立性。例（19）也是如此，通过"不过"我们可以判断评价主体对"西湖风景"与"杭州人"的评价是截然相反的。因此，在类似的语境中，在评价义构式情感意义不太透明的情况下，这样一些信号词"而"、"却"、"不过"、"但是"等会帮助我们作出准确的判断。在这些语境中的高频出现同样会带来特定形式与意义的规约化。

第二，差评义构式的话轮前语境。差评义构式话轮前语境，即是话对₁的始动话轮。以下我们通过解释话对₁的模式，来了解构式的话轮前语境。如果对话双方都是评价主体的话，他们可以对同一个客体进行不同或相同的评价，也可以是对不同的客体相同或不同的评价。

Ⅰ. 积极评价——消极评价

在对话中，始动话轮是对客体进行积极的评价，而继动话轮即差评义构式所在的话轮则是对始动话轮内容的反驳，从而对同一个评价客体作出消极评价。这种话对模式中，消极评价的客体可以是发话者或发话者关系密切的人，也可以是其他关系疏远的旁人。例如：

（20）"嗯。""看上去他挺老实的。"她对张燕生、徐光涛说，"跟你们不一样。"

"老实屁！"张燕生说，"数他坏，<u>整个一个阶级敌人</u>，全是装的。"（CCL）

（21）"老俞我告诉你说，你可以轻视我的人品，但不可以侮辱我的医德，接生把人家孩子存肚子里两个，那是我们雷锋干的事吗？"

"<u>还雷锋呢，雷震子吧你</u>！"（google 搜索《天机勿语》）

以上两例都是不同的评价主体对同一评价客体作出的不同评价。始动话轮中的评价义与差评义构式相对立。其中，例（21）的老俞在始动话轮中，既是评价主体也是评价客体。

Ⅱ. 消极评价——消极评价

如果说"积极评价——消极评价"话对体现了对话双方观点与立场的对立。"消极评价——消极评价"话对却恰恰相反，它反映了双方对评价客体看法的一致性。始动话轮与继动话轮之间在评价内容上是阐释与被阐释的关系。这种情况多见于对对话双方之外的第三方进行评价。例如：

（22）"说得对。"一个一脸悲愤、上了年纪的老工人被小伙子点起了火。"工厂遭那么大的火灾，他龟儿子的朱崇躲到哪里去了？"

"是啊，还厂长呢，他妈的！"（翘楚《风雨乾坤》）

例（22）的起始话轮中，小伙子呈现了厂长在火灾后未曾露面的事实，并表达出了不满的语气，在此基础上，听话者延续了发话者的话题，对厂长做了进一步的评价。这是不同的评价主体对同一客体的同向评价，比如继动话轮中"是啊"就具有信号的功能。

Ⅲ. 评价诱因——消极评价

始动话轮是诱发继动话轮中做消极评价的一个动因。这种情况评价客体与发话者不是同一的，即评价客体不在对话的现场。例如：

（23）"我没哭。"刘美萍抬起挂着泪痕的脸，"我没事。"
"别听马青的，他整个一个不可救药的口腔痢疾患者。"（《王朔文集》）

（24）曾文清　　（低声）妹妹刚病好，又哭起来了。

曾思懿　　（轻蔑地冷笑）没本事，就知道欺负老婆。
还留学生呢，狗屁！（曹禺《北京人》）

"哭"是一个非期望的行为，它在多数情况下会诱发旁观者对肇事者的负面评价。因此，在话轮前语境中，常常会出现反期望地引发下文作出负面评价的言语或行为。

Ⅳ. 反期望的看法/建议/要求——消极评价

在始动话轮中，发话者发表自己的看法或提出某些要求，在继动话轮中遭到听话者的排斥或轻视，认为评价客体没有能力圆满地完成某一事件。例如：

（25）"那个幼儿园对孩子不负责任，要不然媛媛怎么会发烧？我来照顾她吧。"

谢嘉华不同意："<u>就你</u>？你自己还是个孩子呢！"（CCL）

（26）"到了义乌，真是大开眼界，这么多外国人，讲得也不知道是啥语言，俺真的不懂！""真是<u>农民大老粗一个</u>！"（百度搜索）

以上两例中，始动话轮的言语内容都成了受话者进行评价的来源和依据。

第三，差评义构式的话轮后语境。考察差评义构式话轮的后语境情况，也就是考察"话对₂"的模式。在"话对₂"中，差评义构式的使用是面子威胁行为的实施，容易导致人际关系的紧张。当然这也视不同的情况而定。差评义构式话对情况跟评价客体与听话者关系的密切程度有关。

当评价客体与差评义构式的受话者同一或关系比较密切时，差评义构式话对呈现如下两种主要的模式：

Ⅰ. 消极评价——辩解

当我们表达对他人的不良印象而进行消极评价时，对方做出的常见反应是辩护和解释，为自己正名，以示我们对他的误解。辩词中难免包含不满情绪，有的甚至恶语还击，与之针锋相对。例如：

（27）"<u>就你</u>？你自己还是个孩子呢！"

卢婷的脸一下红了："你小瞧人，我怎么说也是个女人，比你这个大男人强！"（CCL）

（28）老邱跟我急赤白脸地说："你他妈办的这叫什么事？<u>整个一个谁都不认识谁</u>，干让人诈，跟在街上买有什么两样？还眼巴巴飞来，说得跟真的似的，我还以为这是丈母娘家呢。"

我忍气吞声听他骂，为自己分辩："不是我无能，而是'共军'太狡猾了。"（CCL）

（29）曾思懿　（轻蔑地冷笑）没本事，就知道欺负老婆。<u>还留学生呢</u>，狗屁！

屋内的声音：（随她的话后）混账王八蛋！！（曹禺《北京人》）

这种话对模式常常发生在关系比较疏远、势位相当的双方之间。

Ⅱ. 消极评价——顺从

辩解是应对差评义构式最常见的模式。但当受话者在道理或势位上明显处于劣势时，或者认可对方所说的无须辩解时，也会采用顺从对方消极评价的方式。例如：

（30）"别听马青的，他<u>整个一个不可救药的口腔痢疾患者</u>。"

"是是，我口臭，我那臭胳肢窝长嘴上了——我说什么了？"（《王朔文集》）

（31）女大学生随后还说了一句："你<u>不过是个摆地摊的</u>，有什么了不起的！""我是摆地摊的，没什么了不起。"（google 搜索）

例（30）中马青在女人面前属于低势位的，同时也觉得理亏。因此对发话者的批评全盘接受。例（31）虽然也是认同，但受话者是一种消极的顺从。

当评价客体与评价句听话者关系比较疏远时，对话双方呈现的只是对某一客体观点或认识上的态度，因此是对"话"不对人。这种情况下，差评义构式话对呈现如下几种主要关系：

一是看法对立。对话双方都不是评价客体，与评价客体也不存在亲密的关系。因此，消极评价并没有直接的针对性，只是对同一个客体的认识上的分歧，一正一反。

（32）"小沈阳<u>男不男女不女</u>的，在东北多次演出中内容重复，尤其在昨晚北京台演出中，又是拿残疾人开涮，太无聊了。"

"小沈阳是赵本山带出的新人，他那也是表演需要啊！"（google 搜索）

例（32）在对小沈阳作出评价时，显然评价客体是不在对话现场的，差评义构式的贬抑程度也较高。但双方只是针对这个话题各抒己见，不存在直接的人身攻击。

二是看法一致。对话双方对一个话题，即对一个评价客体的看法或认识基本上一致。两人相互补充，相互印证。例如：

(33) "是啊，还厂长呢，他妈的！"

"我们在拼死拼活地救火，狗日的厂长朱崇却不见人影，他去哪儿了？这时候怎么躲着不敢见人了？"（翘楚《风雨乾坤》）

例（33）在继动话轮中，受话者延续了这个话题，进一步辱骂。并为发话者提供评价与辱骂的依据。他们在立场上是一致的。

三是转移话题。受话者在听到发话者对第三方做消极评价时，有时也会采用有意或无意地转移话题，并不针对该评价客体继续评论。或者因为不便发表看法，或者没有自己的想法，或者对讨论的话题不感兴趣，等等。例如：

(34) "怨恨帮助自己的人，送帮助自己的人下地狱，那人整个一个神经病，连怨恨是什么都不懂！"

"这动画的深度已经超出一定境界了！"（百度搜索）

例（34）始动话轮与继动话轮的话题显然是不同的，前者主要就"那人"发表自己的主观看法；而后者是就动画的深度作出主观评价。因此，在话题的连续性上并无直接关系。受话者将话题进行了转移。

2. 责怪义构式的语境适应性

责怪义构式与差评义构式都属于评价性构式，因此，在语境的适应性上，存在互通之处，但也有各异的地方。责怪义构式与差评义构式不同。在特殊的情况下，前者可以有褒扬性情感的参与，即"嗔怪"，这使得责怪主体对情感的接受方的面子威胁程度大大降低，从而形成不同的对话模式，尤其是对话轮后语境的影响。因此在必要的情况下，需要分而述之。以下我们分别考察它的话轮内语境、话轮前语境与话轮后语境。

第一，责怪义构式的话轮内语境。经过考察，我们发现责怪义构式的话轮内语境主要有以下几种情况，它与责怪言语行为施行时有无褒扬性情感的参与关系不大，这也从一个角度说明，嗔怪主要还是以贬抑性情感为主的，因为在话语情境中，致责因子始终是存在的，而且是可以明示的。

Ⅰ. 责怪 + 致责因子

致责因子是责怪言语行为的四大要素之一，责怪行为的发生必然存在触发该行为的原因。因此，在构式的话轮内语境中，绝大多数情况下在相邻的语境中呈现了致责因子。致责因子的出现，为不可推导性强的构式义即贬抑义的形成提供了一定的语言环境，起到了激活贬抑义的作用。例如：

（35）尤氏因俏骂凤姐道："<u>我把你这没足厌的小蹄子</u>！这么<u>些</u>婆婆婶子来凑银子给你过生日，你还不足，又拉上两个苦瓠子作什么？"（《红楼梦》）

（36）"<u>你看你……</u>"陈明亮笑了，"该一点就透的时候你非不一点就透，不该一点就透的时候你不点也透……"（CCL）

Ⅱ. 责怪 + 主观建议或看法

责怪他人意味着他人的言语行为或现状不符合自己的期望。因此，在邻近的语境中，说话者往往要提出自己的建议或看法。当责怪义构式表达嗔怪的情态时，这种使用模式的适应性更强。例如：

（37）母亲："什么新朋友老朋友，你就知道玩，<u>你看你</u>，满脸泥土，还不赶快去洗洗！"（CCL）

（38）贺玉梅笑道：老齐你<u>真是的</u>，让陈局长点几个嘛，你知道他爱吃什么啊？（CCL）

反过来说，一<u>些</u>要求的提出总是在不满对方的现状时所提出的。因此两者在语义上具有相互依存性。

Ⅲ. 责怪 + 威胁

责怪总伴随着不同程度的不满情绪。当责怪客体为责怪主体带来一定程度的危害时，责怪主体不可能仅仅停留在言语的责怪上，而是伴随着不同的言语威胁或行为威胁。强调责怪客体要为他所造成的危害承担一定的后果。例如：

（39）瞧！<u>都是你</u>，害它跑得气都喘不过来了，如果它因此害上心脏病，唯你是问！（google 搜索）

（40）吕布："呦！<u>你个环眼贼</u>，胆子不小啊，敢跟温侯我

叫板，小心我的粉丝一人一口唾沫淹死你。"（google 搜索）

威胁同时也是责怪义子的一种实现方式，在情感意义上具有同向性，两者可以相互补充，相得益彰。

第二，责怪义构式的话轮前语境。责怪义构式话轮前语境的情况相对比较简单，它主要是责怪主体的反期望言语或行为。在这种情况下，始动话轮的发话者可以是责怪客体，也可以是对话之外的第三者。若是前者，始动话轮既可以是反期望的言语内容，如例（41）；也可以在言语中呈现自己反期望的行为，如例（42）；而若是后者，则发话者只能呈现他人的反期望行为，如例（43）。

（41）荳官没的说了，便起身笑道："依你说，若是这两枝一大一小，就是老子儿子蕙了。若两枝背面开的，就是仇人蕙了。你汉子去了大半年，你想夫妻了？便扯上蕙也有夫妻，好不害羞！"

香菱听了，红了脸，忙要起身拧他，笑骂道："<u>我把你这个烂了嘴的小蹄子</u>！满嘴里汗的胡说了。等我起来打不死你这小蹄子！"（CCL）

（42）田树梅："可能？你刨了没有？"

柳青魁："没，没有。"

田树梅大怒："柳青魁，<u>好你个王八蛋</u>。团长被埋在窑洞里，你作为手下，竟然见死不救连刨都不刨，你的良心让狗吃了？妈的，来人。"（CCL）

（43）"只要几位老弟兄都很好，我老张就放心啦。李嫂子听说还没有下落，是吧？"

"还是没有下落。"

"嗨，<u>真是</u>！要是万一李嫂子有三长两短，真是可惜！……"（CCL）

前语境中涉及的反期望言语或行为具有触发受话者责怪的作用，而其中的行为事件，对于受话者来说都是新信息。

第三，责怪义构式的话轮后语境。责怪义构式的话轮后语境比前语境要复杂一些，它的出现显然会跟施行责怪言语行为时有无褒扬性情感的参与有关。通过考察，主要有以下几种情形：

Ⅰ. 受话者对发话者的责怪进行辩解

有时，主体的责怪纯粹是一种误会，或根本不在于责怪客体的责任。这需要责怪客体或受话者在继动话轮中作出澄清和辩解。这与差评义构式的话轮后语境一致。例如：

（44）淑娴指着春玲，假生气地嗔道："你个小玲子，怎么把俺比成皇帝婆子啦，真糟蹋人！""我不是这个意思，"春玲淘气地闪着水灵灵的黑亮眼睛，"我是说，淑娴姐的笑也不容易出来，可是叫她笑也不难。"（CCL）

（45）"他吐的我身上到处都是，不光只我身上，他身上，还有地板上，简直就是一塌糊涂，真是的！""哥们，那可是你们劝的酒呀！"（百度搜索）

例（44）受话者就是责怪客体"小玲子"。例（45）受话者与责怪客体不同一，前者为后者辩护。这种情景适用于嗔怪或指责。

Ⅱ. 受话者的后续安抚行为

责怪义构式是发话者面对责怪客体的反期望行为而做出的情绪反应。受话者在接收到发话者不满的信息后，做出相应的行为反应，以缓和对方的情绪。例如：

（46）"你个没人性的东西，你就不怕小红身子骨落下什么病啊，全世界就你饥渴，出了事少来求我。""我知道了，这就回去。"（CCL）

（47）秀芬急得说："真是！凤姐怎么还不来？"

大娘唉了一声往外走着说："我去外边看看。"（CCL）

责怪行为与后续的安抚行为也是一个相互依存的话对。安抚行为总是在不满情绪的影响下发生。

Ⅲ. 受话者的对责行为

在对话双方的距离比较疏远，势位相当的情况下，如发话者的言语过激，即面子威胁程度较高，受话者也会采用相应的言语进行攻击，从而产生"责骂—责骂"的话对。这种情况不会发生在发话者嗔怪的情景之下。例如：

（48）冯寡妇指着姑娘骂："<u>你个黄毛丫头</u>！我寡妇是给你叫的吗？你愿当，也叫你守一辈子寡！"明轩、明生弟兄同时叫道："<u>你个臭神婆子</u>！糟蹋俺姐……"（CCL）

（49）"<u>你个万刀不赦的兔崽子</u>！暗斗你败啦，明来你也胜不了！"曹振德愤怒地说，"我子弹是不多，不过对付你这样的孬种，没枪也行！"（CCL）

3. 驳斥义构式的语境适应性

驳斥的话语结构是一种"配对性结构"（adjacency pair），在这一结构中，驳斥项与反驳斥项必须共现，即在话轮前语境中必须存在一个驳斥项，该驳斥项是旧信息，它可以在言语中出现，也可以通过行为呈现。因此驳斥义构式所依附的驳斥项在前语境中。在某种程度上，驳斥义构式没有评价性构式那样的独立性，它在意义上本身并不自足，与上文存在比较强的依附性。这是驳斥义构式与评价性构式最主要的区别。因此对于驳斥义构式，我们主要考察与之语义关联度比较高的话轮内语境与话轮前语境。

第一，驳斥义构式的话轮内语境。驳斥义构式的话轮内语境主要有以下几种情况：

Ⅰ. 驳斥 + 肯定项

有否定项必然存在一个肯定项。说话者在否定此项的同时，需要提出一个肯定项。这个肯定项可以存在于话轮内语境中。例如：

（50）大家莫名其妙问他干嘛不抢着去投胎？那只壮精子喘着气说："<u>抢个屁</u>！他在自渎！"（百度搜索）

（51）这老东西信口胡诌！<u>哪儿跟哪儿呀</u>？翠花姑娘进府是解放后，警察抓他是解放前。（CCL）

例（50）中驳斥义构式否定的是"抢"的行为，肯定的是"自渎"。例（51）的肯定项是"翠花姑娘进府是解放后，警察抓他是解放前"。

Ⅱ. 驳斥 + 驳斥的原因

驳斥义构式的相邻语境可以共现驳斥或否定的原因，使得自己的言语更有说服力与理据性。例如：

（52）学校领导不解地望着他："你没有被打成反革命，<u>平什么反</u>！"（CCL）

（53）像你这样芝麻子大的官儿，凭你这顶乌纱帽，能够担保朝廷不收拾我张献忠？<u>你保个屁</u>！（CCL）

Ⅲ. 不满情绪的致因

驳斥义构式与常规的驳斥义构式不同。它是习语性贬抑义构式，不只单纯地表示驳斥，而且在表达驳斥义的同时传递不满的情绪。因此在相邻语境中还可以共现导致说话者不满情绪的原因。例如：

（54）她拍了一下摇椅的扶手，说："你<u>懂得个屁</u>！乳臭未干的孩子，教训起大人来了，没有一个上下！要你到香港去好好念书，你贪玩，不用功，要跑回上海来。"（周而复《上海的早晨》）

（55）"<u>查户口</u>！查户口！<u>有什么查头</u>！一个病孩子躺在炕上快死啦。……"（CCL）

（56）父亲伤心地对姐姐说："我连送送女儿的权利都没有了，还<u>抽什么烟</u>！"（CCL）

不满情绪的致因有时跟驳斥的原因是同一的。如例（56）就是如此。没有送女儿的权利既是父亲不抽烟的原因，同时也是他在驳斥义构式中表现出的"伤心"的原因。因此，在这些情况下，说话者是不满足于用常规的驳斥义构式的。

Ⅳ. 驳斥 + 建议/意见

在对对方的言语或行为进行驳斥之后，说话者往往会提出进一步的意见或建议。例如：

（57）<u>得了吧</u>，你别自我感觉良好了。（CCL）

（58）儒春刚说半句，就被喝断了："小辈人<u>插什么嘴</u>！还不赶快下地！"（CCL）

从以上两例可以看出，在驳斥义构式之后的建议或意见往往是以语气比较强硬的祈使句形式出现。这是驳斥义构式中不满情绪的延续。

　　第二，驳斥义构式的话轮前语境。通过第三章的分析，驳斥义构式总体上既可以是对言语内容的否定，也可以是对行为的否定。这些否定项跟话轮前语境存在很大的关联。但所有的否定项不一定体现在话轮中。如某些行为就不是通过言语形式出现的。以下我们主要观察话轮中话对₁的情况，从而了解驳斥义构式的话语结构和使用规则。

　　Ⅰ. 非期望结论/说法——否定

　　始动话轮，是发话者作出对某一问题的结论。而在继动话轮中，受话者对该结论予以坚决否定。"坚决"来源于受话者对贬抑义的使用。与常规的驳斥义构式相比，它的语气更强。例如：

　　（59）"质量有问题，就好好查查嘛！"他瞪起眼嘟哝道。

　　小外甥说："哪儿跟哪儿啊！咱们这管子多少人都用了，都攒出多少辆车了，从来没听谁说过这管子有问题。"（CCL）

　　（60）女友还不死心："可你名声不好听呀！给大款做小、做情妇的！"

　　"哥们儿！"小李一本正经的样子称呼女友："名声值个屁！世界是物质的，物质第一性，懂吗？什么小婆不小婆的？太难听！我乐意叫我姨太太，我是三姨太！……"（CCL）

例（59）受话者"小外甥"坚决地否定了发话者"他"所谓的"质量有问题"这一结论。例（60）受话者对于发话者"名声不好听"的说法进行了反击。

　　Ⅱ. 非期望行为——拒绝/阻止

　　始动话轮中，发话者向受话者提出某项要求，或表明正试图去做某事。而继动话轮中受话者对这些行为要求予以坚决地拒绝或阻止。例如：

　　（61）A：你也来给我们说两句吧！

　　　　　B：说个头啊！我根本不了解，怎么说！（CCL）

　　（62）"我不管，我不管。我一百个不管！我明天不把票子还给田玉峰我是丈人！""什么话！你怎么好把票子送还给田玉峰？都是邻亲，能够让田玉峰把票子撕了么？笑话，笑话。"（CCL）

Ⅲ. 非得体言语——批评

对于言语得体性的批评，既不是不赞成对方的言语内容，也不是一种拒绝或阻止。而是认为对方的说法不够得体，或不够礼貌，等等，这是一种语用否定。

（63）"你……你……"

"你什么你？你出门前你妈没对你说要对女孩子礼貌吗……"（CCL）

（64）"我不能上了圈套……"麻宝山吞吞吐吐地说。

富贵老头气忿地喊："你这叫什么话！"（CCL）

例（63）中在受话者看来，发话者用"你"来指称她，不够礼貌。例（64）富贵老头认为用"圈套"不够得体，因此用习语性贬抑义构式来表达这种"气忿"的情绪。

（三）小结

以上通过对习语性贬抑义构式语体分布情况与话语语义框架的分析，可以得出如下一些结论：

1. 构式与语境是双向选择的

语义语法理论认为，短语与句子是通过词与词的搭配来实现的，但这些句法结构并不是两个成分的随意碰撞。在语义上，它们是相互选择、相互限制的。也就是说，词语之间的组合要合乎逻辑，合乎事理。这就需要相邻的两个词语应该具有一个或多个相同的语义特征。这是句法层面上"语义一致性原则"。在构式语法理论体系中，构式是语法的基本单位，它存在于不同的层级中，甚至包括最高层级的语篇。语篇构式与句法结构一样，其成分之间的搭配也不是随意的，不同的构式在使用中由于意义的不同会选择与之相匹配的上下文语境，从而形成不同的"话语语义框架"。通过上文对习语性贬抑义构式话语语义框架的考察，发现习语性贬抑义构式在话语中存在诸多与之共现频率较高的构式。如，贬抑情感的致因、辩解、顺从，等等。我们以差评义构式为例。在差评义构式的话语结构中，差评义构式可以与消极评价的依据共现，两者在语义上具有很强的兼容性。因为特性与其具体表现之间在语义上具有很强的一致性。它们之间的联系是相对固定的。一种特性势必有它的具体表现，一种表现反映某个更高层次的特性。两者相互选择，相互对应。总体上来说，话语语义框架内部的不同构式之间是能建立起逻辑联系的。在句法层面上也是如此。根据"语义特征的一致性原则"，"吃木头"应该是不合法的，因为"木头"不具有【+可食用】的特征。但是一旦进入具体的句子，我们却可以说"人不能吃木头"。因此归根到底结构还是符合逻辑性的要求。另外，构式与语境的双向选择还体现在它与语体的关系上。一个构式有它适用的语体，一种语体也选择适合它的构式。我们研究的习语性贬抑义构式适用于口语语体中，其中内部三种不同功能的构式与对话语体和叙事语体之间也存在不同的关系。相对地，口语语体也会选择口语性较强的构式。

2. 话语语义框架将有助于贬抑性情感义的浮现

构式与语境的关系不只体现在两者之间的双向选择上，还体现在语境对构式意义的生成上。本书研究的构式其贬抑性的情感意义具有不同程度的不可推导性，也就是说该意义不能从构式组成成分的意义上推导出来。其中有的构式其合成意义在情感意义上是中性的，如"真是的"、"都是你"、"你看你"，等等，但构式义还是贬抑性的；有的图式构式其变项只能是或者绝大多数是贬抑义的语词，即使变项是中性，其构式义还是倾向于贬抑性的。究其原因，跟语境的引导与协助不无关系。一个构式经常出没在对责的话对中，由于这些责难语的辐射，它很难生成称赞义。也正因为这些语境的协助，使得构式有了简省的可能。构式义的不可推导性就产生了。因此构式的话语语义框架为构式语用法的语法化提供了现实基础。这一点下文将作进一步论述。

二　习语性贬抑义构式的构式化动因

如果说构式的形式特征为贬抑性情感义的产生提供了一个可能性的话，那么语用、认知方面的因素为该构式义的产生提供了必然性。换句话说，习语性贬抑义构式的产生是一个语用法语法化，同时又伴随着主观化的过程。

习语性贬抑义构式是具有很强的不可推导性的构式，因此它的意义并非构式中各词的意义按语法结构有层次组合的结果。那么为什么听话者在绝大多数情况下能够理解说话者所要表达的确切含义呢？比如当我们接受到"你看你！"这样的语句时，即时的反应便是审视自身令人不满意之处，而不会出示自己光彩的地方。这种默契来自于语境意义与频繁刺激。这里所指的语境包括内语境与外语境。其中的使用频率涉及例频率与类频率。内语境与外语境是一个相对的概念。前者是构式本身的语言环境，包括常项与变项。后者则是构式本身之外的语境，我们所说的话轮前语境、话轮后语境等都属于外语境。例如：

（1）歹徒一边残暴地砍一边狂喊恶骂："我叫你多管闲事，叫你救人，非砍死你不可！"（CCL）

以上用例中包含一个习语性贬抑义构式，即"我叫你 VP"。其中常量"我叫你"与变量 VP 是构式的组成部分，是内语境。而构式之外的上下文，如"歹徒一边残暴地砍一边狂喊恶骂"与"非砍死你不可"是外语境。而例频率指的是具体用例的使用频率；而类频率指的是一个图式构式的使用频率。以下我们分别以一个实体性的、绝对贬抑构式"真是的"与图式性的、相对贬抑构式"NP + 一个"为例来说明语境、使用频率与构式的关系，反映贬抑性情感义一般的构式化过程。

（一）外语境与例频率

通过第五章中对简省式构式"真是（的）"的考察发现，"真是"原始的完整形式应该是"真是 + R"，即在这个结构中，包含着评价主体对评价客体具体的评价内容或表现主观情感的语词。例如：

（2）但是她又不愿给张昌宗他们下不了台阶，就骂张说说："你真是反复无常的小人。"（CCL）

（3）陆好善说："支一骥，你真是可恶！不成人的狗攮的！收了银子三个多月，不给人家配出来。……"（CCL）

　　相比较而言，"真是 + R"的字面意义基本上能够传达说话者所要传达的意义，也就是说该构式进入使用时，其意义具有相对的单一性与透明性，听话者只需要付出较少的心力，就能理解说话者的表达意图。关联（Relevance）理论认为，语境效果越大，发出相关语句的刺激信号就越有关联；付出的心力越多，则刺激信号的关联度就越小。（参看 Sperber & Wilson，2008）从这种意义上说，"真是 + R"语句已经具有了较高的关联度。但是，语言交际受相互竞争的"信息最大化原则"和"经济最大化原则"的制约。"信息最大化原则"是指听话人希望说话人能完整、全面地将所要传递的信息明确、清楚、如实地告诉受话人。而"经济最大化原则"是指说话人希望用最少的言语，投入最少的认知努力，同时又能比较准确地传递所要表达的全部信息。人总力图用最小的心力获得最大的语境效果。关联度最大的语句并不意味着是优化关联（optimal relevance），需要效果与心力的适当调配。在初始阶段，表达消极评价的意图与"真是 + R"这种表达方式可能是优化关联。但是，表达方式与表达意图之间的优化关联并非是一成不变的。随着表达方式与表达意图的频繁关联，听话者只需要付出较以往更少的心力就能满足自己的关联期待。这促使说话者在表达方式与表达意图之间重新进行调配，以达到最优关联。这种调配只能通过变更表达方式来实现。手段有两种：一是用一种完全创新的、省力的形式来表达这种责怪或消极评价义；二是在原有表达方式的基础上进行修整，包括压缩、结构重组或减少冗余成分。两种手段相比较而言，后者更具有可参照性，对于说话者来说也更易于把握关联度。这种重新优化关联的需求为"真是 + R"的简省提供了一个诱发因素。语法化理论也认为，"表达的习语化往往导致信号的缩减与简化"。（Hopper & Traugott，2003：89）但前提是这种简省要能够满足交际双方的关联期待，以保证交际的顺利进行。那么如何将变更后的表达形式与表达意图进行关联呢？这离不开语境的协助与激活。例如：

　　（4）"你们怎么搞的？我的希望又变成泡影啦，我送给你们这么好的种子，你们却种成了这个样子，真是……"（CCL）

　　（5）胡杏顿脚道："她说不要，不赞成，不知道，就是要，赞成，知道了！——唉，你这个人真是……真是……真是呀！"
（CCL）

在以上的两例中，"真是"之后的 R 已经被缺省，省略号表明语义未尽，缺省还只是一个语用法。但是这种临时的缺省并未导致交际的中止。我们仍然能够解读到"真是……"所包含的不满的语境意义。这种隐含义显然是从"真是……"所在的外语境中推导出来。这些相关语境知识包括以下几种。

一是贬抑性情态的标记词。在"真是……"所在的语境中，有标示贬抑性情感意义的语词，用来描写说话人的神情、动作或心理活动等。由此推导出与之相关的"真是……"也具有贬抑性的情感义。例如：

（6）三掌柜叹气道："大掌柜，你说东家今天这顿饭真是……"（CCL）

（7）杨过喃喃骂道："你们，哎，真是……讨钱就讨钱，怎地惊了我的牲口？"摸出三枚小钱，每人给了一枚。（CCL）

（8）大热天，水也不喝一口。唉，真是……（CCL）

"叹气"、"骂"与"唉"都预示着下文的反期望信息。因此，伴随着这些消极行为而发出的"真是……"语句难免被赋予贬抑性的情感义。

二是在"真是……"的话语语义框架中存在反期望的事件，由此推导说话者会对事件的肇事者产生不满情绪，而不可能是赞赏。例如：

（9）另一个战士转转身，生气地蹬了一脚，说："睡觉也不安生，真是……"（CCL）

（10）有很多人，身体健康，但是也会作全身检查，你口口声声说爱我，我要你陪我去看医生你都不肯，你也真是……"（CCL）

"睡觉不安生"与"不肯陪我去看医生"都是说话者非期望的行为，因此，按事理说话者对于施行该行为的引发者必然抱有不满的情绪。

列文森（Levinson，1995）将推导出来的隐含义分为两类，即"一般隐含义"（Generalized conversational Implicature）和"特殊隐含义"（Particularized Conversational Implicature）。前者不随语境的改变而改变；后者会随语境的改变而改变。因此以上用例中的"真是……"的消极评价义或责备义只是它的"特殊隐含义"，能增添特定的语境将这种隐含义消除。例如：

（11）他端起半碗烈酒，咕咚咚地灌下肚，又凑向我，"那可真是……真是头漂亮的小乳牛哇……嘿嘿，那奶——那奶，甜哟——"（CCL）

（12）郭靖忙伸手扶起，笑道："过儿，你这三件厚礼，唉，真是……，真是……"他心中感激，不知道要说"真是"什么才好。（CCL）

在这些用例中，我们根据话语语义框架与褒扬性的情态标记，"真是"之后简省的部分不可能是消极评价的具体内容，而是赞叹与感激。

但由于礼貌原则的作用，当 R 为消极评价时，对简省的要求要大得多。我们对北大语料库现代汉语语料进行穷尽性的考察，发现隐含评价义的"真是……"总共有 67 条，其中隐含贬斥义的有 61 条。这两个数据表明"真是 + R"的简省用法数量不少，其中该简省形式与贬抑义关联的频率占有绝对的优势。当简省了的"真是"与贬斥义的语境频繁关联时，其原本需要语境推导的关联不断反复进行并不断扩散，这一新的优化关联在大脑中逐渐固化。责怪义由特殊隐含义转变成了一般隐含义，并进一步成为固定义。达尔（Dahl，1985：11）是这样描述这一过程的：当一范畴被使用时，如果某些条件恰好也得以频繁地实现，那么这个条件和这个范畴之间就会发展出强而有力的联系，这个条件开始被理解成这个范畴的意义的一个有机组成部分。在这种状况下，"真是"已不再停留在其语用法之上，而成了一个以责怪义为固定义的独立的实体性习语性构式，已作为一个固定的词被《现代汉语词典》收录。

当然，在外语境与例频率共同作用下，一个新优化关联的产生并不意味着旧关联的必然消亡，它们会长时间的共存着，以满足说话者不同的表达需要。如"真是（的）"与"真是＋R"不只是简省式与完整式的区别，它们在表达功能上仍存在很大的差异。例如：

（13）像阿咪这样无情无义的女人，竟然还是什么歌星，老天真是不睁眼。（CCL）

（14）（官员）不只自己拿"红包"，还要带着朋友一起拿，拿了钱还不办事，把你推来推去，真是太肮脏了。（CCL）

显然，"真是＋R"比"真是"内容更具体更明确，它不只是一种不满情绪的发泄，而是包含评价内容的主观看法的表达。

（二）内语境与类频率

如果说，诸如"真是（的）"这样的实体构式，主要是外语境与例频率发挥作用的话，那么对于一些图式性的习语性贬抑义构式则是内、外语境与类、例频率共同作用的结果。尤其是与内语境与类频率之间的关系甚密。认知语言学认为，语法是基于使用的，语言使用和语法知识之间的关系在图式化的各个层面都受到构式使用频率的影响。高频使用的实际用例通过心理固化形成一套从具体到抽象的、能产性不等的认知结构。

以下我们以一个图式性构式"NP＋一个"为例来说明内语境与类频率对其构式化的作用。

傻瓜一个　笨蛋一个　神经病一个　白痴一个　守财奴一个　菜鸟一个

混蛋一个　贱东西一个　草包一个　败家子一个　马大哈一个

这些具体用例在产生之初因为频繁使用被大家广为接受和传播。这是例频率的作用。但是人的认知方式具有简约化的趋势，也就说人类认知机理的默认原则是经济原则。频繁出现的语言形式，无论是简单的抑或是复杂的，人们总是将它储存起来，以待备用。但是对于这些符号的储存并非是简单的重复，而是要进行归类处理，即范畴化。我们会将性质相同的语言实例归为一类，形成一个范畴，抽象成一个构式图式。如以上这些性质相同的实例就因为具有高的类频率而被抽象成了评价性名词 NP 后附数量结构"一个"，即"NP＋一个"。形式固化的同时也伴随着构式义的形成。在"NP＋一个"的具体用例中，作为内语境的 NP 常常是一些带有明显贬斥义的词或短语。在这一特定语境的反复作用下，整个构式倾向于对一个客体的消极评价。于是便出现了"陈世美一个"、"陈冠希一个"、"武大郎一个"等这些 NP 由专名填充的新鲜用例。但是约定俗成的构式义对变项起到了限制与允准的作用。即以差评义构式"NP＋一个"进行类推与扩展时是有条件的。第一，NP 具有广为人知的鲜明属性。如不能说"张三一个"、"领导一个"、"老师一个"等。"张三"是一个体，他作为一个范畴中的成员在不同的情况下表现出不同的特征，也不具有大家达成共识的特点。"领导"与"教师"代表不同的范畴，虽然它们都有各自的典型特征，但却很难说出它们规约性的突出特点。第二，NP 多具有口语性，"NP＋一个"是一个灵活的口语性构式，在这一整体话语特征的制约下，NP 同样需要口语性。例如：

> 教师一个　教书匠一个
> 士兵一个　大兵一个
> 男人一个　老爷们一个

以上左右的对比中，一般来说，右边的接受度比左边要高一些。第三，NP 多具有贬抑义。以上这些都是规约化后的构式特点对变项的制约。构式义一旦形成便会对整体意义起决定性的作用。如"学生一个"、"女人一个"等因为在贬斥义的压制下，只能激活其消极属性，表达消极评价。但是也有例外。当 NP 的情感意义具有明显的褒扬义，"NP＋一个"也可以用于积极评价。也就是说，贬抑义还只是"NP＋一个"的一般隐含义，在特定的内语境下，具有可撤销性，但不具有很强的类推性。如"美女一个"、"天才一个"、"强人一个"，等等。我们认为这是构式化不够彻底的表现。随着该构式强势语义，即贬抑义的不断扩展和大量反复使用，"NP＋一个"会实现完全的构式化，贬抑性情感义会成为构式的一个固定义。

在习语性贬抑义构式的构式化过程中，语境与使用频率发挥了重大的作用。因为语境的协助，使得语言符号的不断趋简成为可能，同时也不断促成了新的优化关联的出现。从一个旧优化关联到一个新优化关联，这是形式与意义的不可推导性程度加强的过程，也是新构式产生的过程。习语性贬抑义构式是一个动态的范畴，其中任何一个构式的形成都离不开这两个因素，两者缺一不可。构式化程度的高低取决于言语活动如何改变一个语言形式的心理地位。这些构式与语言系统外的实际使用活动没有清楚的界限，并且随时被言语使用活动强化、调整、充实，以适应新的需求。（转引自张韧，2006）其中的规律性需要我们深入发掘，透过现象找到本质。毕竟，语言远非我们想象得那么单纯。

三 习语性情感义构式的不平衡性

（一）习语性褒扬义构式

语言总体上具有对称性。既然存在一些不可推导性很强的习语性贬抑义构式，那么是否也同样存在具有不可推导性的习语性褒扬义构式？答案是肯定的。通过我们对现实语言现象的观察与对前人收集的一些常用习语性构式的考察发现，现代汉语中存在少数低透明度的褒扬构式，即它的褒扬性情感义不能从其组成成分的合成意义中获得。这类构式主要有"'有'字式"（"有＋N"、"真有你的"、"有两下子"）、"是个人物"、"像样儿"、"好说话"、"有我呢"、"可不（是）"等。它跟习语性贬抑义构式一样，在褒扬义的固化程度上也有绝对与相对之分。前者像实体习语"真有你的"、"好说话"、"有我呢"等。后者如"有＋N"等。在表达功能上主要是积极评价与支撑。前者像"有＋N"、"真有你的"、"有两下子"、"有A有B"、"像样儿"、"好说话"等，后者有"可不（是）"、"有我呢"等。

在"是个人物"这一构式中，"人物"是一个基本层次范畴的词，没有附带任何感情色彩，所以起不了任何评价的作用，整个构式甚至还不能传递有价值的新信息。例如：

（1）王铁成出生于一个殷实之家，他那做汽车生意的父亲，当年在北平城商界大小也算得上是个人物。（CCL）

（2）在回校的路上，两人把汪太太讨论个仔细。都觉得她是个人物，但是为什么嫁个比她长二十岁的丈夫？（CCL）

"王铁成"与"汪太太"作为人的身份是一个旧信息，因此这个构式若从字面上理解是不符合"量"的准则的，所以我们要发掘该构式违反量的准则之后所产生的隐含义。通过我们对语料的考察发现，"人物"与褒扬义词语的共现频率比它跟贬抑义词语的共现频率要高得多。如"代表人物"、"杰出人物"、"风云人物"、"显贵人物"、"著名人物"、"典型人物"、"重量级人物"等。这使得"人物"具有了褒扬义的优先解读。

"像样儿"则表示达到了令人满意的程度与标准。例如：

（3）那小厨房的确是个非常像样儿的小厨房，在全市的小厨房里也是数得上的。（CCL）

（4）梅吉有生以来只进过一次韦汉的杂货店，那是远在五月间的事了；因为她已经是个像样儿的姑娘了。（CCL）

"像样儿"还有相对应的否定形式"不像样儿"，它具有贬抑义。

"好说话"指人不固执、不苛求，肯予人方便。前面可加表示程度的词语。例如：

（5）这一次，李克农可不是那么好说话了，他把我狠狠地批评了一通，问我是来工作的还是来玩儿的。（CCL）

（6）春花笑道："别客气，也别多礼，我们姊儿俩是很好说话的，只要我们心里高兴为你做什么事都行。"（CCL）

"有我呢"表示遇到麻烦、困难时由自己承担责任，要对方不要担心害怕。例如：

（7）妈妈去世后，年幼的女儿没人照顾，她丈夫表态说："放心吧，有我呢。"（CCL）

（8）刘一川扶着马老太走向原告席："别害怕，没问题，一切都有我呢！"（CCL）

作为支持性构式的"可不（是）"，前人时贤已作过相关的研究，可参看于宝娟（2009）、张先亮（2009），我们不再赘述。以下我们对"有"字称赞义构式进行简单的介绍，以加深对习语性褒扬义构式的了解，并为下文两种对立构式的对比分析奠定基础，同时也为构式义的产生机制的多角度探讨提供一定依据。

1. "有"字构式

"有＋N"构式的组成成分中，没有程度词的参与，而整个构式却包含"高程度"之义，其中褒扬性的情感义占有绝对的优势。对此种现象，前人也作过多种不同的解释，最有代表性的是两家。邹韶华（2001：25）认为，这是中性词语义的偏移现象，他指出"中性词语义偏移总的是偏向于正极意义（褒义、大义、多义）"。并进一步对这种现象的成因进行解释，认为这是人们求善的心理与语用频率效应所致。这是一个非常敏锐的发现，但是我们认为对于"有＋NP"高程度义的产生似乎不能归于词本身，而是整个构式内部语义相互压制、整合的结果。对于"语用频率效应"的解说也缺乏充分的论据和直接的统计数据，即如何证明 N 与正极的修饰语是频繁共现的。石毓智（2004）对这种语言现象从不同的角度进行了解释，认为"社会平均值"对该构式程度义的产生具有很大的影响。我们基本上同意石文的观点，但也可以从另一个角度简单给予解释。语言是一种交际的工具。在语言交流时，一般情况下，说话人总要遵循"合作原则"，并且听话者也相信说话者不会违背"合作原则"，而且说话人也知道听话人相信自己总是遵循合作原则的。（沈家煊，1999：62）在合作原则中有一条非常重要的准则便是"适量准则"，即提供信息要足量，要不过量。如果说话者违背了适量原则，实际上则是说话者故意违背这一原则来传递某种言外之意。例如：

（9）a. 他有钱。

　　 b. 他有很多的钱。

例（9）a 如果作字面意义去理解的话，那就成了一句废话，说话者没有传递任何新信息。然而听话者知道说话者不会违背交际的"适量原则"的，因此推出（9）a 必然存在一个隐含义（9）b，而且只能是（9）b。说话者也知道听话者能推导出这种隐含义。在语言"经济原则"的驱使之下，以"有 + N"来表达程度义，而且是褒扬义，为大家广为接受。从根本上说"有 + N""高程度义"的产生是交谈双方互动的结果。因此，"适量原则"与"社会平均值"殊途同归，都可以为构式义的产生找到一定的理据。这也适用在"真有你的"这一实体构式上。

"真有你的"也是一个带"有"字的习语性构式。它用来表达对某人能力等方面的称赞。例如：

（10）a. 众人大为敬佩，个个伸出大拇指夸奖道："老刘，真有你的，不愧是仙人指路呀……"（CCL）

b. 致庸大喜，道："太好了，茂才兄，真有你的！……"（CCL）

c. 萧峰赞道："好家伙，真有你的！"（CCL）

但这一称赞义构式常用作反语，用来讽刺某人具有不正当的行为或某人不具备某种应有的能力或素质。我们在北大语料库查得"真有你的"39 个用例，其中用于反语的就有 20 个之多。例如：

（11）a. 你小子可真有你的，这么英俊的小伙子，竟要用破头来讨婆娘。（CCL）

b. 清波，真有你的，亏了你们还是亲戚呢！（CCL）

c. 祁科长！真有你的！你一声不出，真沉得住气！（CCL）

"真有你的"也具有程度义，其程度由隐含着的"你"的某些方面来承担，如办事能力、基本素质、道德水平等。其构式义也是通过违背"适量原则"而推导出来的。

2. 有 A 有 B

"有 A 有 B"指的是如下一些用法：

有胆有识　有勇有谋　有血有肉　有情有义　有头有绪　有声有色　有权有势　有板有眼　有头有脸

"有 A 有 B"构式中也包含"有"字，A、B 都是语义相关联的两项，同属于一个语义范畴之内，其情感意义只能是褒扬性或中性的，而不能是贬抑性。当 A、B 的本义或引申义属于褒扬义时，输出的构式表现其本义。如"有胆有识"、"有血有肉"；当 A、B 的本义属于中性义时，构式表现的是它的隐含义，如"有钱有势"、"有头有脸"。第一种情况符合意义的组合原则，因此其意义总体上是可推导的。而第二种情况可以处理成"有 + N"结构是进一步构式化，其构式义也是违背"适量准则"带来的隐含义。

在现代汉语中虽然也存在一些习语性的褒扬义构式，但是与习语性贬抑义构式相比，在数量上表现出很大的不平衡性。后者远远要多于前者。也就是说更多的构式在意义不透明的情况下，衍生出了贬抑性情感义，而不是褒扬性的情感义。我们对常玉钟主编的《口语习用语功能词典》进行了统计，发现该词典收录的五百余条口语习用语中，具有贬抑义或明显具有贬抑倾向的习用语有 111 条之多，而具有褒扬义或明显具有褒扬倾向的习用语仅 25 条。此外，我们还统计了由刘德联、刘晓雨编著的专门面向对外汉语教学的《汉语口语常用句式例解》，该词典共收录 505 条常用的口语句式，这些常用句式实质上就是口语习用语。其中绝对贬抑或相对的贬抑的习用语有 154 条，而具有绝对褒扬或相对褒扬的习用语有 37 条。两部词典的统计结果显示，贬抑性习用语与褒扬习用语在数量上具有明显的不平衡性，前者在数量上要远远超过后者。那么，为什么这两种构式之间会表现出巨大的不平衡性？

（二）　习语性情感义构式不平衡性的成因

情感义构式不平衡的成因，也就说在这些具有情感意义的反常规构式中，为什么习语性贬抑义构式要比习语性褒扬构式多得多？在回答这个问题之前，需要我们再次强调一点，构式是构成语法体系的基本单位，根据情感义构式不可推导性的强弱与习得方式的不同，我们将其分为常规的情感义构式与反常规的情感义构式。我们这里所指的不平衡性存在于反常规的习语性情感义构式之间。但是不可避免的，这些构式不平衡性的成因却离不开对整体情感义构式的考察。以下我们就造成不平衡型的可能性原因进行必要的分析。

第一，贬抑义所能依附的构式形式比褒扬性情感义更丰富。情感意义具有依附性，它不能独立存在，需要依附在其他意义之上才能实现。因此，在两种对立的情感意义中，何者的载体更丰富，那么它的数量也会更占优势。贬抑义可以依附在三种不同表达功能的评判义构式之上，即贬抑性的差评义构式、责怪义构式与驳斥义构式。我们先来看差评义构式。对于差评义构式，习语性贬抑义构式与习语性褒扬构式存在不对称性。对于现存的不可推导性强的习语性贬抑义构式，我们难以找到与之相对应的褒扬性评价构式。如"不男不女"、"整个一个马大哈"、"还博士呢"，等等；而责怪义构式是说话者在致责因子的刺激下所作出的情绪反应，在褒扬构式中不存在相应的范畴，取而代之的是表示褒扬的褒扬性差评义构式，而这一部分本身也是少之又少。如"看把你 VP 的"、"你等着瞧"、"这 + NP"等；最后便是驳斥义构式。驳斥义包括否定义、拒绝义与阻止义等不顺从对方观点或意志的意义，它们都可以通过否定形式表达出来。然而否定是有标记的，因此，在表达否定义时需要否定的标记形式，包括常规的"不"、"没"和反常规的贬抑义构式，如包含疑问代词的构式形式、"X 个头/屁"等。后者除了表示否定的基本意义之外，还包含有贬抑义。而肯定却是无标记的。它没有相应的标记形式，这也就使得褒扬性情感义失去了载体。这主要表现在，贬抑义可以依附在驳斥义构式之上，并且依附的形式与贬抑性的程度呈现出多样性。如我们要表达"别看"的基本义。包含贬抑义的可以有以下几种言语手段：

    A. 看什么！

    B. 看什么看！

    C. 看你个头！

    D. 看个屁！

以上几种表达方式在贬抑情感强度上总体上是依次递增的。但是我们却很难找到能依附褒扬构式的具有较强不可推导性的支撑性构式。

第二，礼貌原则对习语性贬抑义构式的选择。语言学家利奇从语用学和人际修辞的角度提出了言语交际活动中的礼貌原则，包括六个准则。策略准则：尽量减少他人付出的代价，尽量增加他人的益处；慷慨准则：尽量减少对自己的益处，尽量增大自己付出的代价；赞誉准则：尽量缩小对他人的批评，尽量增强对他人的赞扬；谦逊准则：尽量缩小对自己的标榜，尽量夸大对自己的批评；一致准则：尽量缩小与他人的不同意见，尽量夸大与他人的相同意见；同情准则：尽量缩小对他人的厌恶，尽量扩大对他人的同情。英国著名语言学家布劳（Brown）和列文森（Levinson）提出面子论。他们认为如果人们在交际中要互相合作，那么说话时就要在保留面子方面进行合作。礼貌原则与面子保全论（face - saving theory）并不意味着在交际中我们不能表达对他人的消极评价、责备与驳斥。毕竟在语言体系中存在数量不少的习语性贬抑义构式。它们因为需要才产生，因为使用而存在。但在表达这些情感的时候也并不是肆意的。他们会采用一些言语策略来减弱面子威胁行为的强度。这种策略也体现在，说话者在进行积极评判与消极评判采用不同的语言表现形式之上。人们在表达对他人好感、赞扬、肯定的时候，往往不需要隐讳，直接表达。这时他们首选表达形式是情感意义显著的、具体可感的褒义词语。如"勤劳"、"善良"、"美女"、"太有才了"等。这些常规的构式对于同一文化或不同文化区域的接受者都能够即时领悟，并反馈以积极的情绪反应。这是符合礼貌原则的；而表达差评、责怪、驳斥意义的时候，一般会带来人际紧张，这时意义的表达需要模糊处理。而简短、含蓄、不可推导性强的习语性贬抑义构式恰恰满足了这些要求。而不是采用意义直接的、鲜明的贬义词语。利奇（1983：135 - 136）认为，人们以间接的、含蓄的方式表达对他人的指责，是出于礼貌，因为其指责的含义是通过推导才能由接受者完全解读。布劳和列文森（Brown & Levinson，1978：74）也认为，"非公开"（off - record）的言语行为对面子的威胁最为间接，是减小面子威胁的策略，其含义是可以"协商的"（negotiable），是最为礼貌的策略。比如，我们要表达一个人土气、比较愚昧。说"他农民一个"总比直接说"土包子"或"愚昧"要隐讳得多。前者在范畴与属性之间有一个推理与解码的过程。因此，总体上，积极评判需要透明度高的褒扬构式。而消极评判需要透明度较低的习语性贬抑义构式。两者出现不平衡也是在所难免的。

第三，在外部条件上，网络为习语性贬抑义构式提供了一个不断繁殖的温室。现今网络语言迅猛发展起来。这种新的语体不可避免地带有相应的特点：一是创新性。语言在不断的使用过程中，往往会丧失了新鲜感和生动性，人们对一些词汇的过分熟悉反而导致这些词汇能够表达的东西十分局限和平常。这就需要我们不断创造出一些新的词汇，或者采用一些新的形式重新组合言语。网络作为语言的一个载体，具有虚拟性、自主性、开放性、包容性、多样性等不同于传统语言载体的特点，提供给人们很多语言创造的灵感和自由发挥的空间。这主要体现在一些缩略语、旧词新用（恐龙）、生造新词（黑客）、僻词热用等方面，还有突破传统句法规则的束缚进行句式翻新、倒装、省略等。这些新现象从一开始的个人另类使用，到被大众普遍接受、高频使用，再到约定俗成，这是一个特异性构式膨胀的过程。从这种意义上说网络是生产反常规构式的工厂。二是情感性。现实生活的节奏越来越快，人们的压力也越来越大，生活、工作、情感上的不顺也不好随意向人诉说，只好把很多"秘密"藏在心底。这使得人们的情感越来越封闭，孤独感也越来越强。而网络的互动性、即时性、匿名性、相对自由性恰恰满足了人们宣泄情感的要求。人们可以毫无顾忌地陈述自己的意见主张，直截了当地表达自己的利益诉求，直言不讳地表达对现状的不满。由此催生出来的网络语言也不可避免地带有极大的情感性。如"躲猫猫"、"范跑跑"、"被 X"、"非法献花"等都是这一特征的产物。如果说，网络是反常规构式的加工厂，那么它更是反常规情感义构式的加工厂，尤其是习语性贬抑义构式，这便是我们下一点要谈的网络语言的粗俗性与偏激性。网络是一个虚拟社会，网民在现实生活中的身份都是隐秘的。这使得公众无法对他的言论是否妥当问责。在这种"无标识状态"下，他们可以肆意地表达自己的情绪，贬抑他人，责骂社会，使得网络中充斥着粗俗、轻佻的语言。因此在网络这一强势媒介占主导的今天，习语性贬抑义构式要比习语性褒扬义构式具有更强的繁殖力与更广阔的生存温室。

袁洁（2009）收集了 2008 年十大网络流行语，如"什锦八宝饭"、"做人不能太 CNN"、"俯卧撑"、"范跑跑"、"林卡脖、刘内裤"、"很黄很暴力"、"打酱油"、"囧"、"山寨"、"正龙拍虎"。其中包含附带贬抑性情感义的构式便有 9 个之多。随着语言的不断开放，网友越来越享受到创造带来的快乐与打破传统和犯禁的快感，诸如此类的构式会越来越丰富。

第七章

从多功能构式"还NP呢"看构式的层级性

一 "还NP呢"构式的研究情况

在现代汉语中，"还NP呢"是一个使用广泛而又非常特殊的格式，尤其在口语中，使用频率更高。例如：

（1）这个字都不认得，还博士呢！

（2）还博士呢，他连大学都没毕业。

（3）还博士呢，谁愿去啊！（看到某大学招聘辅导员要求博士学位）

（4）什么？他是硕士？我还博士呢！

句中的焦点成分NP重读，"还"不重读，"呢"一般不省略，它是整个构式"还NP呢"的一个组成要素，少了这一组成要素，整个句子的语气甚至语用功能都可能发生变化。此外，"还NP呢"的基本构式义表"否定"，但具体的表义功能却各不相同。以示区别，我们姑且先将它们所代表的构式类型分别记为A、B、C和D四类。

但普通话中也有与"还NP呢"构式同形异构的形式存在，它们不构成固定结构，与"还NP呢"存在一定的纠葛。例如：

（5）我博士毕业都两年了，还硕士呢！

（6）这文章连博士都未必看懂，还硕士呢！

例（5）中"还"重读，表示"仍旧、仍然"义，用于反问，表示目前的情况已经发生了变化。语尾助词"呢"并非必要成分，可省略，也可替换成"啊"，其基本意义保持不变。例如：

　　　　(5)′我博士毕业都两年了，还硕士（啊）！

其中"硕士"和"博士"具有顺序义。例（6）"还"不重读，表示
"别提、况且"义。"呢"也可省略，其基本意义保持不变。例如：

　　　　(6)′这文章连博士都未必看懂，还硕士！

其中"博士"与"硕士"存在一个"语义量级"（沈家煊，2001）；
预设"博士"在阅读文章方面的能力比"硕士"要强。如果博士读
不懂，那么硕士就不可能读懂。这两种"还 NP 呢"的用法不在本书
的研究范围之内。

　　过去的学者对这一格式的关注并不够，针对它的研究成果也不
多，笔者所见文献主要有以下两家。宗守云（1995）从句法和语义
的角度对"还 NP 呢"作了简单分析，认为该格式表示"NP 是不合
格的"，并附带了说话人"鄙视和不满的情绪"，其中的 N"必须具
有推移性"。杨玉玲（2004）则认为只有指称高标准、高水平的典型
代表的名词性成分才可进入"还……呢"格式。

　　这些研究为本书的进一步研究奠定了基础。当然，其中的问题也
在所难免。其主要原因在于：一是对"还 NP 呢"构式的研究过于狭
隘，主要集中在 A 构式；二是两位学者在分析 NP 的性质与总结其构
式义之前，缺乏必要的界说；三是对构式义把握不够准确。本章的研
究目的正是为了解决这些问题。

二　反预期信息和反期望信息

（一）反预期信息

　　在话语信息传递过程中，语言成分的信息地位并不相同。从言谈
事件参与者的预期角度来看，话语中语言成分所传达的信息可分为
"预期（expectation）信息"、"中性（neutral）信息"与"反预期
（counter - expectation）信息"。（吴福祥，2004）反预期信息是与某
个特定预期相反的话语信息。言谈事件中，当说话人针对语境中提及
的信息提出与受话人预料中相反或相背的信息时，那么该说话人表达

的是一个反预期信息；反之，当说话人针对语境中提及的信息提出与受话人预料中相同或相近的信息时，那么该说话人表达的是一个预期信息。

　　比如，对于"小王考博被录取"这一客观结果，如果小王之前对录取情况已有所预期，且是"未录取"，那么"已录取"对他来说就是反预期信息；若小王所预期的也是"已录取"，那么"已录取"便是他的预期信息；但若小王对录取情况根本没有预期，则"已录取"对他来说是中性信息。

　　从信息量的角度来说，反预期信息的信息量要大于预期信息的信息量。根据数量象似性原则：信息量越大，则语言形式越复杂；反之，信息量越小，则语言形式越简单。反预期信息的表现形式往往比预期信息要复杂。如反预期信息重读情况就比预期信息的重读情况要多。

（二）反期望信息

　　人总是对自身、他人或某一事件的发展方向或实现结果有所希望和等待，这就表现为一种期望。我们发现，新信息对于言谈参与者来说，可能是其期望的，也可能是非期望的。前者我们称之为"期望信息"，后者我们称之为"反期望信息"，两者之间还存在一个"无期望信息"，即信息对言谈参与者来说无所谓期望与否。"期望"与"预期"是两个不同的概念体系。前者是对某个对象或结果的心理期待，一般是积极方向的；后者是根据已知经验或者毫无根据地对某一结果作出预先判断。预期信息不一定是期望信息，期望信息也不一定是预期信息；而反预期信息有可能是期望信息，反期望信息也可能是预期信息。预期信息与反预期信息会因为某个结果的不同而出现角色互换，而期望信息与反期望信息则不然。我们还是拿上面的例子说明：正常情况下，无论录取的结果如何，"录取"是小王的期望信息，"不录取"则是反期望信息。一般来说，期望信息是积极信息，而反期望信息是消极信息。

　　期望因对象的不同而不同。首先体现在对不同对象的期望内容不同。父母对儿子更多期待聪明，而对女儿更多期待可爱。其次体现在对不同对象的期待值不同。对象越优秀，越强势，则对他的期望值越高；反之，对象越卑微，越弱势，对他的期望值就越低，甚至无期望。反期望信息出现的可能性跟期望内容的多少和期望值的高低有关。期望内容越多，出现反期望信息的可能性越大；反之，可能越小。期望值越大，出现反期望信息的可能性越大；反之可能性越小。如一般来说，对博士比对硕士的期待内容要更多，期待值也更高，因此，人们对博士出现的反期望信息比对硕士的可能性要大。从信息量的角度来看，反期望信息的信息量比期望信息的要大。相应地，前者所用的语言形式比后者要多。

本章研究的"还 NP 呢"构式中，A 是表达反期望信息的构式，其功能在于否定性评价，因此是差评义构式；而 B、C、D 是表达反预期信息的构式，其功能在驳斥某一论述，属于驳斥义构式。

三　A 构式是反期望构式

（一）　A 构式的语义分析

作为反期望信息的表达式 A 构式的语义前提由两部分组成：评价客体即期望对象 P 和期望内容 Q。说话者对作为 NP 的 P 存在某个期望，而结果 P 辜负了说话者的期望。其基本语义构成大体可以抽象为：

> P 是 NP，而非 Q

然而，在对待 P 的态度上，说话者难免表现出不满或鄙视的情绪。例如：

（1）还播音员呢！普通话都说不标准。

（2）我说："明明，就你，还学习星呢！每次写作业都不专心不自觉。"

例（1）中，人们对"播音员"在普通话上存在期望，且期望值较高。而期望对象并非如人们所期望，"说不标准"对说话者来说是一个反期望信息。因此期望对象是个不合格的"播音员"，但他播音员的身份并未改变。用以上抽象式来代现便是：他是播音员，而普通话却说不标准。从语义指向的角度来看，我们可以说，A 构式指向预设中的期望内容，而不是 NP。余类推。因此，我们可以说 A 构式表达的是一种"期望否定"。

反期望信息是相对于说话者而言的，它否定的是说话者对 P 的一种期望，其功能在于对 P 的评价。但当说话者期望的对象是自身时，A 构式便是一种客气的表达法，当他人对自己或与自己有关的事物作出褒扬时，说话者用 A 构式达到自谦的语用效果。例如：

（3）我这满脸荷包皱，还玉人呢！

（4）还明星呢，连你都不认识我。

（二）NP 的性质

A 构式"期望否定"的构式义会影响和限制进入该构式的 NP。NP 可以是人，也可以是物。对于它的性质，之前的学者也分别作了一些探讨，但值得商榷。

宗守云认为，NP"必须具有推移性，N 所表示的概念，是由相对概念推移而来的"，首先"推移性"的概念模糊，并且这种说法不具有排他性，任何概念 N 都可以找到其相对的概念"非 N"。

杨玉玲则认为"指称在说话者看来是某种高标准、高水平的典型代表的名词性成分才能进入该格式"。这一结论包括两个条件：一是"高标准、高水平"。这一看法过于具体。任何人或物都是某一个范畴中的成员，它们的存在都有自身应该具备而区别于他物的要求或特征，没有高低之分。例如：

（5）还男人呢，连个饭碗都保不住。（杨例）

（6）还女人呢，连饭都不会做。

对不同的对象有不同的期待。在人们的意识中，"男人"应该能养家糊口，而女人应该会做家务活儿。换句话说，人们对"男人"和"女人"的期待不同。两者之间不存在标准或水平的差异。二是"典型代表"。例如：

＊（5）还演员呢，饭做得那么差。（杨例）

＊（6）还大学生呢，一本书都没写。（杨例）

杨文认为以上两例不合格，因为"演员"并非"做饭"的典型代表，"大学生"也并非"写书"的典型代表。我们认为"典型"性并非 NP 本身应具有的性质，它不是 A 构式对 NP 产生的制约，而是前后句语义匹配的条件。上举两例的不合格就是前后语义不匹配造成的，是这一特定的语境影响了它的接受度。若更换语境，"还演员呢！""还大学生呢！"当然能说。

通过考察分析，我们发现能进入 A 构式的 NP 都承载着人们的某种心理期望。在某方面的期望值越高，期望内容越多，则出现反期望信息的可能性就越大，而 A 构式对它的接受度就越大；反之，期望值越低，期望内容越少，则出现反期望信息的可能性就越小，A 构式对它接受度也会随之越小。例如：

Ⅰ. 还博士呢，连篇论文都不会写。

Ⅱ. 还硕士呢，连篇论文都不会写。

？Ⅲ. 还大学生呢，连篇论文都不会写。

？？Ⅳ. 还中学生呢，连篇论文都不会写。

＊Ⅴ. 还小学生呢，连篇论文都不会写。

以上从"博士"到"小学生"对写论文的期望值依次递减，对 A 类构式的接受度也随之递减。

如果某人或某物让人们对他的期望较低，甚至无期望，那么很难快速激活其期望内容，A 构式的接受度也会降低。如"还乞丐呢！"让人很难联想人们对他的期望内容，所以接受度就显得较低。因为当某一期望对象越优秀，则对他的期望就越高、越多，其否定的空间就更大、更广。因此上例中，若没有限定具体期望内容时，"还博士呢"要比"还小学生呢"接受度也要高一些。

（三）A 构式的话语分析

1. 话语语义框架

在话语中，A 构式可以作后续句，也可以作始发句。这是由 A 构式的语义指向并非在句内，而是背景信息的期望内容这一特征决定的。A 构式话语结构除了 A 构式外，还可以有照应句。我们将无照应句的称为单显句。例如：

（7）还爸爸呢！（一点儿都不关心自己的孩子）

（8）还跳舞手机呢！（一动不动的）

A 构式是个语义自足体，可以独立成句。其中反期望信息虽然没有显现出来，但通过上下文语境或背景信息可以补充出来。

我们把有照应句的称为多显句。从意义上看，与 A 构式关系密切的照应句主要有以下三种可能性：

Ⅰ. 期望否定的理据。与 A 构式的位置可以互换。例如：

（9）这种好事也不通知一声，还哥们呢！

（10）还中国魔兽呢！一共才那么几个技能。

从另一个角度讲，反期望信息是对说话者将期望对象作"不合格 NP"评价的一个理据。拿例（9）说明，我们可以说，因为对方"这种好事也不通知"，所以不是一个合格的"哥们"。

Ⅱ. 对期望对象的一种责备、辱骂。与 A 构式的位置也可以互换。例如：

（11）还留学生呢，狗屁！（曹禺《北京人》）

（12）是啊，还厂长呢，他妈的！（翘楚《风雨乾坤》）

（13）邢良坤太丢人了，还"大师"呢！（百度搜索）

这种类型的照应句，作用为宣泄说话者不满的情绪，是说话者在获悉反期望信息之后的情绪延续或升级。

Ⅲ. 期望对象。一般位于 A 构式之前，充当话题，作用是对指责对象的定位。例如：

（14）就那帮人，还党员呢！（百度搜索）

（15）就这种咖啡，还进口货呢！（百度搜索）

期望对象之前往往有语气副词"就"，表达说话者强烈的不满或不屑的态度。比直接附在构式前做主语，语气要强烈得多！试比较"那帮人还党员呢！""这种咖啡还进口货呢！"

以上Ⅰ是典型式，Ⅱ、Ⅲ是变式。Ⅰ、Ⅱ、Ⅲ三种类型可以混用，构成完整式。例如：

（16）就你呀，狗屁！还美国留学生呢！一句英语都不会说。（CCL）

2. 话语的语境特点

通过上一小节的研究，我们发现无论反期望信息有无出现，都不影响对 A 构式"反期望"意义的表达。袁毓林（1998）认为，就语言成分的省略而言，汉语遵守着语义守恒的规律：一个成分缺省了，这个成分所表示的意义一定被其他成分所蕴含，并能被另一个成分所激活。A 构式正遵循了这一条规律。

通过对作为照应句的反期望信息，甚至包括期望对象的进一步分析，我们发现它们存在某些共同的特点：照应句中经常有主观量标记词或结构式，用以标示说话者主观态度，从而实现与 A 构式照应的目的。

主观小量标记有"才"、"就"、"（连）……（都）也"，或者语义上凸显"小"义或"不屑"义的一些程度副词。这些都包含了说话者强烈的主观色彩。例如：

（17）就两条地铁线，还国际大都市呢！（百度搜索）
（18）还抒情诗呢，才这么两行。（百度搜索）
（19）还闹市区呢，连辆出租车都没有。（百度搜索）
（20）还大力士呢，这么点东西都搬不动。（百度搜索）

如果去掉这些富有主观色彩的语言形式，如将例（17）改成"两条地铁线，还国际大都市呢！"则对于 A 构式的出现会由于失去必要的语义辅助和支持而显得较突然。也有标记主观大量的，例如：

（21）两周时间竟然腰斩了，还蓝筹股呢！（百度搜索）
（22）晚会都开始一刻钟了还没到，还主持人呢！（百度搜索）

主观大量与主观小量分别表现了说话者"过"或"不及"的态度，都是消极信息，是反期望信息。

四　B、C、D 构式是反预期构式

（一）B、C、D 构式的语义分析

B、C、D 构式作为表达反预期信息的标志构式，它是相对于受话者而言的。简单地说，说话者否定了受话者对某一预期对象的预期，这种预期可能存在于受话者话语的真值条件意义中，也可能是其话语的隐含义。作为 B、C、D 构式义"预期否定"，相对于 A 构式的"期望否定"来说，前者对于 NP 的要求要宽松许多。我们可以对任何人或事作出某个预期。

1. B 构式的语义特点

B 构式的语义前提是受话者存在一个预期 E，而事实是非 E。那么非 E 相对于受话者来说就是一个反预期信息。这种情形如果抛开说话者的语气、态度等因素，而光从真值条件意义上来看，我们可以概括为："不是 E，……"例如：

> （1）你跟你男朋友何时结婚啊？——还男朋友呢，我们是大学同学。
>
> （2）这是到上海了吧？——还上海呢，杭州市区都没出来呢！
>
> （3）还富翁呢，"负翁"还差不多。

例（1）中，受话者存在一个"他"是说话者"男朋友"的预期，结果得到说话者的否定。因此，"不是男朋友"相对于受话者来说是个反预期信息。这里与 A 构式不同的是，对于"他"的身份，受话者不存在任何期望，而只是一个预先判断。余类推。以上三例在基本语义上分别相当于：

> （1）′你跟你男朋友何时结婚啊？——不是男朋友，我们是大学同学。
>
> （2）′这是在上海么？——不是，杭州市区都没出来呢。
>
> （3）′不是富翁，是"负翁"还差不多。

"还 NP 呢"与"不是 NP"都具有锁定反预期信息焦点的功能。

但两者在语用功能上有所差异。前者带有强烈的主观性，表达说话者对受话者的预期判断感到惊讶或不可思议，有时甚至认为有点荒唐。而后者是一种客观表述。

在语义指向上，B 构式与 A 构式不同，它指向构式内部的变量 NP。我们不妨称之为"主体否定"。但这个以 NP 为焦点的预期可能存在于受话者话语的真值条件意义中，如例（2）。也可能存在于话语的预设中，如例（1）。无论受话者如何表达其预期，NP 必须是一个直接引述性成分，即 B 构式必须是受受话者显现于话语中的某一语言形式 NP 的刺激所作出的言语反应。因此，这在一定程度上决定了 B 构式的话语特征，即它不作为始发句在语境中出现。这也是 C、D 构式共有的特征。

2. C 构式的语义特点

为了更清楚地说明 C 构式的语义，我们不妨将 C 构式话语结构抽象为：

　　　　X：a。

　　　　Y：还 NP 呢，b。

X 代表受话者，那么 a 是 X 的言语内容，Y 代表说话者，b 是"还 NP 呢"的照应句。其中 NP 如 B 构式的 NP 一样，也必须是对 a 的一个直接引述性成分。a 并非 Y 所要否定的预期信息，Y 所否定的是 a 的背景信息，而 NP 就是背景信息的焦点。例如：

　　　　（4）箱子里有苹果，自己拿！——还苹果呢，都烂光了！

　　　　（5）明天让我去机场接小刘吧！——还小刘呢，他今天就回来了。

例（4）的"箱子里有苹果"是背景信息，也是受话者存在的一个预期，而"烂光了"是意料之外的，是反预期信息。例（5）"小刘还没回来"是 a 的预设信息，也是受话者 X 的预期，而"他今天就回来了"则是受话者的一个反预期信息。"还 NP 呢"并非是对 NP 这一主体本身的否定，而是对与 NP 相关的一个背景信息的否定。此时，"还 NP 呢"具有锁定话题的作用，b 是针对 NP 这一话题的客观事实的陈述。因此 NP 与 b 可以构成语义完整的"话题—陈述"关系的语言结构。如我们可以说"苹果都烂光了！""小刘他今天就回来了。"这一点与 B 构式中 NP 存在于预设中的情况有别。试比较：

(4)′箱子里有苹果，自己拿！——还苹果呢，一箱子都是鸭梨！

这里说话者否定的是"NP"主体本身，是 B 构式的用法。

通过以上分析，C 构式的抽象式在语义上大致相当于：

X：a。

Y：NP b。

b 不总是显现在话语中，但我们可以通过语境予以补充。

从语义指向上来看，C 构式指向 a 的背景信息。因此，我们可以说 C 构式是"背景否定"表达式。

3. D 构式的语义特点

对 D 构式的语篇我们同样可以抽象为：

X：a。

Y：（b?）还 NP 呢！

X 为受话者，a 为 X 的话语内容，Y 为说话者。D 构式内部的语义关系比较特殊，其特殊在于 NP 与两个可能预期，即 a 的真值条件意义和隐含义都没有直接关系，然而却达到了否定 X 的目的，这种否定功能主要通过以下两种方法得以实现：

一是通过故意违反会话的"关系准则"而实现的。例如：

(6) 他是科学院院士？——还壮士呢！（百度搜索）

(7) 赵本山：你能不能帮我和奥组委谈谈，我想卖点儿萝卜白菜给他们。

崔永元：还秋波呢！大叔，这我可帮不了你！不过你可以参加他们组织的采购。（百度搜索）

上举两例中的 NP"壮士"与"秋波"可以说跟上文在语义上不存在任何联系。但却起到了分别否定上文中"院士"与"萝卜"的目的。原因在于说话者违背了"关系"准则，明显具有调侃、否定的语气。

二是违反"质"的准则实现，带有夸张、非现实的说话。例如：

(8) 他是学生会主席？我还主席他爹呢！（百度搜索）

(9) 硕导？我还博导呢！（百度搜索）

以上所举两例中，由于"我是主席他爹"或"我是博导"都是众所周知不真实的信息，所以可以推知 NP 的信息为假。以例（9）为例，我们不妨做这样的推导：如果他是硕导，那么我就是博导了。而我根本不是博导，所以他也不可能是硕导。

b 是对 a 的一个引述性成分，它或者是 a 的焦点，或者是 a 隐含义的焦点。受话者的反预期信息则成了"非 b"。但 b 有时可以省略，前提是这种预期信息在语境中要非常明确，是唯一的。因此，b 的引述具有焦点锁定的功能。例如：

(10)"听口音你是外地人吧？""我还外星人呢！"（百度搜索）

(11)"霍元甲！""还陈真呢！"（百度搜索）

(12) 电视广播中主持人调侃：一位自己说是某某的粉丝。
另一主持人回应说：粉丝？还腐竹呢。（百度搜索）

在例（10）中，说话者所要表达的意义相当于"我不是外地人"，通过与上文无关"外星人"实现表达反预期的目的。在不造成歧义的前提下，b 被省略。例（11）也是如此。例（12）说话者所要表达的是"不是粉丝"或者"粉丝"这种说话不恰当，这是受话者的反预期信息。对话中的"粉丝？"不能省略，否则语义不明确。

因此，从语义指向上看，D 构式指向 b。它通过"说话者是 NP"这一信息为假或者与受话者谈论的话题无关，而实现否定 b 的目的。因此，D 构式我们可以认为是"推理否定"的表达式。

（二）B、C、D 构式的话语分析

B、C、D 构式出现在"刺激—反应"语境中，尤其是在会话语境中，往往是说话针对谈话对方话语的回应句。因此 B、C、D 构式较少作为始发句出现。回应句根据有无照应句，我们可以将回应句分单显回应句和多显回应句。但 B、C、D 构式自身的语义并不自足，

它们还不能满足受话者的信息需求。因此它们相对于 A 构式来说具有较强的语境依赖性，需要有充分的信息作为补充。所以，对于 B、C 构式纯粹的单显回应句并不常见，而 D 构式也受到一定的限制。但它们的多显回应句可以具有不同的可能情况。

1. B 构式的多显回应句

B 构式的多显回应句中，B 构式通常前置，是在受话者某一预先判断刺激下所做的本能反应。根据意义，B 构式的照应句主要有以下几种情况：

Ⅰ. 说话者认定的真实信息。例如：

(13) 还华南虎呢，我看是纸老虎。（百度搜索）

(14) 还网络高手呢！就是一菜鸟！（百度搜索）

(15) 就她那形象？往那儿一站就是一个芙蓉奶奶！还大使呢！（百度搜索）

Ⅱ. 否定 NP 的理据。例如：

(16) 还赝品呢，你看这玉的色泽！（百度搜索）

(17) 我要是流氓你还能回得了家？还流氓呢！（百度搜索）

(18) 还笑话呢，我可没有那闲工夫。（百度搜索）

以上Ⅰ、Ⅱ两种可能性可以同时出现在多显回复句中。例如：

(19) 还笑话呢，我可没有那闲工夫，我说的可都是大实话。

语言经济的需要，这种完整式在现实的语料中很少出现。最常见的是第一种，我们称之为典型式；第二种称之为变式。

2. C 构式的多显回应句

与 B 构式多显回应句一样，C 构式的多显回应句有以下几种类型：

Ⅰ. 反预期信息。例如：

(20) 还打印机呢，早拿去修了！

(21) 还爷爷呢，都去世好几年了。

这种类型与 B 构式中多显回应句中的 I 式不同。前者 C 构式是一话题，而照应句是针对该话题的反预期信息。而后者 B 构式是否定某一对象，照应句是肯定某一对象，两者语义相互补充，都是反预期信息。

Ⅱ. 反预期信息出现的理据。例如：

（22）都 12 点了，还热水呢！

（23）还房子呢，就这点收入怎么供？（百度搜索）

以上两种类型，Ⅰ是典型式，Ⅱ是变式。C 构式多显回应句内部的两种类型也可以混合使用，构成完整式。例如：

（24）都 12 点了，还热水呢，早停了。

3. D 构式多显回应句的类型

D 构式中的 NP 虽然与其始发句不存在直接的关系，但 NP 也不是任意的。它与 b 存在一些间接的联系。我们归纳了一下主要存在以下几种情况：

Ⅰ. NP 与 b 在同一认知框架内，如例（8）、例（9）。

Ⅱ. NP 与 b 在语音或语素上有相同或相近之处，如例（6）、例（7）。

五　余论

通过本章的研究，我们可以得出如下结论：

第一，一个构式是一个心理上的完形。构式的意义并不是它组成成分的简单相加，其语用功能也不是通过会话推理而得到的，它的产生和理解的过程是一种认知的过程，是人们在长期的语言实践中建立起来的特定形式与特定意义的最优关联，它为语言的趋简性提供了一种可能。"还 NP 呢"构式便是与"否定"义建立起了关联。无论是作为表达反期望信息的结构式 A 构式，还是表达反预期信息的结构式 B、C、D 构式，它们都是否定情感义的依附形式。

第二，构式同样具有层级性。构式下可分若干"子构式"。根据否定对象或方式的不同，我们将"还 NP 呢"构式处理为四种否定类型：A 构式属于期望否定，B 构式属于主体否定，C 构式属于背景否定，而 D 构式属于推理否定。但两种构式的地位不同。A 构式的构式义"期望否定"是在语境缺省情况下的"缺省值"，即在没有特殊语境规定时，"还 NP 呢"表达反期望信息的构式。如"还女人呢!"、"还教授呢!"的优势语义是"期望否定"，而并非另外三种情况。

第三，语言是由大量的、各种类型的构式组成的，每个构式都与其使用的语境密切相关，且总是根据实际的使用来调整和改造着自己的形式。

第 八 章

责怪义构式"都是 + NP"

一 "都是 + NP"的构式义与 NP 的情感取向

"都是 + NP"这一习语性构式在对话中大量存在，例如"都是张三!""都是你!""都是这些蚊子!"该构式形式简练，表义特别，表示明显的主观评价的"责怪义"。我们先来考察该构式义跟 NP 词义的关系。例如：

> （1）甲：你明天回家吗？
> 　　　乙：不回家了! 都是那该死的飞机票!
> （2）她忽然懊恼的说："都是你! 都是你!"
> 　　　"怎么怪我?"（琼瑶《月朦胧鸟朦胧》）
> （3）甲：小王他爸妈离婚了。
> 　　　乙：都是他那能干的爸爸!

例（1）中"那该死的飞机票"字面意义是否定性的，在它进入"都是 + NP"构式后也是贬义的。例（2）中"你"是中性的，无所谓褒贬。但是在进入"都是 + NP"构式后，却获得了贬义。例（3）"他那能干的爸爸"其字面意义是褒义的，进入"都是 + NP"构式后，其构式意义跟字面意义显然不一致，变为否定义了。以上三个例句的语义关系可以描写为：

> A：都是 + 贬义 NP = 构式贬抑义
> B：都是 + 中性 NP = 构式贬抑义

C：都是 + 褒义 NP = 构式贬抑义

可见，"都是 + NP"的否定倾向与 NP 的褒贬感情色彩无关，应该是"都是 NP"构式所造成的。

我们将说话者不企望的结果称为"消极结果"，造成这一消极结果的原因称为"消极原因"，它们所在的语境称为"消极语境"。反之，说话者企望的可称为"积极结果"、"积极原因"以及"积极语境"。如果无所谓企望不企望，则为"中性结果"、"中性原因"和"中性语境"。例（3）中，"小王他爸妈离婚了"是一个客观的陈述，孤立来看是个"中性结果"，对这一事件的主观态度因人而异，所以对于说话者来说，它可能是个积极结果，也可能是个消极结果。但我们可以通过乙的答话推知：一是"离婚"并非乙企望的结果；二是乙将"离婚"归罪于"他那能干的爸爸"。这是对"都是他那能干的爸爸"进行语用推理的结果。可见，"都是"的构式义跟事件结果的性质无关，而主要取决于说话人的主观判断。

"都是 + NP"的构式义是非常清楚的：说话者对出现的事件结果并不企望，并由此表达出一种"责怪义"的主观评价。如果构式义与 NP 的词义发生冲突时，褒义的词语就带有明显的嘲讽口吻，褒词贬用，正话反说。"都是 + NP"的这种特殊的构式义造成了它对所在语境的规定性。因此，当"都是"之后所认定的是一个消极原因时，那么在句法结构上就可以截省，不必把解释原因的话语全部说出来，而只需要保留该导致原因的责任者，从而形成所谓的"截省式"——"都是 + NP"；而如果当"都是"之后要认定的是个积极原因时，在句法上就不能截省，必须把这个积极的原因表达出来，体现出该结构与褒义取向的不可兼容性。例如下面 4 个"都是 NP"例句，前两个为贬义的，可以有截省式；而后两例是褒义的，则无法构成截省式：

（4）"天哪！都是我害的你呀……鬼子！这王八蛋……"他忽然变得残暴起来，满地寻找东西，象要去拼命似的。（冯德英《苦菜花》）

（4）'"天哪！都是我呀……鬼子！这王八蛋……"他忽然

变得残暴起来，满地寻找东西，象要去拚命似的。(CCL)

(5)"都是我自己惹的。"刘云低声说。吴刚抬头看她一眼，吃惊刘云的态度与以往大有不同。(皮皮《比如女人》)

(5)′"都是我自己。"刘云低声说。吴刚抬头看她一眼，吃惊刘云的态度与以往大有不同。

(6) 我们至今未患肠胃癌，都是这些稀饭咸菜的功劳啊！(CCL)

＊(6)′我们至今未患肠胃癌，都是这些稀饭咸菜！

(7) 今天一切成就的取得，都是吴主任给的帮助。

＊(7)′今天一切成就的取得，都是吴主任。

因此在"都是＋NP"构式中，我们与其说"都是"引出的是原因，还不如说是引出导致消极原因的主体——责任者，或者说是个"肇事者"。

二　"都是＋NP"构式的标记属性及其特征

第一，"都是NP"其实是个歧义构式。如"都是你们"，孤立地看，可以有两个含义：

首先，副词"都"表示总括义，"是"为判断义。好比说"干重活儿的，都是你们"。这里的语气比较平和，属于一般的指称性判断。同类的例句还有：

(1) 我们都是回民。(CCL)

(2) 这个蓝旗营里头呢，都是旗人。(CCL)

(3) 他们夫妇都是搞医的，青海呆了八年。(CCL)

其次，副词"都"表示"仅仅"义，排除其他，"是"则引出导致某种后果的原因。比如"我没赶上火车，都是你们！"语气就比较强烈，具有明显的责怪、埋怨语气。这种用法也就是本节所要研究的"都是＋NP"构式。例如：

(4) 都是我的错，害得你淋上一场大雨。(CCL)

(5) 别赖我，都是李欣！(百度搜索)

但是"都是+NP"构式与判断性句式相比,具有很明显的标记属性和构式特征。

"都是+NP"结构中NP根据不同语境的表现为一定的代现形式,这些形式可以是代词、专有名词、称谓、名词性同位语、偏正结构等,但对复数和不可数的都没有强制性要求;而在判断性句式中,"都是"前后的主语或者宾语往往是复数,或者不可数的,不能两者都是单数。例如:

（6）李槐英悄悄地拉了黄梅霜的丝绒袍子一下,噘着嘴小声咕哝着:"看这个干么?我就不愿来,都是你!"（杨沫《青春之歌》）

（7）今儿你们说的一些事,都不怨我,都是我兄弟老七。（CCL）

（8）可怜你年纪轻轻……都是那个该死的畜生!（杨沫《青春之歌》）

构式中"NP"是一个变量,但并不意味着它可以无条件变化。首先它必须具有"高可及性"（high – accessibility）,即通常所说的有定性,也就是说"都是"引出的责任对象必须是明确的、排他的、无可争议的。在形式上,就是"NP"部分常常带上指示词"这（些、个）、那（些、个）"。这样,一来可以明确指称的有定性,二来可以让读者弱化将其作判断性句式的可能性。试比较:

（9）a. 都是他们的孩子!

b. 都是他们这些孩子!

以上a、b两例结构模式相当。两者都既可以用于引出责任对象,表示责怪义,也可表示全称判断。但优势语义只有一种。对于a,我们的判断倾向是"全称判断句",而对于b,判断倾向则是责怪性的"都是NP"构式。原因就在于b式中的指示代词"这些"满足了"都是+NP"构式中NP必须是定指的需要。

第二,"都是+NP"构式经常以单独分句出现。例如:

（10）艳再一次闪电式离婚了,都是这网络!（百度搜索）

（11）那孩子已经爬起身，对年轻人掀眉瞪眼，又挥拳头："都是你！原先说好是跳下来，不是跌下来的！好疼啊……"（琼瑶《青青河边草》）

（12）如果没有姐姐的未婚先孕给父母带来的伤害，我想也许我会留下我的那个孩子的。……这一切都是她！（百度搜索）

例（10）中，其事件结果作为一个分句出现在"都是＋NP"之前，构成事件结果性主语；例（11）的主语隐含在上下文语境中，"都是你"单独成句；而例（12）用指示代词"这"或"那"形式回指前面的消极结果，前后分句构成补充复句关系。

第三，"都是＋NP"结构中"都是"所引进的责任者是原因的有机组成部分，因此在"都是"之后可加上"因为"，语义也基本不变；而判断性句式不能。例如：

（13）"……现在，君王不理我，华茜与我绝交，都是你，都因为你。"苏铃翻身坐起来。（岑凯伦《还你前生缘》）

例（10）、例（11）也可变换为：

（10）′艳再一次闪电式离婚了，都是因为这网络！

（11）′那孩子已经爬起身，对年轻人掀眉瞪眼，又挥拳头："都是因为你！原先说好是跳下来，不是跌下来的！好疼啊……"

第四，另外，"都是＋NP"构式与A式在语音形式上明显不同。前者的"都是"重读，且语调可以拖长；而后者语气平和，"都是"可以重读，但是明显不及前者强烈。

三　"都是＋NP"的语篇功能

"都是＋NP"构式的表达功能是"怪罪于某某"，包括认定和责怪。虽然这种认定具有强烈的主观色彩，但从说话人的角度来讲，对这种认定是深信不疑的，而说话人使用这种构式时也是希望得到听话人的认可，所以有时候需要进一步对这种认定的原因进行解说。因此，"都是＋NP"的语篇结构在语义构成上存在某些共性。它由三个语义因子构成：即后果因子 X、责怪因子 Y，和解说原因的解说因子 Z。其中"都是＋NP"属于责怪因子，具有句法的强制性，是必须在语篇中出现的，后果因子具有可隐性，解说因子具有可选择性。三个因子之间的顺序灵活，在具体的语境中出现的多寡情况各异。大体上可以归纳为以下 4 种类型 11 个变异形式：

1. 后果因子 X ＋责怪因子 Y ＋解说因子 Z

当三个因子全部出现时，语篇便构成了一个完整的各种不同顺序排列的 X、Y、Z 话语结构链。说话者可以利用解说因子补充说明导致这个后果的原因或过程，从而增强说服力。这种类型有六种排列可能，即有六个变异形式：

X – Y – Z。这是常规排列的完整式。例如：

（1）妈，请不要生气（X），都是女儿（Y），是女儿太多嘴了（Z）！（百度搜索）

（2）安娜脾气一向不好（X），都是我（Y）！我不该太娇惯她（Z）。（百度搜索）

例（1）、例（2）两例中，"太多嘴"、"太娇惯她"是分别造成"生气"、"安娜脾气一向不好"的原因，使得对"女儿"与"我"的责任认定更具有说服力。

Y – Z – X。这种话语结构先以责怪因子占据突显位置，接着对造成消极结果的原因进行解释，最后再引出后果，符合因果逻辑。例如：

（3）亲家奶奶，万分抱歉，说来说去，都是我这个老糊涂（Y），不会说话（Z），开罪了你家小姐（X）。（岑凯伦《合家欢》）

（4）你哭什么哭！都是你自己（Y），天天上网聊天、玩游戏（Z），能考上大学吗（X）？（百度搜索）

例（3）说话者先作一番自责，以示态度之诚恳，博得"亲家奶奶"的原谅。先分析原因后呈现出结果的结构安排，是说话者企望得到理解而采用的言语技巧。

另外，还有的可能是：X－Z－Y，Y－X－Z，Z－X－Y，或者 Z－Y－X。

2. 后果因子 X＋责怪因子 Y

说话者希望自己的结论得到认同而采取的手段便是，直截了当向听话者呈现责任对象造成了某个消极结果，而对具体的原因则隐含不说，或者是无须说明。其序列可能是 X－Y，也可能是 Y－X。例如：

（5）世上这样死的人不知有多少（X）！这都是那不公平的旧社会（Y）！（百度搜索）

（6）都是这老天爷（Y）！我们实在是没法活了（X）！

3. 责怪因子 Y＋解说因子 Z

该话语结构的后果因子出现在语境中，但是可以通过上文语境推知。另外，解说因子却出现了，增加了说服力。其序列可能是 Y－Z，也可能是 Z－Y。例如：

（7）"都是你呀（Y）。你看他们被你吓成怎样（Z）？"看着一个倒地，一个发呆，秀伊不满地问。（CCL）

（8）"怎么这么不小心（Z）！都是你（Y）！"小瑛看着满地的脏水，气得直跺脚。（CCL）

通过语境我们可以判断例（7）的消极结果便是"一个倒地，一个发呆"。例（8）我们也可以得知其消极结果是"满地的脏水"。

4. 责怪因子 Y

句子层面只有责怪因子，后果因子存在于语境中，解说因子省略了。例如：

（9）都是这鬼天气（Y）！

（10）都是那号姨婆（Y）！

我们发现，以上 4 种类型中，只有责怪因子 Y 是绝对不可或缺的强制性成分。否则，该构式就不成立。其余两个因子出现与否以及出现位置，都是可变的。

四　"都是＋NP"的语境频率效应

"都是＋NP"这种截省构式早在宋代的文言作品中就已经出现。我们在《续夷坚志·卷二》中发现一例：

> （1）公答云："……缘小人喜乱，南北之人互相抄掠牛马，因而引惹生事，遂至今日。"虏又言："都是皇甫斌。"公答云："正缘是他容蔽此事，朝廷已将他远窜海外。"

需要指出的是，"都是＋中性 NP"表示责怪义的用法的出现并不意味着作为责怪义标记构式"都是＋NP"的产生，有可能这种责怪义只是特定语境下的语用附加义。但无疑为这一标记构式的形成和蔓延提供了一种形式上的可能性。当且仅当事件结果没有消极语义标记的前提下，通过"都是＋NP"自身的构式义传递出说话者的责怪义时，我们才可以说"都是＋NP"真的具有了"责怪"的构式义。

"都是"作为一个导引原因的标记词本身没有感情色彩上的倾向。那么是什么导致它的语义偏移呢？为此，有必要对其前结构形式进行考察。通过分析共时状态下表原因的"都是"不同用法，我们对"都是＋NP"前结构形式作三种可能的构拟：

S_1：都是 ＋ NP ＋ VP

S_2：都是 ＋ NP 的 ＋ X

S_3：都是 ＋ NP ＋ VP 的

"都是＋NP"是对 S_1、S_2 和 S_3 重新分析的结果。如：

> （2）姑娘昨日受了屈了，都是我的不是。（《红楼梦》）
>
> （3）这会子又把那个筷子拿了出来，又不请客摆大筵席。都是凤丫头支使的，还不换了呢。（《红楼梦》）
>
> （4）凤姐儿一面吓的来回贾母，说如此这般，都是珍大嫂子干事不明。（《红楼梦》）

据考察，这三种结构形式既可以与积极语境共现，也可以与消极语境共现。例如：

　　（5）由是而藩桌，而督抚，其所以然，都是奉天子威灵耳。（《北梦琐言》）

　　（6）都是不好的邪鬼多事，还不如阳世尚有公道。（《榕村语录》）

　　但在消极语境与积极语境的使用频率上却存在极不均衡性。我们分别对《水浒传》、《金瓶梅》和《红楼梦》（前80回）作了一番统计。结果如下表所示：

	消极语境	积极语境	消极语境所占百分比
《水浒传》	8	1	88.8%
《金瓶梅》	11	0	100%
《红楼梦》	40	0	100%
合计	59	1	98.3%

　　很显然，"都是"用于导出某一事件结果的成因时，与消极语境的共现频率占有绝对的优势。我们认为"都是+NP"责怪义标记构式的形成与其前结构形式的使用语境及其使用频率有着极为密切的关系。

　　对这一现象的解释我们可借助于克罗夫特（1990）提出的"关联的标记性"概念。克罗夫特认为，共存于单个词、短语或构造里的不同范畴，其取值的组合是无标记的，这种无标记的关联又称为"自然关联"（natural correlation），它定义出的是原型的情形；另一些组合则体现出程度不等的标记性。我们认为这一观念可以扩展到分析语篇中语境对构式意义的规约作用：若某一构式与相对应的一对或一组语境建立关联，而其中又有一个语境最频繁地与此构式相系，那么该语境下这一构式所具有的意义就是其缺省意义或原型意义，则这一关联是无标记关联。其他语境下赋予的意义与这一构式的关联便是有标记的关联。通过以上的统计我们发现，"都是"构式与消极语境之间建立了最频繁的关联，并且占有了绝对的优势。所以在消极语境下，"都是"构式所具有的责备义，便成了它的原型意义，是无标记的。

无标记组配	有标记组配
都是 + NP	都是 + NP
责怪	感激

无标记项可以看作心理计算上的一个"缺省值"（default value），在没有特殊规定的情况下就以这个值为准。（沈家煊，1999）所以当"都是 + NP"结构出现在话语中时，被激活的应该是它的原型意义，即责怪义。例如：

> （7）都是猫猫那一脚！

> （8）下午一觉睡到了三点多，都是那个宝贝闹钟！

> （9）可怜你年纪轻轻……都是那个该死的畜生！（杨沫《青春之歌》）

以上"都是"后续成分被截省后，构式"都是 + NP"表达原型意义，即责怪义。所以例（7）在没有语境提供语义，即没有语义色彩标记的前提下，表达的是说话者对"猫猫那一脚"造成某一消极结果的抱怨。

而当"都是"用来引出积极原因时，那是有标记的，即需要具有能够明确说话者态度的词语标记，如"功劳、帮助"等；或者对这种"感激、赞美"的缘由加以补充说明，让听者相信确有其事。这也说明"都是 + NP"的构式义在一定条件下具有可撤销性（concellability）。例如：

> （10）今天，我们几个子女还算各有所成，这都是他的功劳。（CCL）

> （11）都是王丽，她给予他精神上的关怀和生活上无微不至的照顾，让这位无助的青年终于鼓起生的勇气。（百度搜索）

以上例（10）中的"功劳"与例（11）中的后续成分都是强制的、不可缺省的。

为什么"都是＋NP"的前结构形式与消极语境的关联是最频繁的？而同样用于引出原因的"因为"却没有倾向，或者说不明显？我们认为这与"都是＋NP"的三个前结构形式的结构特点有关。下面我们分别考察 S_1、S_2 和 S_3。

对于 S_1，我们认为消极语境与积极语境的机会是对等的。每个消极语境都能找到对应的积极语境，而每个积极语境都能找到相对应的消极语境。例如：

（12）这都是我的嘴快，告诉了姑奶奶了，求姑奶奶别去，别管他们谁是谁非。（《红楼梦》）

（13）现在革命即将取得全国的胜利，这都是党中央、毛主席领导有方。（CCL）

所以"都是"对消极语境的倾斜性不能通过 S_1 体现出来。

对于 S_2，X 的类是封闭的。表积极的 X 有"功劳、帮助"；消极的有"过错、不是、责任"等。其中"过错"比"不对"意义更宽泛，对原因的容纳量更大，这在一定程度上增强了消极语境的频率。

而 S_3，它是一个以 NP 为主语的"是……的"结构，所以其中的 VP 必须既要进入该结构，又要是事件致果动词。我们考察了一下，符合这两个条件的以贬义性事件致果动词在数量上占优势。如"招"、"害"、"整"、"弄"、"惹"、"搞"、"闹"、"干"、"纵"、"导致"、"造成"、"带"、"生"、"引起"，等等。这类动词带出的原因往往是一个消极结果。例如：

（14）正说着，只见邢夫人也出来，贾琏道："都是老爷闹的，如今都搬在我和太太身上。"（《红楼梦》）

（15）都是我昨儿一支曲子惹出来的。（《红楼梦》）

（16）凤姐儿道："这些事再没两个人，都是宝玉生出来的。"（《红楼梦》）

（17）她却说："这一切都是我引起的，我考虑了几天，发现有两个方法可以赎罪，一是帮你们解决问题，一是与你们一同承担这个痛苦。"（朱邦复《东尼！东尼！》）

而符合条件的中性或褒义事件致果动词数量很少，如"促成、教、帮"等。

　　所以对于"都是"的前结构形式,其贬义事件致果动词与褒义事件致果动词是不对称的。这导致它与消极语境和积极语境共现的不对称性和不均衡性。而"因为"避免了这个问题,因为它是个关联词,对结构没有特殊的要求,所以它在引导积极原因和消极原因时,理论上总是可以对称的。此外,"因为"在原因的说明上,比"都是"要客观得多,因为"是……的"结构本身就是一种实现功用主观化的句法手段。即便如此,我们认为由于人们的"理想化的认知模式"(ICM)(赵艳芳,2001),"因为"在积极语境与消极语境上的频率差异应该也是存在的,只是没有"都是"那么悬殊罢了。

　　"都是+NP"责怪义的规约化不仅与其前结构形式高频出现的语境有关,同时也是"都是+NP"构式中"NP"自身的语用频率效应的结果。在我们收集的语料中,大部分"NP"具有贬义性。NP可以通过以下几种方式体现出贬义性:

　　第一,构式中的NP经常与贬义的修饰语连用,如"该死的家伙"、"鬼天气"、"臭和尚"、"死小王",等等。

　　第二,N本身具有贬义性。如:"王八蛋"、"家伙"、"流氓"等。

　　第三,NP的量词常常体现出贬义性,如"那种人"、"那号姨婆"等。

　　第四,虚化了的指示代词"这"、"那"带有指责性,在一定程度上加强了NP的贬义性。"这、那"起初应是表指别的指示代词,但也由于贬义语境的长期影响,有时也负载了一定的贬斥义。(奥田宽,1998)正是由于贬义NP的不断渗透和影响,其消极义也就逐渐融化并潜存在构式中了。

　　总之,"都是+NP"与责怪义之间的这种"超符号"关系的建立并非一朝一夕,它需要两者之间的认知通道不断被激活,不断发生生化反应,需要其前结构形式与消极语境高频共现和"都是+NP"内部成分NP的高频贬义性的双重作用。语境赋予"都是+NP"构式"超符号"意义;反过来,这一固化了的语义又制约了语境,选择了语境。显然,这个双向制约和促进是历时的,是在汉语长期发展进程中逐步形成的。

从某种程度上来说，这种语境关联效应下产生的"都是＋NP"构式是对会话"经济原则"的运用，它为语言的趋简性提供了一种可能。人类行为学家齐普夫（Zipf）在《人类行为和省力原则》中明确指出，省力原则或者说是经济原则是指导人类行为的准则，即无论人们从事何种活动都期盼着用最少的努力获得最好的效果，额外的努力获得额外的效果。而人类的认知又是以关联为取向的，具体地说，人类会自觉对相关信息予以注意。听话者接收到经济原则指导下的话语时，就会同时激活与之最频繁关联的认知场，从而对说话人的话语做出更正确、更全面的理解。当接受到"都是你"的时候，听话者会寻找最佳关联，作出"责怪"义的判断。

五　"都是＋NP"与焦点突显

"都是＋NP"构式不只是适应会话"经济原则"的结果，从语言的外部来看，作为责怪义的标记构式"都是＋NP"的出现是符合"理想化的认知模式"的。认知模式是人与外部世界互动基础上形成的认知方式，即对我们的知识进行组织和表征的方式，不是客观存在的，而是人类创造的。在行为活动中，如果事件结果是理想的、积极的，那么我们关注的焦点就落在了这个结果，以及这个结果进一步产生的影响上；如果事件的结果是不理想的、消极的，那么我们不仅关注事件结果，更关注造成这一事件后果的原因或肇事者。所以"都是"与消极原因的关联也是人类的认知取向。

另外，通过该认知模式，我们还可以得到一个信息量等级：消极结果的信息量＞积极结果的信息量。句法的象似性原则认为，话语结构、句法规则并非完全任意的，语法结构跟人的经验结构之间有一种自然的联系。在认知上，简单的事物趋向于用简单的形式来表达，复杂的事物趋向于用复杂的形式来表达。观念上的突显性信息在话语结构上往往表现为有标记形式（marked form），而非突显性信息在话语结构上往往表现为无标记形式（unmarked form）。当这一经验结构投射到句法上时，积极事件选择"无标记句式"，而消极结果选择"有标记句式"。"都是 NP"就是一个标记形式。

认知语言学按照对事物不同程度的凸显部分的认知——图形（figure）、背景（ground）、后景（background）——来选择不同的表达方式。（赵艳芳，2001）"图形"是指某一认知概念或感知中突出的部分，即注意的焦点。"背景"是为突出图形而衬托的部分，"后景"是用来突出背景和图形的部分。一个不企望的事件的发生，我们总是最期待得知事件的肇事者，即是谁/什么导致了这个后果？所以 NP 应该作为一个图形呈现。这反映在句法上，NP 也应该具有一个独立的句法位置，而不是从属的。在"都是 + NP"的前结构形式中，事件后果的当事人 NP 被作为后景小句宾语的主语呈现，或者作为定语呈现。一个人或物在言谈提供的信息中越是重要或越是显著（Salient），就越倾向于用一个独立的名词来指称它。（沈家煊，1999）而说话人对"都是 + NP"句式的理性选择，正是这一原则的体现。

"都是 + NP"还可通过重复强化焦点，表达说话者指责、埋怨的心理之甚。例如：

（1）瞪着刘思谦，她忽然懊恼的说："都是你！都是你！""怎么怪我？（琼瑶《月朦胧鸟朦胧》）

（2）都是我，我不应该同情她的，都是我！（CCL）

可见，"都是 + NP"作为责怪义标记构式的形成，是语境关联、象似性原则、经济原则、焦点凸显原则在不同层面上交互作用的结果。本质上讲，属于结构的语法化。

第九章

结　语

一　本书的主要观点

本书以现代汉语中情感义透明度比较低的习语性贬抑义构式作为研究对象。其研究内容可以概括为以下几个方面：

第一，构式是基于使用的形义结合的储存单位，对于不可推导性较强的习语性构式可以以意义为纲建立系统。我们认为，鉴于理论本身描写的充分性与自足性，单一成分的语言单位也毫无疑问具有构式资格。构式包括句法、语义与语用信息，而语用意义应该是规约化了的部分。在戈德堡（1995）的定义中，"不可推导性"被描述为构式的判别标准。我们对此提出了质疑，"不可推导性"存在很大的伸缩空间，如果基于"语法形式无同义原则"（Givon，1985），任何一个表达式都是不可完全推知的。这在一定程度上背离了创建者"简约性地储存表征性信息"的初衷。此外这一性质与基于使用的语法模式以及根据承继关系构成的构式网络相矛盾。基于使用的语法模式强调，语言知识来源于语言的使用，图式构式与具体用例之间只是固化程度的区别，它们都应该在我们关注的范围之内。这一认识在认知语言学框架内无疑是正确的。然而，我们也不能放弃语言的简约原则。因此，构式必须是一个独立的储存单位。作为储存单位，它除了语素和词之外，还应该包括较抽象的图式构式、高频使用的具体形式与习用语。构式语法是以使用为基础的，语法系统具有很强的动态性。在构式语法看来，任何一个构式都与周围的构式存在承继关系。然而这种承继关系对于使用频率较高的图式构式而言，具有很强的说服力。但是对于区别性比较明显、与其他构式形式联系不紧密的习语性构式，我们却很难描述其在构式网络中的具体位置。以构式义为纲建立系统，未尝不是一种尝试。而本书就是对具有贬抑义的习语性构式的研究。

第二，人的情感是一个连续的统一体，不同情感的产生跟主体的主观期望值有关。高于主观期望值的为褒扬性情感，低于期望值的为贬抑性情感。前者通过褒扬性的构式表达，而后者通过贬抑性的构式表达。这些构式常常与特定的话语行为相联系。褒扬构式与积极评价性言语行为、支持性的言语行为等融为一体。因为褒扬性情感一般都是在情感发出者与接受者确立不同程度的"一致"关系时才能表现出来，如"称赞"、"夸奖"、"接受"、"支持"、"认同"等；贬抑构式往往与消极评价性言语行为、对抗性的言语行为等融为一体。因为这两种性质的言语行为并非确立说话者与情感接受者之间的"一致"关系。相反的，它们是不同程度的"面子威胁行为"（FTAS）。如"埋怨"、"辱骂"、"责备"、"批评"、"讽刺"、"拒绝"、"反对"等。但值得注意的是，构式表达某种情感类型的功能同构式本身含有的情感类型是不同的。因此，并非所有的构式都具有褒扬或贬抑的情感意义。情感义构式进入话语应该在功能上具有评判性，能给评判发出者与接受者带来积极或消极的情感体验。如"同情"、"批评"等本身就不具有情感意义。传统对褒贬义的认识还需要进一步推敲。语素构式、词构式、熟语构式、句法结构、句式和句类都包含情感意义。每一个层级上，都存在一些情感意义透明度很低的构式，它们无法从其组成成分或业已存在的构式中推导出来，只能单个学习。在这五个层级中，熟语构式中的低情感意义透明度构式最集中，习语性也最强。但它与其他范畴之间存在交叉，即有一些构式既是熟语构式的成员，也是词构式的成员，甚至还是句类构式中的成员。比如"滚"。在这些情感意义低透明度构式中，贬抑性的构式数量相对比较庞大。

第三，习语性贬抑义构式是一个以习语性贬抑义为纲建立起来的构式系统，它至少应该具有贬抑性和习语性两个特征。贬抑性是构式规约化了的语用意义。也就是说在贬抑性与构形之间已经形成比较稳定的对应关系。贬抑性并不等同于贬抑义。贬抑义在规约化过程中，由于固化程度的差异，有相对固化构式的和绝对固化构式。后者虽然还没有最终实现规约化，但已经具有明显的贬抑性。"习语性"包括四个方面的内容，即高频性、意义的不可分析性、语法上的特异性、比较模糊的共性承继性。这四个方面的内容是相辅相成的。高频性是习语性构式产生的前提和基础。意义的不可分析性是习语性的一个必要内容。句法上的特异性虽然不是习语性所必需的，但它与意义的不可分析性往往是同时存在的，两者关系密切。句法的特异性总会带来意义上的特异性。无论是高频性、意义的不可分析性还是句法的特异性都存在程度上的差异，因此，习语性程度差异也相当大，形成一个连续统。但一个构式既具有了贬抑性，也具有了习语性，它未必就是习语性贬抑义构式。习语性贬抑义构式必须是贬抑义的习语性。贬抑义的习语性主要表现在三个方面：一是构式的字面意义没有附带贬抑义，而整体意义具有了贬抑义；二是未填充的图式性构式，无论变项的感情意义如何变化，最终还是比较固定的表达贬抑义，至少具有很强的贬抑倾向性；三是一些图式性构式，其变项受到了整个构式的压制，它们绝大多数是具有贬抑义语词，从而使得整个构式带有很强的贬抑性。

第四，习语性贬抑义构式包含差评义构式、责怪义构式与驳斥义构式三种不同功能的构式，分别具有三种语力，即消极评价、责怪与驳斥。但是这三种语力之间并非是离散的，它们存在一定程度的互通性，都是贬抑义支配之下的表达形式，因此在构式的表达中都包含有非期望的情感，不满的情绪是贯彻始终的。但它们的差异性也是很明显的。如责怪义构式与差评义构式之间在表达的重心、产生的条件、性质、使用的语言环境都表现出很大的不同。但它们也存在一定程度的交叉。我们作出一个消极评价时，难免隐含着不同程度的责怪语气。而当发生一个责备行为时，也总会隐含着一个消极评价。它们在本质上都具有评价性，因此两者可以认为都是评价性的构式。而在评价性构式与驳斥义构式之间，差异性更明显。如它们在针对的对象、语力、威胁程度、功能与出现语境等上面都存在不同之处。由于彼此之间差异性的存在，这些构式都有自身的功能实现手段。差评义通过归类、直接的主观描述、与描述＋归类来实现，责怪义则通过主观归因、直接责骂、婉转批评、威胁等手段实现，驳斥义通过否定判断、拒绝要求、阻止行为等方式实现。另外，在这三种不同功能的贬斥性习语性构式中，两个概念需要廓清，即贬抑程度与面子威胁程度。贬抑程度是一个构式所体现出来的静态的负面影响量，它不考虑接受者的反应程度，也不受语言外因素的制约。一个构式贬抑程度的高低主要取决于该构式语力、实现方式与构成词项的贬抑程度。威胁程度则是客体在接收到主体发出的某一贬抑构式时的心理感受。它会受贬抑程度的影响，但这两个量之间并非都是成正比的。也就是说，一个构式的贬抑程度高，并不意味着威胁程度就高。它还要受其他因素的影响。这些因素包括社会距离、势位关系、致责因子、情标的提示作用，等等。

第五，这些习语性贬抑义构式即便其贬抑义具有很强的习语性，但在构形上我们也能发现一些蛛丝马迹。通过考察，我们认为以下几种外在形式或外部特征与贬抑义存在微妙的关系。一是简省式。在礼貌原则的作用下，会话中直接表明消极态度或体现贬抑义的部分被省隐。但贬抑义并非由于这部分的省隐而消失，而是转移到了简省式中，形成形义和谐的贬抑义简省式构式；二是引述回应式和疑问标记。引述回应式往往伴随着疑问标记。引述的否定表达功能是反问语气和詈语依附的前提，而反问语气和詈语的使用使得引述回应式的贬抑义最终得以确定；三是第二人称代词。在面称语极其丰富的汉语言文化中，"你"的礼貌程度较低，用"你"来直指对方，带有随意、不尊重，常常在指责、挑衅的语言环境下使用；四是极性词。这里的"极性词"包括总括副词、必然情态副词否定性词"不"、"没"、"半"、主观小量词"就"、"才"、"不过"等。这些极性词都具有强烈的主观色彩。极性词的使用大大降低了表达的客观性，增强了表达的随意性与主观性。这与不满情绪影响之下的言语特点和表达习惯是相吻合的；五是结构重组式。习语性贬抑义构式在句法上大多具有不可分析性，这种形式上的特意性势必会带来意义的非透明性。因此，这些构形特征跟贬抑义之间的对应关系并非偶然的、不可论证。构式与构式之间，尤其是构式与其组构成分之间并不存在绝对的不可推导关系，只有直接联系与间接联系、显性联系与隐性联系的区别。这种联系并不一定存在于共时平面上，而在于历时的变化中。如果说构式的形式特征为贬抑义的产生提供了一种可能性的话，那么语用、认知方面的因素为该构式义的产生提供了必然性。

第六，构式与语境是双向选择的。在构式语法理论体系中，构式是语法的基本单位，它存在于不同的层级中，甚至包括最高层级的语篇。语篇构式与句法结构一样，其成分之间的搭配也不是随意的，不同的构式在使用中由于意义的不同会选择与之相匹配的上下文语境，从而形成不同的"话语语义框架"。另外，一个构式有它适用的语体，一种语体也选择适合它的构式。我们研究的习语性贬抑义构式适用于口语语体中，其中内部三种不同功能的构式与对话语体和叙事语体之间也存在不同的关系。相对地，口语语体也会选择口语性较强的构式；构式与语境的关系不只体现在两者之间的双向选择上，还体现在语境对构式意义生成的作用上。陆俭明（2006）在戈德堡（2007）译著的序言中也提出：构式义是不能从已知的构成成分、内部结构关系或其他构式推得的，那么这种构式义是什么赋予的？贬抑义的最终浮现是内、外语境与类、例频率共同作用的结果。

第七，习语性情感义构式在数量上具有不平衡性。习语性褒扬构式与习语性贬抑义构式的对比研究发现，后者在数量上远胜于前者，也就是说更多的构式在情感义低透明度的情况下，衍生出了贬抑义，而非褒扬义。造成不平衡性的可能性原因有以下几点：一是贬抑义所能依附的构式比褒扬性情感义更丰富；二是礼貌原则对贬抑性习语构式的选择；三是在外部条件上，网络为贬抑性习语构式提供了一个不断繁殖的温室。

二　有待进一步研究的问题

由于学界还没有形成对习语性贬抑义构式的系统研究，本项研究也只能说是一个初步的尝试，加上时间和水平有限，我们的研究还存在许多不足和有待深入的问题。

第一，本书的研究只是贬抑义构式中贬抑义透明度较低的那一部分习语性构式。然而，对于贬抑义构式则还没有系统性的研究成果。通过我们在第三章研究，发现贬抑义构式可以存在于不同层级的语法单位之上，习语只是其中最特殊的、最容易被忽视的一部分。因此有必要以贬抑义为纲建立一个庞大的语义语法范畴。

第二，对习语性构式历时方面的考察有待进一步加强。对于构式义产生原因的研究，需要做更深入的历时考察，但由于这些构式口语性很强，出现的时间大多比较晚，而口语的历史文献比较少，这给我们的历时考察带来了一定的困难，有些只能通过共时层面上的不同语言形式，构拟出它们的发展关系。

第三，对语言事实的挖掘还需要花更多的时间，下更大的功夫。本书虽然发现很多习焉不察的习语性贬抑义构式，但这还是不够的，需要更多地关注身边活的语言。

第四，在语料方面，本书属于口语方面的研究，但由于时间有限，缺乏对现实鲜活语言的采录。这是我们以后进一步要开展的工作。

总的来说，本项研究主要是针对习语性贬抑义构式的考察研究，试图对这些具有相同构式义的习语进行系统性的研究，从而显示构式语法理论较充分的描写力和解释力，但由于本项研究是从这些原本毫无关联的习语性构式入手的，所以必然存在系统性不足的弱点。另外，许多重要方面或因素没有得到深入探讨。这些都将是我们今后进一步深化的方面。

最后转引邢福义先生的一句话结束本书："研究工作无限艰辛，而且，越研究，问题越多，越有更多的糊涂。"

参考文献

奥田宽：《汉语的任意性指示词"这"——有关语用学的探讨》，周刚译，《汉语学习》1998年第2期。

毕永峨：《不定量词词义与构式的互动》，《中国语文》2007年第6期。

蔡维天：《重温"为什么问怎么样，怎么样问为什么"》，《中国语文》2007年第3期。

蔡维天：《从"此话从何说起"说起》，2009年第五届现代汉语语法国际学术研讨会宣读。

常玉钟：《口语习用语功能词典》，北京语言学院出版社1993年版。

陈平：《释汉语中与名词性成分相关的四组概念》，《中国语文》1987年第2期。

陈融：《格赖斯的会话含义学说》，《外国语》1985年第3期。

陈昌来：《介词与介引功能》，安徽教育出版社2002年版。

陈昌来：《现代汉语语义平面问题研究》，学林出版社2003年版。

陈建民：《汉语口语》，北京出版社1984年版。

陈满华：《关于构式的范围和类型》，《解放军外国语学院学报》2008年第6期。

陈满华：《构式视野下的习语解读》，《通化师范学院学报》2011年第1期。

陈松岑：《北京城区两代人对上一辈非亲属使用亲属称谓的变

化》，《语文研究》1984 年第 2 期。

陈松岑：《北京话"你、您"使用规律初探》，《语文研究》1986 年第 3 期。

陈振宇、朴珉秀：《话语标记"你看/我看"与现实情态》，《语言科学》2006 年第 2 期。

崔山佳：《〈醒世姻缘传〉中的"X 什么 X"句式》，《汉语学习》1995 年第 3 期。

崔希亮：《人称代词及其称谓功能》，《语言教学与研究》2000 年第 1 期。

崔永华：《与褒贬义形容词相关的句法和词义问题》，《语言学论丛》第 9 辑，商务印书馆 1982 年版。

邓英树、黄谷：《论"不 A 不 B"的否定意义及其制约因素》，《汉语学习》2002 年第 4 期。

邓云华、石毓智：《论构式语法理论的进步与局限》，《外语教学与研究》2007 年第 5 期。

丁雪欢：《"什么 X 不 X（的）"格式的否定意义及功能》，《北方论丛》2007 年第 2 期。

董树人：《北京方言中的语素"爷"——从方言透视地域文化》，《汉语学习》1994 年第 3 期。

董秀芳：《词汇化与话语标记的形成》，《世界汉语教学》2007 年第 1 期。

董燕萍、梁君英：《走进构式语法》，《现代外语》2002 年第 2 期。

杜道流：《现代汉语感叹句研究》，安徽大学出版社 2005 年版。

杜道流：《一种口语中的否定表达式：Q 才 VP》，《语言文字应用》2006 年第 2 期。

段开成：《舍尔的言语行为理论》，《外语教学与研究》1988 年第 4 期。

方梅、宋贞花：《语体差异对使用频率的影响——汉语对话语体关系从句的统计分析》，Special issue of Journal of Chinese Language and Computing，Singapore，2004.

冯胜利：《汉语韵律句法学》，上海教育出版社 2000 年版。

甘莅豪：《"不 A 不 B"的构式义与语义的消极倾向——基于认知与语用的分析》，《修辞学习》2008 年第 2 期。

高增霞：《汉语的担心——认识情态词"怕""看"和"别"》，《语法研究和探索（十二）》，商务印书馆 2003 年版。

何景贤：《北京地区的女性称谓》，《修辞学习》1996 年第 3 期。

何兆熊：《英语中的间接请求及分类》，《外国语》1988 年第 4 期。

胡明扬：《语体与语法》，《汉语学习》1993 年第 2 期。

黄佩文：《"为 X 而 X"句式的贬义色彩》，《汉语学习》1994 年第 4 期。

黄佩文：《句式"哪里是 A，简直是 B"》，《汉语学习》2003 年第 3 期。

黄佩文：《句式"V 也得 V，不 V 也得 V"》，《汉语学习》2004 年第 1 期。

纪云霞、林书武：《一种新的语言理论：构块式语法》，《外国语》2002 年第 5 期。

江蓝生：《半截儿"把"字句、"得"字句特点及由来》，学术报告，浙江师范大学，2006 年。

江蓝生：《同谓双小句的省缩与句法创新》，《中国语文》2007 年第 6 期。

姜炜、石毓智：《"什么"的否定功用》，《语言科学》2008 年第 3 期。

李成军：《现代汉语感叹句研究》，博士学位论文，武汉大学，2005 年。

李晟宇：《呢字简省疑问句的内制外联》，《语言文字应用》2005 年第 3 期。

李彦凤：《"什么"的否定对象考察》，《广东海洋大学学报》2007 年第 2 期。

李一平：《"什么"表否定和贬斥的用法》，《河南大学学报》1996 年第 3 期。

李勇忠：《构式义、转喻与语义压制》，《解放军外国语学院学报》2004 年第 3 期。

利奇：《语义学》，李瑞华等译，上海教育出版社 1987 年版。

廖秋忠：《廖秋忠文集》，北京语言学院出版社 1992 年版。

刘长征：《"（X）整个一（个）Y"格式试析》，《汉语学习》2007 年第 1 期。

刘承峰：《"爱 V 不 V"结构的语义分析》，《汉语学习》2004 年第 2 期。

刘丹青：《作为典型构式句的非典型"连"字句》，《语言教学与研究》2005 年第 4 期。

刘丹青：《构式的透明度和句法学地位：流行构式个案二则》，《东方语言学》第 7 辑，上海教育出版社 2010 年版。

刘德联、刘晓雨：《汉语口语常用句式例解》，北京大学出版社 2005 年版。

刘劼生：《现代汉语中的几类"名 + 数量"格式———兼谈语法的规范》，《语文建设》1998 年第 12 期。

刘缙：《谈词的褒贬义与构词语素义之关系》，《中国人民大学学报》1993 年第 4 期。

刘丽艳：《口语交际中的话语标记》，博士学位论文，浙江大学，2005 年。

刘睿研：《"什么"的否定用法及其使用条件》，硕士学位论文，吉林大学，2006 年。

刘月华：《对话中"说""想""看"的一种特殊用法》，《中国语文》1986 年第 3 期。

陆俭明：《"句式语法"理论与汉语研究》，《中国语文》2004 年第 5 期。

陆俭明：《构式语法理论的价值与局限》，《南京师范大学文学院学报》2008 年第 1 期。

吕叔湘：《通过对比研究语法》，《语言教学与研究》1992 年第 2 期。

吕叔湘：《现代汉语八百词》，商务印书馆 1999 年版。

马建忠:《马氏文通》,商务印书馆 1983 年版。

牛保义:《〈构式语法的跨语言研究〉述评》,《当代语言学》2006 年第 4 期。

任鹰:《主宾可换位供用句的语义条件分析》,《汉语学习》1999 年第 3 期。

邵敬敏:《把字句及其变换句式》,《研究生论文选集·语言文字分册》,江苏古籍出版社 1985 年版。

邵敬敏:《口语与语用研究的结晶》,《世界汉语教学》1994 年第 2 期。

邵敬敏:《现代汉语疑问句研究》,华东师范大学出版社 1996 年版。

邵敬敏:《汉语语法的立体研究》,商务印书馆 2000 年版。

邵敬敏:《"语义语法"说略》,《暨南学报》2004 年第 1 期。

邵敬敏:《"连 A 也/都 B"框式结构及其框式化特点》,《语言科学》2008 年第 4 期。

邵敬敏、吴立红:《论从意义到形式的语法研究新思路》,《南京师大学报》2005 年第 1 期。

邵敬敏、赵秀凤:《"什么"非疑问用法研究》,《语言教学与研究》1989 年第 1 期。

沈家煊:《"语用否定"考察》,《中国语文》1993 年第 5 期。

沈家煊:《词义与认知——〈从语源学到语用学〉评介》,《外语教学与研究》1997 年第 3 期。

沈家煊:《不对称和标记论》,江西教育出版社 1999 年版。

沈家煊:《句式和配价》,《中国语文》2000 年第 4 期。

沈家煊:《跟副词"还"有关的两个句式》,《中国语文》2001 年第 6 期。

沈家煊:《语言的"主观性"和"主观化"》,《外语教学与研究》2001 年第 4 期。

沈家煊:《如何处置"处置式"?——论"把"字句的主观性》,《中国语文》2002 年第 5 期。

石毓智:《语法的认知语义基础》,江西教育出版社 2000 年版。

石毓智：《结构与意义的匹配类型》，《解放军外国语学院学报》2007 年第 5 期。

石毓智：《论社会平均值对语法的影响》，《语言科学》2004 年第 6 期。

寿永明：《疑问代词的否定用法》，《上海师范大学学报》2002 年第 2 期。

宋玉柱：《"把"字句、"对"字句、"连"字句的比较研究》，《现代汉语语法论集》，北京语言学院出版社 1996 年版。

陶红印：《试论语体分类的语法学意义》，《当代语言学》1999 年第 3 期。

汪见薰：《谈谈词义褒贬》，《语文学习》1955 年第 3 期。

王还：《"把"字句和"被"字句》，上海教育出版社 1981 年版。

王力：《中国现代语法》，商务印书馆 1943 年版。

王力：《中国语法理论》，商务印书馆 1944 年版。

王勤：《谚语歇后语概论》，湖南人民出版社 1980 年版。

王寅：《认知语言学》，上海外语教育出版社 2007 年版。

王灿龙：《词汇化二例——兼谈词汇化和语法化的关系》，《当代语言学》2005 年第 3 期。

王海峰：《"A 什么 B"结构式初探》，《四川大学学报》2003 年第 3 期。

王望妮、孙志农：《试论构式语法中的"构式"》，《外语教学》2008 年第 6 期。

王文晖：《近代汉语中的一种特殊把字句》，《中国语文》2001 年第 4 期。

王霞：《"比 N 还 N"》，《思维与智慧》1992 年第 6 期。

吴福祥：《试说"X 不比 Y·Z"的语用功能》，《中国语文》2004 年第 3 期。

吴福祥：《汉语语法化研究的当前课题》，《语言科学》2005 年第 3 期。

武柏索等：《现代汉语常用格式例释》，商务印书馆 1985 年版。

肖任飞：《非疑问用法的"什么"及其相关格式》，硕士学位论文，华中师范大学，2006 年。

谢应光：《语法构式中的语用信息》，《天津外国语学院学报》2007 年第 6 期。

熊学亮、刘国辉：《也谈礼貌原则》，《四川外语学院学报》2002 年第 5 期。

徐复岭：《"X 什么 X"句式溯源补说》，《汉语学习》1995 年第 3 期。

徐志民：《关于词的感情色彩的几个问题》，《语言教学与研究》1980 年第 3 期。

严辰松：《构式语法论要》，《解放军外国语学院学报》2006 年第 4 期。

晏宗杰：《从"V + 什么 + V"看汉语表达的礼貌级别》，《汉语学习》2004 年第 5 期。

杨岚：《试论词的表情色彩与理性意义的关系》，《语文研究》1989 年第 1 期。

杨玉玲：《说说"还 NP 呢"构式》，《修辞学习》2004 年第 6 期。

杨振兰：《现代汉语词彩学》，山东大学出版社 1996 年版。

叶斯柏森：《语言哲学》，何勇译，语文出版社 1988 年版。

尹世超：《应答句式说略》，《汉语学习》2008 年第 2 期。

于宝娟：《论话语标记语"这不"、"可不"》，《修辞学习》2009 年第 4 期。

俞光中、〔日〕植田均：《近代汉语语法研究》，学林出版社 1999 年版。

袁晖：《浅谈词的感情色彩》，《学语文》1960 年第 6 期。

袁洁：《浅析 2008 年网络流行语的新发展》，《说文解字》2009 年第 6 期。

袁毓林：《现代汉语祈使句研究》，北京大学出版社 1993 年版。

袁毓林：《语言的认知研究和计算分析》，北京大学出版社 1998 年版。

袁毓林：《语言学研究的现状和发展趋势》，《汉语学习》2001

年第 3 期。

　　曾立英：《语言的主观化之一例———"我看"与"你看"》，全国博士生论坛（武汉大学）论文，2004 年。

　　曾立英：《"我看"与"你看"的主观化》，《汉语学习》2005 年第 2 期。

　　张韧：《构式与语法系统的认知心理属性》，《中国外语》2006 年第 1 期。

　　张伯江：《现代汉语的双及物结构式》，《中国语文》1999 年第 3 期。

　　张伯江：《论"把"字句的句式语义》，《语言研究》2000 年第 1 期。

　　张伯江：《语体差异和语法规律》，《修辞学习》2007 年第 2 期。

　　张伯江、李珍明：《"是 NP"和"是（一）个 NP"》，《世界汉语教学》2002 年第 3 期。

　　张风格：《口语习用语研究的两个问题》，《语言文字应用》2005 年第 2 期。

　　张美兰：《论近代汉语"我把你/这个 + 名词性成分"》，《语文研究》2000 年第 3 期。

　　张美兰：《再论"我把你个/这 + 名词性成分"句》，《河北师范大学学报》2002 年第 1 期。

　　张旺熹：《"把字结构"的语义及其语用分析》，《语言教学与研究》1991 年第 3 期。

　　张先亮：《"可不是"的话语功能及其语法化》，第五届现代汉语语法国际学术研讨会，2009 年。

　　张晓涛：《现代汉语疑问范畴和否定范畴的相通性及构式整合》，博士学位论文，吉林大学，2009 年。

　　赵蓉晖：《口语与性别：口语的社会语言学研究》，上海外语教育出版社 2003 年版。

　　赵彦春、王娟：《评构式语法的理论取向与局限》，《中国外语》2008 年第 3 期。

　　赵艳芳：《认知语言学概论》，上海外语教育出版社 2001 年版。

郑娟曼：《NP”构式分析》，《语言教学与研究》2009年第2期。

郑娟曼、邵敬敏：《试论"责怪"义标记格式"都是+NP"》，《汉语学习》2008年第4期。

郑娟曼、邵敬敏：《试论新兴的后附否定标记"好不好"》，《暨南学报》2008年第5期。

郑娟曼、张先亮：《"责怪"式话语标记"你看你"》，《世界汉语教学》2009年第2期。

郑娟曼：《从引述式构式看习语构式的贬抑倾向》，《浙江师范大学学报》2012年第3期。

郑娟曼：《不可推导性与构式的本质》，《学术研究》2012年第7期。

郑娟曼：《汉语口语研究与构式语法理论》，《暨南学报》2012年第1期。

郑娟曼：《从贬抑性习语构式看构式化的机制》，《世界汉语教学》2012年第4期。

郑娟曼：《面向对外汉语教学的情感义习用语研究》，《语言文字应用》2014年第2期。

周荐：《试论词的感情色彩及其构成方式》，《天津社会科学》1985年第3期。

周小兵：《析不A不B》，《语言教学与研究》1996年第4期。

朱德熙：《"在黑板上写字"及相关句式》，《语言教学与研究》1981年第1期。

朱德熙：《语法讲义》，商务印书馆1982年版。

朱军、盛新华：《"V什么V"式的句式、语义、语用分析》，《延边大学学报》2002年第4期。

朱锡明：《口语中的"X什么"与"X什么X"句式》，《广西社会科学》2005年第9期。

宗守云：《"还N呢"与"比N还N"格式试析》，《张家口师专学报》1995年第2期。

邹韶华：《语用频率效应》，商务印书馆2001年版。

Benveniste, E. , *Problems in General Linguistics*, Trans. M. E.

Meek. Coral Gablres, F. L. , University of Miami Press, 1971.

Bernd Heine and Tania Kuteva, *Language Contact and Grammatical Change*, Cambridge, Cambridge University Press, 2005.

Brown, P. and S. Levinson, "Universals in Language Usage: Politeness Phemomena", in E. G. Goody (ed.), *Questions and Politeness: Strategies in Social Interaction*, Cambridge: Cambridge University Press, 1978.

Chomsky, Noam, *Aspect of the Theory of Syntax*, Cambridge: Cambridge University Press, 1965.

Croft, W. , *Radical Construction Grammar*, *Syntactic Theory in Typological Perspective*, Oxford: Oxford University Press, 2001.

Croft, William. & D. A. Cruse, *Cognitive Linguistics*, Cambridge: Cambridge University Press, 2004.

Croft, William 1990, *Typology and Universals*, Cambridge: Cambridge University Press, 1990.

Dahl, O. , *Tense and Aspect Systems*, London – New York: Basil Blackwell, 1985.

Dasher , *Regularity in Semantic Change*, Cambridge: Camgridge University Press, 2002.

Diessel, Holger, *The Acquisition of Complex Sentences*, Cambridge: Cambridge University Press, 2004.

Edmondson, W. , *Spoken Discourse: A Model for Analysis*, London: Longman, 1981.

Elman, Jeffrey L. , Bates, E. , Johnson, M. , K. , Smith, A, Parisi, D. & Plunkett, K. , *Rethinking Innateness*, Cambridge: MIT Press, 1996.

Fauconnier, Gilles, *Mappings in Thought and Language*, Cambridge: Cambridge University Press, 1997.

Fillmore, C. J. , "The Mechanisms of 'Construction Grammar'", In Axmaker, Shelley, Annie Jaisser & Helen Singmaster (eds.), *Proceedings of the Fourteenth Annual Meeting of the Berkeley Linguistics So-*

ciety, Berkeley: Berkeley Linguistics Society, 1988.

Fillmore, Charles J. , Paul Kay & Catherine O' Connor: "Regularity and Idiomaticity on Grammatical Constructions: The Case of Let alone", *Language*, Vol. 64, No. 3, 1988.

Finegan, E. , *Subjectivity and Subjectivisation: An Introducetion*, In Stein & Wright, 1995.

Givon, Talmy, "Function, Structure, and Languange Acquisition", In D. I. Slobin. ed. , *The Crosslinguistic Study of Language Acquisition*, Vol. 2, Hillsdale, N. J. , Lawrence erlbaum Associates, 1985.

Goldberg, A. E. , *Constructions: A Construction Grammar Approach to Argument Structure* , Chicago: University of Chicago Press, 1995.

Goldberg, A. E. , "Construction: A New Theoretical Approach to Language", *Trends in Cognitive Sciences*, Vol. 7, No. 2, 2003.

Goldberg, A. E. "Pragmatics and Argument Structure", In L. R. Hom & G. Ward (eds.), *The Handbook of Pragmatics*, Malden: Blackwell, 2004.

Goldberg, A. E. , *Constructions at Work: The Nature of Generalization in Language*, Oxford: Oxford University Press, 2006.

Haiman, Jonh, *Natural Syntax: Iconicity and Erosion*, Cambridge: Cambridge University Press, 1985.

Hopper, P. I. & E. C. , *Traugott*: Grammaticalization, *2nd Revised edn*, Cambridge: Camgridge University Press, 2003.

Kay P. & C. J. Fillmore, "Grammatical Constructions Linguistic Generalizations: The What's X doing Construction", *Language*, 1999.

Kay, P. , Construction Grammar. In Handbook of Pragmatics, eds. J, Verschueren, J Ostman & J. Blommaet. Amsterdam: John Benjamins Publishing Company, 1995.

Langacker, Ronald W. , *Foundations of Cognitive Grammar*, *Volume 1*, *Theoretical Prerequisites*, Stanford, C. A. , Stanford University Press, 1987.

Langacker, Ronald W. , *Foundations of Cognitive Grammar*,

Volume 2. Descriptive Application. Stanford，C. A. ： Stanford University Press，1991.

Langacker, Ronald W. , *Grammar and Conceptualization*, Berlin： Mouton de Gruyter, 1999.

Leech, G. N. , *Principles of Politeness*, London and New York： Longman, 1983.

Levinson, S. C. , *Pragmatics*, Cambridge： Cambridge University Press，1983.

Nunberg, Geoffrey, Sag, Ivan, Wasow, Thomas： *Idioms*, *Language*, Vol. 70，No. 3，1994.

Richards, J. C. , & Schmidt, R. W. , *Language and Communication*, London： Longman, 1983.

Schonefeld，D. ，Constructions，www. constructions – online. de, urn： nbn： de： 0009 – 4 – 6678 ISSN 1860 – 2010，2006.

Sperber，D. & D. Wilson，*Relevance*： *Communication and Cognition* (蒋严译)，Oxford： Blaekwell，2008.

Thompson, Geoff & Susan Hunston, "Evaluation ： An Introduction", In Susan Huston and Geoff Thompson (eds.), *Evaluation in Text*： *Authorial Stance and the Construction of Discourse*, Oxford ： Oxford University Press ，2000.

后 记

本书是在我的博士学位论文《现代汉语贬抑性习语构式研究》（2010）基础上修改而成的。在确定学位论文的论题之前，我还只是对一些具体的具有责怨义的习语构式的关注，如"都是 + NP"（《汉语学习》2008 年第 6 期）、"你看你"（《世界汉语教学》2009 年第 2 期）、"还 NP 呢"（《语言教学与研究》2009 年第 2 期）等。后来发现这些构式都存在一个共同的特点，即它们的责怨义或差评义都具有程度不一的不透明性，而且这样的习语性构式还具有相当大的数量。这激发我进一步进行深入系统研究的兴趣：这些贬抑义从何而来？有无理据可循？是否存在与之相对应的褒扬义构式？学位论文完成之后，我发现尚存一些不成熟的地方需要进一步修正和完善，于是进一步申请了国家社科基金，并获得了立项。本书在学位论文的基础上主要作了以下几个方面的工作。

首先，将研究对象从"贬抑性习语构式"改成"习语性贬抑义构式"。在学位论文中我使用的是"贬抑性习语构式"这一概念。但进一步研究时发现，这个名称存在不妥之处，跟我所要的研究对象并非完全对应。"贬抑性习语构式"比"习语性贬抑义构式"的外延要大得多。本书的研究对象是现代汉语中贬抑义具有不可推导性的这一部分构式，或者说是贬抑义具有习语性的构式，即习语性贬抑义的构式。"习语性贬抑义构式"并非是构式贬抑性和习语性的简单相加。也就是说一个构式既具有贬抑性，又具有很强的习语性，它未必就是我所关注的习语性贬抑义构式。比如"为非作歹"、"口是心非"、"丑恶"、"轻视"这些构式都具有组合使用的高频性和整体意义的非合成性，如"丑恶"的理性意义不是既丑又恶，"轻视"也不是"轻轻地看"。但是仅就这些词的情感意义来说，其贬抑义具有很强的透明性，也易于我们识别和掌握。因此这些词语的贬抑义不具备很强的习语性，它并不是"习语性贬抑义构式"，而只是"贬抑义习语构式"。

其次，将研究思路从"意义到意义"修正为"意义到形式"。本人的学位论文是以"贬抑性"为纲建立起来的一个构式系统，但却是起于意义，而又止于意义，将研究的重点放在三种不同功能构式的研究上。本书转变了研究思路，从意义出发，找出习语性贬抑义所对应的构形特征，并进行形式上的下位分类，而不限于功能上。再以大量的个案研究为基础进一步研究形义对应的理据性。

最后，在研究内容上，厘清了汉语中的"口语习用语"、英语中的"idiom"、构式语法理论视野下的"习语性构式"和构式；在建立习语性贬抑义构式系统之前，增加了对不同层级上的情感意义实现形式的梳理，明确了习语性贬抑义构式系统与贬抑义构式系统之间的关系；完善了习语性贬抑义构式的范畴系统。

本书的出版，首先要感谢的是授业恩师邵敬敏教授。2007 年，我考入暨南大学，师从先生攻读汉语语法学。那时我还是一个懵懂无知的学术旁观者，先生不嫌我朽木难雕，处处点拨，让我拓宽学术视域，推进我成为一个学术实践者。先生思想开明，学术眼光敏锐，常常教导我们做学问一定要眼界开阔、兼收并蓄、决不能拘泥于一家之说。与先生相处，如迎煦风、如沐春雨。但学生愚钝，资质有限，对先生的许多期待未能一一消化、实现，这只怪学生学力不及。

深深感谢我的硕士导师张先亮教授对我一如既往的学术帮助和期待。多年来张老师对我关爱有加，带我一起做课题，帮助我修改论文，一直关注着我的学术成长，使我在他面前不敢有半分松懈。感谢师母，她永远给我无限的温暖和亲切。

真挚感谢我的任课老师彭小川教授和郭熙教授。彭老师为人谦和，乐善而不失严正；为学严谨，精深而不失广博，是我们终生学习的榜样。郭老师总能在纷繁的现象和成说中发现新问题、提出新见解，带给我们剖蚌得珠的赞叹。

　　热情感谢同门的诚挚友谊，师门和睦相处，问学论道，其乐融融。感谢我的朋友们与我一起分享欢乐与悲伤的日子。

　　由于我是在职读博，常常需要离开工作岗位。单位的领导、同事不仅毫无怨言地分担了部分工作，还给予了充分的理解和体贴的安排，使我得以顺利完成学业。在此，我要表达对他们深深的谢意和敬意。

　　对所有厚我爱我者，我都会心存感激，并为他们默默祈祷：好人一生平安！

　　　　　　　　　　　　　　　　　　　　　　　　郑娟曼
　　　　　　　　　　　　　　　　　　　2015 年于浙江师范大学